Vom Konzessionszwang zum Normativrecht

Europäische Hochschulschriften

European University Studies

Publications Universitaires Européennes

Reihe II **Rechtswissenschaft**

Series II Law

Série II Droit

Band/Volume **5490**

Christin Dörr

Vom Konzessionszwang zum Normativrecht

Eine Auswertung von Aktienbanksatzungen hinsichtlich aufsichtsrechtlicher Aspekte

PL ACADEMIC RESEARCH

Bibliografische Information der Deutschen Nationalbibliothek
Die Deutsche Nationalbibliothek verzeichnet diese Publikation in der Deutschen Nationalbibliografie; detaillierte bibliografische Daten sind im Internet über http://dnb.d-nb.de abrufbar.

Zugl.: Frankfurt (Main), Univ., Diss., 2013

D 30
ISSN 0531-7312
ISBN 978-3-631-64460-7 (Print)
E-ISBN 978-3-653-03187-4 (E-Book)
DOI 10.3726/978-3-653-03187-4

PL Academic Research ist ein Imprint der Peter Lang GmbH.
Peter Lang – Frankfurt am Main · Bern · Bruxelles · New York · Oxford · Warszawa · Wien

www.peterlang.de

Inhalt

Literatur

Albers, Willi (Hrsg.): Handwörterbuch der Wirtschaftswissenschaften: Wirtschaft und Politik bis Zölle, Band 9, Stuttgart, New York, Tübingen, Göttingen, 1982.

Aschhoff, Gunther/ Henningsen, Eckart: Das deutsche Genossenschaftswesen, Entwicklung, Struktur, wirtschaftliches Potential, Frankfurt am Main 1995.

Assmann, Heinz-Dieter: Einleitung, in: Großkommentar AktG, hrsg. von Klaus Hopt und Herbert Wiedemann, erster Band, 4. Auflage, Berlin, 2004, S. 7 ff.

Auerbach, W.: Das Actienwesen, Frankfurt am Main, 1873. (zitiert als: Auerbach, Actienwesen, S. x)

Auerbach, W.: Das Gesellschaftswesen in juristischer und volkswirtschaftlicher Hinsicht unter besonderer Berücksichtigung des Allgemeinen Deutschen Handelsgesetzbuchs, Frankfurt am Main, 1861. (zitiert als: Auerbach, Gesellschaftswesen, S. x)

Bähr, Otto: Zum neuen Aktiengesetz, in: Jahrbücher für die Dogmatik des heutigen römischen und deutschen Privatrechts, Band 21, Jena, 1883, S. 431 ff.

Bank for International Settlements: International regulatory framework for banks (Basel III), http://www.bis.org/bcbs/basel3.htm, letzter Download 19.06.2012.

Baseler Ausschuss für Bankenaufsicht: Pressemitteilung vom 12.10.2010, Basel, 2010.

Baums, Theodor: Agio und sonstige Zahlungen im Aktienrecht, Working Paper No. 124, Institut for Law and Finance, Johann Wolfgang Goethe-Universität, Frankfurt am Main, 2011.

Baums, Theodor: Das preußische Schuldverschreibungsgesetz und F.C. von Savigny, in: Recht, Ordnung und Wettbewerb Festschrift zum 70. Geburtstag von Wernhard Möschel, Baden-Baden, 2011, S. 1097 ff. (zitiert als: Baums, Schuldverschreibungsgesetz, S. x.)

Baums, Theodor: Das Zinsverbot im Aktienrecht, in: Zivil- und Wirtschaftsrecht im europäischen und globalen Kontext, Festschrift für Norbert Horn zum 70. Geburtstag, Berlin 2006, S. 249 ff. (zitiert als: Baums, Zinsverbot, S. x)

Baums, Theodor: Die Fremdkapitalfinanzierung der Aktiengesellschaft durch das Publikum, in: Aktienrecht im Wandel, Band 2: Grundsatzfragen des

Aktienrechts, Tübingen, 2007, S. 955 ff. (zitiert als: Baums, Fremdkapitalfinanzierung, S. x)

Baums, Theodor: Gesetz über die Aktiengesellschaften für die königlich preussischen Staaten vom 9. November 1843, Aalen, 1981. (zitiert als: Baums, Gesetz, S. x)

Bayer, Walter: Grundkapital, Kapitalaufbringung, Kapitalerhaltung, in: Aktienrecht im Wandel, Band 2, Tübingen, 2007, S. 708 ff.

Behrend, Jakob Friedrich: Gutachten über die Actiengesellschaften, in: Schriften des Vereins für Socialpolitik, Wiener/Goldschmidt/Behrend: Zur Reform des Aktiengesellschaftswesens, Leipzig, 1873, S. 37 ff.

Bergius, C. J.: Das Geld- und Bankwesen in Preußen, Breslau, 1846.

Besondere Beilage zum Deutschen Reichsanzeiger und Königlich Preußischen Staatsanzeiger: - No. 21 vom 25. Mai 1872: Das gemeinsame deutsche Privatrecht in seinem historischen Entwicklungsgange, Teil II, - No. 33 vom 16. August 1873: Die Session des Reichstages 1873 und die Fortbildung der wirthschaftlichen Gesetzgebung II, - No. 34 vom 23. August 1873: Die Session des Reichstages 1873 und die Fortbildung der wirthschaftlichen Gesetzgebung III, - No. 35 vom 30. August 1873: Die Session des Reichstages 1873 und die Fortbildung der wirthschaftlichen Gesetzgebung IV.

Beutler, Robert: Die Reichsbank, ihre rechtliche Bedeutung und Zweckbestimmung, Frankfurt, Berlin, Leipzig, 1909.

Blume, Herbert: Gründungszeit und Gründungskrach mit Beziehung auf das deutsche Bankwesen, Danzig 1914.

Böhme, Helmut: Deutschlands Weg zur Großmacht, Köln, Berlin, 1966.

Bonn, Joachim: Bankenkrisen und Bankenregulierung, Schriftenreihe des Instituts für Kredit- und Finanzwirtschaft, Band 24, Wiesbaden, 1998.

Borchardt, Knut: Zur Frage des Kapitalmangels in der ersten Hälfte des 19. Jahrhunderts in Deutschland, in: Wachstum, Krisen, Handlungsspielräume der Wirtschaftspolitik, Göttingen, 1982, S. 28 ff.

Born, Karl Erich: Geld und Banken im 19. und 20. Jahrhundert, Stuttgart, 1976.

Bosenick, Alfred: Neudeutsche gemischte Bankwirtschaft, Ein Versuch zur Grundlegung des Bankwesens, erster Band, München, 1912.

Bösselmann, Kurt: Die Entwicklung des deutschen Aktienwesens im 19. Jahrhundert, Ein Beitrag zur Frage der Finanzierung gemeinwirtschaftlicher Unternehmungen und zu den Reformen des Aktienrechts, Berlin, 1939.

Bundesbank: Motive und Ziele einer Bankenaufsicht, www.bundesbank.de/ bankenaufsicht/ bankenaufsicht_motive.php, letzter Download: 09.03. 2011.

Burhop, Carsten: Die Kreditbanken in der Gründerzeit, Stuttgart, 2004.

Circularverfügung an sämtliche Kgl. Oberpräsidenten der Konzessionierung von Aktiengesellschaften betreffend vom 22.4.1845, abgedruckt in: Passow, Richard: Die Aktiengesellschaft, Eine wirtschaftswissenschaftliche Studie, zweite, neu bearbeitete und erweiterte Auflage, Jena, 1922, S. 63; ebenfalls mit dem Titel „Instruktion, die Grundsätze in Ansehung der Konzessionierung von Aktiengesellschaften betreffend" abgedruckt in: Weinhagen, Napoleon: Das Recht der Aktiengesellschaften nach dem Allgemeinen Deutschen Handelsgesetzbuche und dem Preußischen Gesetze vom 15. Februar 1864, Köln, 1866. S. 41 ff.

Decret No. 14 vom 20 März 1837: in: Passow, Richard: Die Aktiengesellschaft, Eine wirtschaftswissenschaftliche Studie, zweite, neu bearbeitete und erweiterte Auflage, Jena, 1922, S. 65.

Denzel, Markus: Artikel „Aktiengesellschaft", in: Friedrich Jaeger (Hrsg.), Enzyklopädie der Neuzeit, Bd. 1: Abendland – Beleuchtung, Stuttgart, Weimar 2005, Sp. 169 ff.

Deutsche Bundesbank (Hrsg.): Währung und Wirtschaft in Deutschland 1876-1975, Frankfurt am Main, 1976.

Dilcher, Gerhard/ Lauda, Rudi: Das Unternehmen als Gegenstand und Anknüpfungspunkt rechtlicher Regelungen in Deutschland 1860-1920, in: Recht und Entwicklung der Großunternehmen im 19. und frühen 20. Jahrhundert, Göttingen, 1979, S. 535 ff.

Dippel, Karlhans: Die Reform des Aktienrechts, DRiZ, Köln, Berlin, Bonn, München, 1965, S. 315 ff.

Entwurf eines allgemeinen Handelsgesetzbuches für Deutschland mit Motiven: abgedruckt in: Baums,Theodor (Hrsg.): Entwurf eines allgemeinen Handelsgesetzbuches für Deutschland (1848/49), Heidelberg, 1982, S. 59 ff.

Escher-Weingart, Christina: Reform durch Deregulierung im Kapitalgesellschaftsrecht: eine Analyse der Reformmöglichkeiten unter besonderer Berücksichtigung des Gläubiger- und Aktionärsschutz, Tübingen, 2001.

Fischer, Rudolf: Die Aktiengesellschaft, in: Ehrenberg, Handbuch des gesamten Handelsrechts, Band 3, I. Abteilung, Leipzig, 1916, S. 21 ff.

Fleckner, Andreas: Aktienrechtliche Gesetzgebung (1807-2007), in: Aktienrecht im Wandel, Band 2, Tübingen, 2007, S. 999 ff.

Fränken, Carl: Der Staat und die Hypothekenbanken in Preussen, Leipzig, 1904.

Fuchs, Peter: Chronik zur Geschichte der Stadt Köln, Band 2, Köln 1991.

Gebhard, Hellmut: Die Berliner Börse von den Anfängen bis zum Jahre 1896, Berlin, 1928.

Geiger, Berthold: Ist es zulässig, daß die Mitglieder des Aufsichtsrathes einer Aktiengesellschaft durch Beschluß der Generalversammlung ihrer Stellung verlustig erklärt werden?, in: Archiv für Theorie und Praxis des allgemeinen deutschen Handels- und Wechselrechts, BuschA 34, 1876, S. 1 ff. (zitiert als: Geiger, BuschA, S. x)

Geiger, Berthold: Zur Reform der Aktien-Gesetzgebung, in: Archiv für Theorie und Praxis des allgemeinen deutschen Handels- und Wechselrechts, BuschA 36, 1877, S. 1 ff. (zitiert als: Geiger, Reform, S. x)

Goldschmidt, Levin: Die Reform des Aktiengesellschaftsrechts, in: Zeitschrift für das Gesammte Handelsrecht, Band 30, Stuttgart, 1884, S. 69 ff.

Goldschmidt, Levin: Gutachten über das Actiengesellschaftswesen, in: Schriften des Vereins für Socialpolitik, Wiener/Goldschmidt/Behrend: Zur Reform des Aktiengesellschaftswesens, Leipzig, 1873, S. 29 ff. (zitiert als: Goldschmidt, Reform, S. x)

Gömmel, Rainer: Entstehung und Entwicklung der Effektenbörsen im 19. Jahrhundert bis 1914, in: Deutsche Börsengeschichte, Pohl, Hans (Hrsg.), Frankfurt am Main, 1992, S. 133 ff.

Großfeld, Bernhard: Aktiengesellschaft, Unternehmenskonzentration und Kleinaktionäre, Tübingen, 1968. (zitiert als: Großfeld, Aktiengesellschaft, S. x)

Großfeld, Bernhard: Die rechtspolitische Beurteilung der Aktiengesellschaft im 19. Jahrhundert, in: Wissenschaft und Kodifikation des Privatrechts im 19. Jahrhundert, Band 4, 1979, S. 236 ff. (zitiert als: Großfeld, Beurteilung, S. x)

Grünhut, Carl Samuel: Zur Reform des Actiengesellschaftsrechtes, in: Zeitschrift für das Privat- und öffentliche Recht der Gegenwart 1, 1874, S. 79 ff.

Hadding, Walther/ Kießling, Erik: Anfänge deutschen Aktienrechts: Das Preußische Aktiengesetz vom 9. November 1843, in: Der Praktische Nutzen der Rechtsgeschichte, Hans Hattenhauser zum 8. September 2001, Heidelberg, 2003, S. 159 ff.

Hansen, Joseph: Gustav von Mevissen, Band 1, Berlin, 1906.

Hartmann, Max Josef: Erste Beratung des Aktiengesetzentwurfes im Reichstag am 24.3.1884, in: Stenographische Berichte über die Verhandlungen des Reichstages, 5. Legislaturperiode, 4. Session 1884, Band 1, Berlin, 1884, S. 213.

Hattenhauer, Hans/ Bernert, Günther (Hrsg): Allgemeines Landrecht für die Preussischen Staaten von 1794, Textausgabe mit einer Einführung von Hans Hattenhauer, dritte, erweiterte Auflage, Neuwied, 1996.

Häuser, Karl: Kreditinstitute und Wertpapiermärkte in Deutschland – Perioden ihrer Entwicklung –, in: Bankhistorisches Archiv, Beiheft 14, Zehntes Nationales Symposium zur Bankengeschichte, Frankfurt am Main, 1988, S. 11 ff.

Hecht, Felix: Das Börsen- und Actienwesen der Gegenwart und die Reform des Actien-Gesellschafts-Rechts, 1874. (zitiert als: Hecht, Börsen- und Actienwesen, S. x)

Hecht, Felix: Zur Reform des Aktiengesellschaftsrechts, 1882. (zitiert als: Hecht, Reform, S. x).

Henning, Friedrich-Wilhelm: Handbuch der Wirtschafts- und Sozialgeschichte Deutschlands: Deutsche Wirtschafts- und Sozialgeschichte im 19. Jahrhundert, Paderborn, München, Wien, Zürich, 1996.

Hocker, Nikolaus: Sammlung der Statuten aller Actien-Banken Deutschlands mit statistischen Nachweisen und Tabellen, Köln, 1858.

Hofer, Sibylle: Das Aktiengesetz von 1884 – ein Lehrstück für prinzipielle Schutzkonzeptionen, in: Aktienrecht im Wandel, Band 1, Entwicklung des Aktienrechts, Tübingen, 2007, S. 388 ff.

Hopt, Klaus: Ideelle und wirtschaftliche Grundlagen der Aktien-, Bank- und Börsenrechtsentwicklung im 19. Jahrhundert, in: Wissenschaft und Kodifikation des Privatrechts im 19. Jahrhundert, Band 5, Geld und Banken, Frankfurt am Main, 1980, S. 128 ff.

Horn, Norbert: Aktienrechtliche Unternehmensorganisation in der Hochindustrialisierung (1860-1920). Deutschland, England, Frankreich und die USA im Vergleich, in: Recht und Entwicklung der Großunternehmen im 19. und frühen 20. Jahrhundert, Göttingen, 1979, S. 123 ff.

Horwitz, Heinrich Joseph: Erste Beratung des Aktiengesetzentwurfes im Reichstag am 24.3.1884, in: Stenographische Berichte über die Verhandlungen des Reichstages, 5. Legislaturperiode, 4. Session 1884, Band 1, Berlin, 1884, S. 199.

Hübner, Otto: Die Banken, Leipzig, 1846. (zitiert als: Hübner, 1846, S. x)

Hübner,Otto: Die Banken, Leipzig, 1854. (zitiert als: Hübner, 1854, S. x)

Kellenbenz, Hermann: Deutsche Wirtschaftsgeschichte, Bd. II, Vom Ausgang des 18. Jahrhunderts bis zum Ende des Zweiten Weltkriegs, München, 1981.

Keyßner, Hugo/ Simon, Veit: Reichsgesetz betreffend die Kommanditgesellschaften auf Aktien und die Aktiengesellschaften vom 18. Juli 1884, Berlin, 1895.

Keyßner, Hugo: Aktienzinsen, Dividende, Bauzinsen, Bilanz, in: Archiv für Theorie und Praxis des allgemeinen deutschen Handels- und Wechselrechts, BuschA, 32, 1875, S. 99 ff. (zitiert als: Keyßner, Aktienzinsen, S. x)

Keyßner, Hugo: Die Aktiengesellschaften und die Kommanditgesellschaften auf Aktien unter dem Reichs-Gesetz vom 11. Juni 1870, Berlin, 1873. (zitiert als: Keyßner, Aktiengesellschaften, S. x)

Kudler, Joseph/von Stubenrauch, Moritz (Hrsg.): Zeitschrift für österreichische Rechtsgelehrsamkeit und politische Gesetzeskunde 3/1843, Wien ,1843, S. 569 ff.

Ladenburg, Leopold: Die Reform der Aktiengesetzgebung, in: Archiv für Theorie und Praxis des allgemeinen deutschen Handels- und Wechselrechts, BuschA 38, 1878, S. 187 ff.

Landwehr, Götz: Die Organisationsstrukturen der Aktienunternehmen, Statutenpraxis in Preußen bis zur Aktienrechtsnovelle von 1870, in: Vom Gewerbe zum Unternehmen, Studien zum Recht der gewerblichen Wirtschaft im 18. und 19. Jahrhundert, Hrsg. Scherner/Willoweit, Darmstadt, 1982, S. 251 ff.

Landwehr, Götz: Die Verfassung der Aktiengesellschaften, Rechtsverhältnisse in Preußen vom Anfang des 19. Jahrhunderts bis zum Jahre 1870, in: Zeitschrift der Savigny-Stiftung für Rechtsgeschichte, Germanistische Abteilung (ZRG/GA) 99, Wien, Köln, Graz,1982, S. 1 ff. (zitiert als: Landwehr, ZRG/GA, S. x)

Lasker, Eduard: Rede im Preussischen Haus der Abgeordneten, 39. Sitzung, 7.2.1873, Stenographische Berichte Card 14, S. 934 ff. (zitiert als: Lasker, Haus der Abgeordneten, S. x)

Lasker, Eduard: Stenographische Berichte über die Verhandlungen des Reichstages des Norddeutschen Bundes, 15. Sitzung vom 4. April 1873, S. 213 ff. (zitiert als: Lasker, Stenographische Berichte, S. x)

Lehmann, Karl: Das Recht der Aktiengesellschaften, Zweiter Band, Berlin, 1904. (zitiert als: Lehmann, Aktiengesellschaften, S. x)

Lehmann, Karl: Die geschichtliche Entwicklung des Aktienrechts bis zum Code de Commerce, Berlin, 1895. (zitiert als: Lehmann, geschichtliche Entwicklung, S. x)

Lieder, Jan: Die 1. Aktienrechtsnovelle vom 11. Juni 1870, in: Aktienrecht im Wandel, Band 1, Tübingen, 2007, S. 318 ff.

Loewenfeld, Hermann: Das Recht der Actien-Gesellschaften. Kritik und Reformvorschläge, 1879. (zitiert als: Loewenfeld, Actien-Gesellschaften, S. x)

Loewenfeld, Hermann: Der Entwurf des neuen Actiengesetzes in seinen Grundzügen betrachtet, Berlin, 1884. (zitiert als: Loewenfeld, Entwurf, S. x)

Lotz, Walther: Geschichte und Kritik des deutschen Bankgesetzes vom 14. März 1875, Leipzig, 1888.

Lutz, Johann: Allgemeines Deutsches Handelsgesetzbuch nach den Beschlüssen der dritten Lesung, zugleich fünftes Heft des Beilagenbandes der Protokolle der Kommission zur Berathung eines allgemeinen deutschen Handelsgesetzbuches, im Auftrage dieser Kommission, Erstes Heft, Das vollständige Handelsgesetz enthaltend, vierte Auflage, Würzburg 1861.

Lutz, Johann: Protokolle der Commission zur Berathung eines allgemeinen deutschen Handels-Gesetzbuches, Protokoll XLVI bis XCVIII, Nürnberg, 1857. (zitiert als: Lutz, 1857, S. x)

Lutz, Johann: Protokolle der Commission zur Berathung eines allgemeinen deutschen Handelsgesetzbuches, 1. Teil, Protokoll I – XLV, Würzburg, 1857. (zitiert als: Lutz, 1. Teil, S. x)

Lutz, Johann: Protokolle der Commission zur Berathung eines Allgemeinen Deutschen Handelsgesetzbuches, 3. Teil, Protokoll XCIX – CLXXVI, Würzburg, 1858. (zitiert als: Lutz, 3. Teil, S. x)

Marcinowski, Friedrich: Die Reform der Actiengesetzgebung, Vortrag Marcinowskis im Kaufmännischen Verein zu Königsberg gehalten am 30. Januar 1876, Königsberg, 1876.

Max-Planck-Institut für europäische Rechtsgeschichte: Regulierte Selbstregulierung in rechtshistorischer Perspektive; http://www.rg.mpg.de/de/forschung/regulierte- selbstregulierung/, letzter Download 17.03.2011.

Mestmäcker, Ernst-Joachim: Verwaltung, Konzerngewalt und Rechte der Aktionäre, Eine rechtsvergleichende Untersuchung nach deutschem Aktienrecht und dem Recht der Corporations in den Vereinigten Staaten, Karlsruhe, 1958.

Metzler, Ludwig: Studien zur Geschichte des deutschen Effektenbankenwesens vom ausgehenden Mittelalter bis zur Jetztzeit, Ein Beitrag zur Geschichte des deutschen Bankwesens, Leipzig, 1911.

Mohnhaupt, Heinz: Artikel "Konzession", in: Enzyklopädie der Neuzeit, Band 7, hrsg. von F. Jaeger, Stuttgart,Weimar 2008, Sp. 11 ff.

Motive zum Entwurf eines Allgemeinen Handelsgesetzbuches für Deutschland (1849), abgedruckt in: Baums, Theodor: Entwurf eines Allgemeinen Handelsgesetzbuches für Deutschland (1848/1849): Text und Materialien, Heidelberg, 1982, S. 54 ff.

Motive zum preußischen Entwurf eines Allgemeinen Handelsgesetzbuches für Deutschland: abgedruckt in: Verhandlungen des Reichstages des Norddeutschen Bundes, Sammlung sämmtlicher Drucksachen des Reichstages des Norddeutschen Bundes, Band 3, No. 158, Berlin, 1870, S. 13 ff.

Müller, Christoph: Die Entstehung des Reichsgesetzes über das Kreditwesen vom 5.Dezember 1934, Berlin, 2003.

Nipperdey, Thomas: Deutsche Geschichte, 1866 – 1918, Band I, Arbeitswelt und Bürgergeist, München, 1994.

Nissen: Die Emission von Aktien unter Pari, in: Zeitschrift für das Gesammte Handelsrecht, 21. Band, Stuttgart, 1875, 100 ff.

Oechelhaeuser, Wilhelm: Die wirthschaftliche Krisis, 1876.

OLG Hamburg: Rechtssprüche; Rechtsgrundsätze aus 1886 und 1887 durch den Druck veröffentlichten Handels-, See- und wechselrechtlichen Entscheidungen deutscher Gerichte mit Ausschluß des Reichsgerichts, in: Zeitschrift für das gesammte Handelsrecht, Band 35, Stuttgart, 1889, S. 226 ff.

Pahlow, Louis: Aktienrecht und Aktiengesellschaft zwischen Revolution und Reichsgründung, Das Allgemeine Deutsche Handelsgesetzbuch von 1861, in: Aktienrecht im Wandel, Band 1, Kapitel 8, Tübingen, 2007, S. 237 ff.

Pahlow, Louis: Bankenregulierung zur Stärkung der Krisenprävention?, Die staatliche Aufsicht über die Kreditwirtschaft im 19. und 20. Jahrhundert, in: Der Staat, Band 50, Heft 4, Berlin, 2011, S. 621ff. (zitiert als: Pahlow, Bankenregulierung, S. x)

Pahlow, Louis: Der Staat als Wächter über die Kreditwirtschaft, Die Aufsicht über die Aktiennotenbanken in der zweiten Hälfte des 19. Jahrhunderts, in: Zeitschrift für neuere Rechtsgeschichte, Band 34, Wien, 2012, S. 24 ff. (zitiert als: Pahlow, Staat als Wächter, S. x)

Palyi, Melchior/ Quittner, Paul: Handwörterbuch des Bankwesens, Berlin, 1933.

Passow, Richard: Die Aktiengesellschaft, Eine wirtschaftswissenschaftliche Studie, zweite, neu bearbeitete und erweiterte Auflage, Jena, 1922. (zitiert als: Passow, S. x)

Passow, Richard: Die Entstehung des Aufsichtsrats der Aktiengesellschaft, in: Zeitschrift für das gesamte Handelsrecht und Konkursrecht, Band 64, Stuttgart, 1909, S. 27 ff. (zitiert als: Passow, ZHR 64, S. x)

Pentz, Andreas / Priester, Hans-Joachim / Schwanna, André: Bar- und Sachkapitalaufbringung bei Gründung und Kapitalerhöhung, in: Lutter (Hrsg.), Das Kapital der Aktiengesellschaft in Europa, ZGR-Sonderheft 17, 2006, S. 42 ff.

Poeschel, Hans: Die Statuten der Banken, Sparkassen und Kreditgenossenschaften in Hamburg und Altona von 1710-1889, Frankfurt am Main, Bern, Las Vegas, 1978.

Pohl, Manfred: Entstehung und Entwicklung des Universalbankensystems: Konzentration und Krise als wichtige Faktoren, Frankfurt am Main 1986. (zitiert als: Pohl, Entstehung, S. x)

Pohl, Manfred: Konzentration im deutschen Bankwesen (1848-1980), Frankfurt am Main, 1982. (zitiert als: Pohl, Konzentration, S. x)

Rathenau, Walther: Vom Aktienwesen, Berlin, 1918.

Rehbein, Hugo: Allgemeines Landrecht für die Preußischen Staaten, Teil 1 - 4, Berlin, 1794.

Reich, Norbert: Auswirkungen der deutschen Aktienrechtsreform von 1884 auf die Konzentration der deutschen Wirtschaft, in: Recht und Entwicklung der Großunternehmen im 19. und frühen 20. Jahrhundert, Göttingen, 1979, S. 255 ff. (zitiert als: Reich, Auswirkungen, S. x)

Reich, Norbert: Die Entwicklung des deutschen Aktienrechts im neunzehnten Jahrhundert, in: Ius Commune, Veröffentlichungen des Max-Planck-Instituts für Europäische Rechtsgeschichte, Hrsg. Helmut Coing, Frankfurt am Main, 1969, S. 239 ff. (zitiert als: Reich, S. x)

Reitmayer, Morten: Bankiers im Kaiserreich, Sozialprofil und Habitus der deutschen Hochfinanz, Kritische Studien zur Geschichtswissenschaft, Band 136, Göttingen, 1999.

Reitmayer, Morten: Der Strukturwandel im Bankwesen und seine Folgen für die Geschäftstätigkeit der Privatbankiers im Deutschen Reich bis 1914, in: Der Privatbankier. Nischenstrategien in Geschichte und Gegenwart, 14. Wissenschaftliches Kolloquium am 29. November 2001 im Städelschen Kunstinstitut und Städtische Galerie, Frankfurt am Main, auf Einladung der Gontard & Metall Bank AG, in: Bankhistorisches Archiv, Zeitschrift zur Bankgeschichte, Beiheft 41, Frankfurt am Main, 2003, S. 11 ff. (zitiert als: Reitmayer, Strukturwandel, S. x)

Renaud, Achilles: Das Recht der Actiengesellschaften, 2. verm. u. verb. Aufl., Leipzig, 1875. (zitiert als: Renaud, S. x)

Renaud, Achilles: Das Recht der Actiengesellschaften, Leipzig, 1863. (zitiert als: Renaud, Aktiengesellschaft, S. x)

Riesser, Jakob: Die deutschen Großbanken und ihre Konzentration im Zusammenhange mit der Entwicklung der Gesamtwirtschaft in Deutschland, Vierte verbesserte und vermehrte Auflage, Jena, 1912. (zitiert als: Riesser, Großbanken, S. x)

Riesser, Jakob: Die Neuerungen im Deutschen Aktienrecht nebst Entwürfen für die Statuten und für Statuten-Aenderungen, Berlin, 1899. (zitiert als: Riesser, Neuerungen, S. x)

Ring, Viktor: Das Reichsgesetz betreffend die Commanditgesellschaften auf Aktien und die Aktiengesellschaften vom 18. Juli 1884 und erläutert von Viktor Ring, Berlin, 1886.

Ring, Viktor: Die Praxis der Aktiengesellschaft, Berlin, 1929.

Ruland, Anselm: Zur Entwicklung des Bankenaufsichtsrechts bis 1945, Münster, 1988.

Schachner, Robert: Das bayrische Sparkassenwesen, Erlangen, 1900.

Schäffle, A.: Der "grosse Börsenkrach" des Jahres 1873, in: ZgS 10, 1874, 1 ff.

Schick, Ernst: Handbuch des Deutschen Staatspapier und Actienhandels, Leipzig, 1849.

Schmoeckel, Matthias: Rechtsgeschichte der Wirtschaft: Seit dem 19. Jahrhundert, Tübingen, 2008.

Schnorr, Tanja: Historie und Recht des Aufsichtsrats - Deutsche Erfahrungen als Beitrag zum Statut der Europäischen Aktiengesellschaft, Juristische Dissertation, Bayerische Julius- Maximilians-Universität, Würzburg, 2000.

Schönberg, Gustav: Die deutsche Freihandelspartei und die Partei der Eisenacher Versammlung, in: Zeitschrift für die gesamte Staatswissenschaft 29, 1873, S. 493 ff.

Schubel, Christian: Aktienrecht: Staatliche Regulierung und wirtschaftliche Selbstorganisation im wechselseitigen Zusammenspiel, in: Selbstregulierung im 19. Jahrhundert, Zwischen Autonomie und staatlichen Steuerungsansprüchen, Frankfurt am Main, 2011, S. 151 ff.

Schubel, Christian: Verbandssouveränität und Binnenorganisation der Handelsgesellschaften, Tübingen, 2003. (zitiert als: Schubel, Verbandssouveränität, S. x)

Schubert, Werner/Hommelhoff, Peter : Hundert Jahre modernes Aktienrecht, Eine Sammlung von Texten und Quellen zur Aktienrechtsreform 1884 mit 2 Einführungen, in: Zeitschrift für Unternehmens- und Gesellschaftsrecht, Sonderheft 4, 1985.

Schubert, Werner: Die Abschaffung des Konzessionssystems durch die Aktienrechtsnovelle von 1870, in: Zeitschrift für Unternehmens- und Gesellschaftsrecht, 10. Jahrgang, Berlin, New York, 1981, S. 285 ff. (zitiert als: Schubert, Abschaffung, S. x)

Schumacher, Hermann: Die Entwicklung der inneren Organisation der Aktiengesellschaft im deutschen Recht bis zum Allgemeinen Deutschen Handelsgesetzbuch, Stuttgart, 1937.

Siegfried, Richard: Die Rechte der Aktionäre und der Schutz ihrer Interessen, Berlin, 1884.

Söhnchen, Markus: Die historische Entwicklung der rechtlichen Gründungsvoraussetzungen von Handels- und Aktiengesellschaften, Berlin, 2005.

Sonnemann, Leopold: Stenographische Berichte, I. Legislaturperiode – IV Session 1873, Band 1, S. 222 f.

Spindler, Gerald: Die Entwicklung der Satzungsfreiheit und Satzungsstenge im deutschen Aktienrecht, in: Aktienrecht im Wandel, Band 2: Grundsatzfragen des Aktienrechts, Tübingen, 2007, S. 995 ff.

Stenographische Berichte über die Verhandlungen des Reichstages des Norddeutschen Bundes, I. Legislaturperiode, Session 1870, Band 4, Anlage Nr. 158, S. 645 ff.

Stenographische Berichte über die Verhandlungen des Reichstages, 5. Legislaturperiode, 4. Session 1884, Band 3, Anlage 21, 215 ff.

Stolper, Gustav/Häuser, Karl/Borchardt, Knut: Deutsche Wirtschaft seit 1870, 2. Auflage, Tübingen, 1966.

Strey, Alwin: Das Deutsche Handelsgesellschafts-Recht insbesondere das Recht der offenen Commandit-, Commandit-Actien und Actiengesellschaften unter Berücksichtigung der Entscheidungen des Reichs-Oberhandelsgerichts und der ausländischen Gesetzgebungen, Berlin, 1873.

Strippelmann, Friedrich Georg Lebrecht: Neue Sammlung bemerkenswerther Entscheidungen des Ober-Appellations-Gerichtes zu Cassel, Dritter Theil, Erste Abtheilung, Cassel, 1843.

Tambert, Friedrich Arthur: Die Banken und der Staat in Deutschland, Die Entwicklungsgeschichte bankpolitischer Maßnahmen des Staates bezüglich einer Beaufsichtigung und Reglementierung des Kreditwesens in Deutschland, Köln, 1938.

The Committee of Scotish Clearing Bankers: Scottish Banking History, www.scotbanks.org.uk/banking_history.php, letzter Download: 26.03.2011.

Thöl, Heinrich: Das Handelsrecht, Erster Band, 6. Auflage, Leipzig 1879.

Tiedtke, Jürgen (Hrsg.): Allgemeine BWL für Schule, Ausbildung und Beruf, Wiesbaden, 1997.

Tilly, Richard (Hrsg.): Bankenkrisen in Mitteleuropa im 19. und 20. Jahrhundert, Jahrbuch der Gesellschaft für mitteleuropäische Banken- und Sparkassengeschichte, Stuttgart, 2000.

Tilly, Richard: Banking Crises in Comparative and Historical Perspective: the Nineteenth Century, in: Bankhistorisches Archiv, Band 34, Heft 1, Frankfurt am Main, 2008, S. 1 ff. (zitiert als: Tilly, Bankhistorisches Archiv 34, S. x)

Trende, Adolf: Geschichte der Deutschen Sparkassen bis zum Anfang des 20. Jahrhunderts, München, 1957.

Treue, Wilhelm: Das Privatbankwesen im 19. Jahrhundert, in: Wissenschaft und Kodifikation des Privatrechts im 19. Jahrhundert, Studien zur Rechtswissenschaft des neunzehnten Jahrhunderts, Band 5, Frankfurt am Main, 1980, S. 94 ff. (zitiert als: Treue, Privatbankwesen, S. x)

Treue, Wilhelm: Wirtschafts- und Technikgeschichte Preussens, Veröffentlichungen der Historischen Kommission zu Berlin, Band 56, Berlin, New York, 1984. (zitiert als: Treue, Wirtschafts- und Technikgeschichte, S. x)

Ullrich, Anett: Finanzplatz Berlin, Entstehung und Entwicklung – Eine theoriengeleitete historisch-empirische Analyse, Schriftenreihe Finanzierung und Banken Band 9, Sternenfels, 2005.

Vogt, Gustav: Zur Theorie der Handelsgesellschaften, insbesondere der Actiengesellschaft, in: Zeitschrift für das gesammte Handelsrecht, Band 1, Erlangen, 1858, S. 477 ff.

von Hahn, Friedrich: Commentar zum Allgemeinen Deutschen Handelsgesetzbuch, erster Band, dritte verbesserte und mit besonderer Bezugnahme auf die Rechtsprechung des Reichsoberhandelsgerichts bearbeitete Auflage, Braunschweig, 1877.

von Poschinger, Heinrich: Bankwesen und Bankpolitik in Preußen, Band 1, Von der ältesten Zeit bis 1846, 1878.

von Poschinger, Heinrich: Bankwesen und Bankpolitik in Preußen, Band 2, Die Jahre 1846 bis 1857, 1879.

von Poschinger, Heinrich: Bankwesen und Bankpolitik in Preußen, Band 3, Die Jahre 1858 bis 1870, 1879.

von Waltershausen, Sartorius: Deutsche Wirtschafts-Geschichte 1815-1914, 2. Auflage, Jena, 1923.

von Weizsäcker, Carl Christian: Inwieweit ist es notwendig, Kapitalmärkte zu regulieren?, in: Kapitalmarkt und Finanzierung, hrsg. von Dieter Schneider, Schriften des Vereins für Socialpolitik, Gesellschaft für Wirtschafts- und Sozialwissenschaften, n.F. Band 165, Berlin, 1986, S. 71 ff.

Wagner, Adolph: Actiengesellschaftswesen, Jahrbücher für Nationalökonomie und Statistik, Bd. 21, Stuttgart 1873, S. 271 ff.

Wallich, Paul: Die Konzentration im deutschen Bankwesen, Ein Beitrag zur gegenwärtigen Wirtschaftssituation, Stuttgart, Berlin, 1905.

Wandel, Eckhard: Banken und Versicherungen im 19. und 20. Jahrhundert, Enzyklopädie Deutscher Geschichte Band 45, München, Oldenbourg, 1998.

Weber, Max: Gesamtausgabe: Abt. 1. Schriften und Reden. Börsenwesen: Schriften und Reden 1893 - 1898; Halbband. 1, Knut Borchardt und Cornelia Meyer-Stoll (Hrsg.), Band 5, Tübingen, 1999.

Wehler, Hans-Ulrich: Deutsche Gesellschaftsgeschichte, Von der "Deutschen Doppelrevolution" bis zum Beginn des Ersten Weltkrieges 1849-1914, Band 3, München, 2008.

Weigt, Anja: Der Deutsche Kapitalmarkt vor dem ersten Weltkrieg – Gründerboom, Gründerkrise und Effizienz des deutschen Aktienmarktes bis 1914, Frankfurt am Main, 2005.

Weinhagen, Napoleon: Das Recht der Aktiengesellschaften nach dem Allgemeinen Deutschen Handelsgesetzbuche und dem Preußischen Gesetze vom 15. Februar 1864, Köln, 1866.

Wiener, H.: Die Errichtung der Aktiengesellschaft, in: Zeitschrift für das gesamte Handelsrecht, Band 24, Stuttgart, 1879, S. 1 ff., S. 450 ff. (zitiert als: Wiener, Band 24, S. x)

Wiener, H.: Die Errichtung der Aktiengesellschaft, in: Zeitschrift für das gesamte Handelsrecht, Band 25, Stuttgart, 1880, S. 1 ff. (zitiert als: Wiener, Band 25, S. x)

Wiener, H.: Gutachten über das Actiengesellschaftswesen, in: Schriften des Vereins für Socialpolitik, Wiener/Goldschmidt/Behrend: Zur Reform des Aktiengesellschaftswesens, Leipzig, 1873, S. 1 ff. (zitiert als: Wiener, Reform, S. x)

Wiethölter, Rudolf: Interessen und Organisation der Aktiengesellschaft im amerikanischen und deutschen Recht, Karlsruhe, 1961.

Wirth, Max: Geschichte der Handelskrisen, 4., verm. u. Verb. Auflage, Frankfurt am Main 1890, Nachdruck New York, 1968.

Wolffson: in Deutscher Juristentag (Hrsg.): Verhandlungen des 11. Deutschen Juristentags, Band 2, Hannover, 1873, S. 71 ff.

Zimmermann, Friedrich: Beitrag zur Gesetzgebung über die Actiengesellschaften, in: Archiv für Theorie und Praxis des allgemeinen deutschen Handels- und Wechselrechts BuschA 31, 1875, S. 259 ff.

Statuten

Abraham Schaafhausenscher Bankverein: Statut vom 28.8.1848, in: Gesetzsammlung für die Königlich-Preußischen Staaten, Jg. 1848, S. 233-246.

Actien-Gesellschaft Ravensberger-Volksbank: Statut vom 11. 11. 1868, in: Amtsblatt der Regierung zu Minden, Stück 2, 8.1.1869, S. 7-14.

Allgemeine Deutsche Creditanstalt zu Leipzig: Statut vom 2.5.1856, in: Hocker, Sammlung der Statuten aller Actien-Banken Deutschland mit statistischen Nachweisen und Tabellen, S. 323-335.

Anhalt-Dessauische Landesbank: Statut vom 2.1.1847, in: Hocker, S. 134-146.

Bank des Berliner Kassenvereins: Statut vom 15.4.1850, in: Gesetzsammlung für die Königlich-Preußischen Staaten, Jg. 1850, S. 301-320.

Bayerische Vereinsbank: Statut vom 14.4.1869, Archiv Hypovereinsbank.

Bergisch Märkische Bank: Statut vom 27.8.1897, Archiv Deutsche Bank.

Berliner Handelsgesellschaft: Statut vom 2.7.1856, in: Hocker, S. 33-43.

Braunschweigische Bank: Statut vom 11.5.1853, in: Hocker, S. 56-67.

Bremer Bank: Statut vom 30.1.1856, in: Hocker, S. 72-81.

Cölnische Privatbank: Statut vom 10.12.1855, in: Hocker, S. 271-281.

Commerz- Bank in Lübeck mit Statut von 1876: Archiv Deutsche Bank.

Commerz- Bank in Lübeck: Statut vom 14.5.1859, Archiv Deutsche Bank.

Commerz- und Disconto-Bank in Hamburg: Statut vom Februar 1870, Archiv Commerzbank.

Credit- und Versicherungsbank in Lübeck: Statut vom 19.07.1856, Archiv Deutsche Bank.

Credit-Verein für Handwerker in Magdeburg: Statut vom 3.12.1855, in: Amtsblatt der Regierung zu Magdeburg, Nr. 4, Jg. 1856, S. 33-46.

Danziger Privat-Actienbank: Statut vom 16.3.1857, in: Hocker, S. 90-103.

Danziger Sparkassen-Aktien-Verein: Statut vom 13.5.1867, in: Amtsblatt der Regierung zu Danzig, Nr. 26 (16.06.1867), S. 201-209.

Darmstädter Bank für Handel- und Industrie: Statut vom 2.4.1853, in: Hocker, S. 103- 113, auch in: Dresdner Bank Archiv.

Darmstädter Bank Süddeutschland: Statut vom 1.2.1856, in: Hocker, S. 121-133.

Dessauer Credit-Anstalt für Industrie und Handel: Statut vom 12.3.1856, in: Hocker, S. 147-156.

Deutsche Bank Statut von 1890: Statut vom26.7.1889, Archiv Deutsche Bank.

Deutsche Bank: Statut vom 10.3.1870, Archiv Deutsche Bank.

Deutsche Union Bank: Statut von März 1871, Archiv Deutsche Bank.

Discontocasse in Leipzig: Statut vom 3.10.1827, in Gesetz- und Verordnungsblatt für das Königreich Sachsen, Jg. 1827, S. 135-150.
Disconto-Gesellschaft in Berlin: Statut vom 26.6.1850, in: Hübner, S. 88-100.
Dortmunder Privat-Aktienbank: Statut vom 2.3.1857, in: Hocker, S. 185-196.
Dresdner Bank: Statut von November 1872, Sächsisches Staatsarchiv.
Frankfurter Bank: Statut vom 20.4.1854, in: Hocker, S. 196-210.
Geraer Bank: Statut vom 17.7.1854, in: Hocker, S. 216-230.
Gothaer Bank: Statut vom 24.6.1856, in: Hocker, S. 233-243.
Hagener Privat-Aktienbank: Statut vom 20.7.1857, in: Gesetzsammlung für die Köngiglich-Preußischen Staaten, Jg. 1857, S. 706-722.
Hamburger Vereinsbank: Statut vom 1.1.1857, in: Hocker, S. 248-251.
Hannoversche Bank: Statut vom 22.7.1856, in: Hocker, S. 252-261.
Königsberger Privatbank: Statut vom 13.10.1856, in: Gesetzsammlung für die königlich Preußischen Staaten, Jg. 1856, S. 882-900.
Königsberger Vereinsbank: Statut vom 13.4.1871, Archiv Deutsche Bank.
Leipziger Bank: Statut vom 12.3.1839, in: Hocker, S. 293-320.
Lübecker Credit- und Versicherungsbank: Statut vom 19.7.1856, in: Hocker, S. 627- 632.
Lübecker Privatbank: Statut vom 23.2.1886, Archiv Deutsche Bank.
Lübecker Privatbank: Statut vom 6.12.1856, in: Hocker, S. 340-348.
Luxemburger Internationale Bank: Statut vom 8.3.1857, in: Hocker, S. 352-365.
Magdeburger Privatbank: Statut vom 30.06.1856, in: Hocker, S. 366-376.
Mitteldeutsche Creditbank in Meiningen: Statut vom 29.2.1856, in: Hocker, S. 382- 392.
Niederoesterreichische Eskompte-Gesellschaft: Statut von 1853, in: Hocker, S. 411- 425.
Norddeutsche Bank in Hamburg mit Statut von 1886: Statut vom 20.3.1886, Archiv Deutsche Bank.
Norddeutsche Bank in Hamburg: Statut vom 11.10.1856, in: Hocker, S. 402-410.
Oesterreichische Credit-Anstalt für Handel und Gewerbe: Statut vom 6.11.1855, in: Hocker, S. 428-438.
Oesterreichische Nationalbank: Statut vom 1.7.1841, in: Hocker, S. 439-446.
Preußische Handelsgesellschaft in Königsberg: Statut vom 19.7.1856, in: Hocker, S. 485-495.
Provinzial-Actien-Bank des Großherzogtums Posen in Posen: Statut vom 6.3.1857, in: Hocker, S. 475-485.
Rheinische Creditbank: Statut vom 12.5.1870, Archiv Deutsche Bank.
Rostocker Bank: Statut vom 27.2.1850, in: Hocker, S. 547-563.

Sächsische Bank zu Dresden: Statut vom 18.7.1865, Gesetz- und Verordnungsblatt für das Königreich Sachsen, Jg. 1865, S. 544-563.
Schlesischer Bankverein: Statut vom 14.4.1885, Archiv Deutsche Bank.
Spar- und Darlehns-Bank in Altona: Revidiertes Statut der Spar und Darlehns-Bank in Altona genehmigt von der General-Versammlung am 29. März 1886, in: Poeschel, Die Statuten der Banken, Sparkassen und Kreditgenossenschaften in Hamburg und Altona von 1710-1889, S. 345 ff.
Thüringische Bank: Statut vom 1.1.1857, in: Hocker, S. 594-607.
Vereinsbank in Hamburg: Statut vom 8.9.1856, Archiv HypoVereinsbank.

A. Einleitung

Satzungen von Aktienbanken, die im 19. Jahrhundert gegründet wurden, könnten aufsichtsrechtliche Inhalte aufweisen. Deshalb untersucht die vorliegende Arbeit verschiedene Satzungen von Aktienbanken darauf hin. Es erfolgt eine Gegenüberstellung der Satzungen von Banken, die vor 1870 gegründet wurden und damit zunächst dem Konzessionssystem unterlagen, zu denen der Banken, die nach Wegfall des Konzessionssystems bis circa 1897 gegründet wurden.

Aus der Zielsetzung ergeben sich zwei Fragestellungen: 1. Verfolgte der Staat mit den Konzessionen, so wie in den genehmigten Statuten enthalten, aufsichtsrechtliche Ziele? 2. Wie änderte sich die Lage mit Abschaffung der Konzessionspflicht hin zu einer normativen Ausgestaltung des Aktienrechts? Schließlich bleibt zu prüfen, ob die privatautonomen, dem liberalen Aktienrecht folgenden Satzungen auch Gläubigerschutzgedanken, die ein Bankenaufsichtsrecht verfolgt, aufgenommen haben.

Neben dem allgemeinen gesetzlichen Aktienrecht spielt das Bankenaufsichtsrecht heute eine entscheidende Rolle bei der Gründung und Führung eines Kreditinstitutes. Die Aufsicht soll ein stabiles Finanzsystem und damit eine „effiziente und kostengünstige Transformation und Bereitstellung finanzieller Mittel“[1] gewährleisten. „Das Aufsichtsrecht gibt Regeln vor, die bei der Gründung von Banken und beim Betreiben von Bankgeschäften zu beachten sind.“[2]

Diese Regeln werden notwendig, weil durch die Tätigkeit der Banken dem Markt Liquidität zufließt, wenn Sparer Forderungen aufbauen und diese nicht kurzfristig zu ihrem vollen Wert liquidieren.[3] Wenn diese Einlagekunden ihr Vertrauen gegenüber ihrer Bank verlieren, kann dies zu sogenannten Bank-Runs führen. In einem solchen Fall lassen sich sämtliche Anleger ihre Spareinlagen auszahlen. Ein derartiger Vertrauensverlust kann u.a. entstehen, wenn die Bank im Aktivgeschäft, also bei der Kreditvergabe, Verluste hinnehmen muss, die nicht durch ihr Eigenkapital gedeckt sind.[4] Das Eigenkapital und die Liquidität einer Bank spielen damit eine wesentliche Rolle hinsichtlich ihrer Existenzfähigkeit. Insolvenzgründe können Überschuldung oder/und Zahlungsunfähigkeit sein. Ist eine Aktiengesellschaft überschuldet, verlieren die Fremdkapitalgeber und sonstigen Gläubiger dieser vollständig oder zumindest teilweise ihre An-

1 Bundesbank, www.bundesbank.de/bankenaufsicht/bankenaufsicht_motive.php, 20.03. 2011.
2 Ebd.
3 Weizsäcker, S. 72.
4 Ebd., S. 72 f.

sprüche.[5] Fehlende Liquidität führt zur Zahlungsunfähigkeit. Um nicht zahlungsunfähig zu werden, kann eine Aktiengesellschaft nur Liquiditätsrisiken in der Höhe des Verhältnisses des Zahlungsvermögens zu den fälligen Zahlungsverpflichtungen der Gesellschaft zu einem bestimmten Zeitpunkt eingehen.[6]

Insolvenzen von Banken können, wenn eine hinreichende Größenordnung erreicht ist, zu volkswirtschaftlichen Liquiditätsproblemen führen.[7] In diesem Zusammenhang gefährden Dominoeffekte und die individuelle Größe der Bank die Stabilität des Finanz- und Wirtschaftssystems.[8] Mittels Eigenkapital und Liquidität können die Insolvenzgründe Überschuldung, § 19 InsO, und Zahlungsunfähigkeit, § 17 InsO, gesteuert werden. Das bedeutet, dass diese beiden Faktoren wesentliche Einflussgrößen am Gelingen einer Bank darstellen. Aus diesem Grund sollen Regelungen bezogen auf diese Faktoren als Ausfluss aufsichtsrechtlicher Zielsetzungen im Statutenmaterial nachgeweisen werden.

Bankenaufsicht ist ein Teilaspekt der Solvenzsicherung von Kreditinstituten, wobei sich Konsumentenschutz und die staatliche Steuerung der Liquiditätsversorgung der Volkswirtschaft als staatliche Regulierungsfunktionen gegenüberstehen.[9] Wenn die Liquiditätsversorgung eines Staates drastisch abnimmt, vermindert sich die realwirtschaftliche Transaktionsaktivität, was zu einer Depression führt. Umgekehrt führt eine abrupte Zunahme der Liquidität zu realwirtschaftlichen Überhitzungen, die eine Inflation auslösen. In Zeiten der Inflation steigt die allgemeine Unsicherheit über die Verlässlichkeit des monetären Wertmaßstabs, was realwirtschaftliche Einbußen hervorruft.[10] Diese Wechselwirkungen rechtfertigen staatliche Eingriffe zur Liquiditätssteuerung.[11] Dagegen können staatlichen Eingriffe zum Wohle der Konsumenten oder Anleger nicht derart deutlich wie die Liquiditätssteuerung gerechtfertigt werden. Wenn Anleger vor risiko- und zugleich chancenreichen Investitionen geschützt werden, beeinträchtigt dies zugleich die Dynamik und die Innovationsmöglichkeiten der Volkswirtschaft. Vielmehr seien die Kapitalmärkte und Finanzintermediäre dazu da, Risiken umzuverteilen, wodurch es der Volkswirtschaft ermöglicht werde, mehr Risiken aufzunehmen. Eine Reglementierung hemme hier die Produktivität und den Fortschritt.[12] Zu bedenken bleibt hier jedoch, dass vor allem unerfahrene (Klein-) Anleger, die ihre gesamten Ersparnisse aus Unwissenheit aufs

---

5 Baums, Risiko und Risikosteuerung, S. 242.

6 Ebd., S. 258.

7 Weizsäcker, S. 73.

8 Körnert, S. 123.

9 Weizsäcker, S. 71.

10 Ebd., S. 72.

11 Ebd., S. 71.

12 Weizsäcker, S. 82.

Spiel setzen, vor sich selbst geschützt werden müssen. Das mag zwar aus volkswirtschaftlicher Sicht irrelevant sein, jedoch gebietet dies die soziale Funktion des Staates.

Derzeit sucht das Projekt Basel III des Baseler Ausschusses für Bankenaufsicht die Regulierung, die Überwachung und das Risikomanagement des Banksektors zu verbessern, um den Banksektor einerseits für Wirtschaftskrisen stark zu machen und andererseits die Unternehmensorganisation sowie das Management von Risiken zu verbessern, sowie darüber hinaus generell Markttransparenz zu erreichen.[13] Daher wird

> „[…] [d]as Reformpaket des Basler Ausschusses […] die Mindestanforderung für das harte Kernkapital von 2% auf 4,5% anheben. Zudem werden Banken verpflichtet, ein Kapitalerhaltungs-polster von 2,5% vorzuhalten, um gegen künftige Stressphasen gewappnet zu sein. Damit steigen die Mindestanforderungen für das harte Kernkapital auf insgesamt 7%. Dies ergänzt die enger gefasste Definition von Eigenkapital, die von den Zentralbankpräsidenten und Leitern der Bankenaufsichtsinstanzen im Juli [2010] beschlossen wurde, wie auch die höheren Eigenkapitalvorschriften für das Handels-, Derivativ- und Verbriefungsgeschäft, die Ende 2011 eingeführt werden sollen."[14]

Nach heutigen Maßstäben müssen Kreditinstitute mit Sitz in Deutschland u.a. nach §§ 10, 11 KWG[15] ausreichende Eigenmittel (Eigenkapital) und Zahlungsbereitschaft (Liquidität) nachweisen. Dies wird von der Bundesanstalt für Finanzdienstleistungsaufsicht (BAFin) und von der Bundesbank überprüft und sichergestellt. Ziel des KWG ist es, die Funktionsfähigkeit des besonders vertrauensempflindlichen Finanzsektors zu sichern. Dies soll durch Gläubigerschutzmaßnahmen erreicht werden. Solche beschränken sich aktuell auf „qualitative und quantitative Rahmenbestimmungen" und die „Pflicht [der Banken], gegenüber den Aufsichtsbehörden ihre Bücher offenzulegen".[16]

Im 19. Jahrhundert gab es noch kein gesetzliches Aufsichtsrecht für alle Banken. Teilbereiche des Banksektors, das öffentliche Bankwesen und die privaten Hypothekenbanken, unterlagen allerdings bereits einer staatlichen Aufsicht.[17] Diese staatliche Aufsicht beruhte bei den Hypothekenbanken auf einer einheitlichen Rechtsgrundlage, jedoch war das Recht im Sparkassensektor bzw. bei den anderen öffentlichen Banken sehr zersplittert und auf verschiedene In-

---

13 Bank for International Settlements, http://www.bis.org/bcbs/basel3.htm, 20.03.2011.

14 Pressemitteilung Baseler Ausschuss für Bankenaufsicht, S.1, 12.09.2010.

15 Kreditwesengesetz.

16 Bundesbank, www.bundesbank.de/bankenaufsicht/bankenaufsicht_motive.php, 20.03.2011.

17 Müller, S. 66 ff., 79; Tambert, S. 30 f.

stanzen verteilt.[18] Der restliche Banksektor, insbesondere die privaten Banken, musste sich keiner gesetzlichen staatlichen Aufsicht beugen, sondern genoss Bank- bzw. Gewerbefreiheit[19].[20] Eine allgemeine Bankenaufsicht fehlte damals noch.[21]

Allerdings mussten bis 1870 vielerorts Banken bei der Gründung konzessioniert werden und erhielten gegebenenfalls staatliche Auflagen zur Gründung oder Führung der Geschäfte. In diesen Konzessionen könnte eine Art Bankenaufsicht liegen, wenn sich herausstellte, dass die Inhalte den Zweck einer solchen Aufsicht, den Gläubigerschutz und/oder Wirtschaftsteuerung, verfolgten.

Darüber hinaus heißt ein fehlendes gesetzliches Bankenaufsichtsrecht noch nicht, dass die Aktienbanken ohne Aufsicht existierten. Neben den gesetzlichen Regelungen bestimmten die Satzungen die Ausgestaltung der Aktienbanken und definierten diesen dadurch eigenes Recht. Statuten sind privatautonom ausgestaltet, unterliegen aber gesetzlichen Vorgaben, oder zur Zeit der Konzessionspflicht, der Genehmigungspraxis der jeweiligen Regierung. Aus diesen Vorgaben könnte sich trotz der Aufhebung der Konzessionspflicht 1870 weiterhin ein Aufsichtsrecht der Aktienbanken unter gesetzlichem Einfluss ergeben haben, das zum einen den Banken selbst in ihrer Existenz zu Gute kam und zum anderen die Aktionäre und vor allem die Bankkunden bzw. sonstige Gläubiger hätte schützen können.

---

18 Müller, S. 79.

19 Entsprechend dem Prinzip der Gewerbeordnung vom 21. Juni 1869.

20 Ruland, S. 2; Tambert, S. 30.

21 Müller, S. 79.

B. Methodik

I. Aufzeichnungen von Forschungsstand und Literaturlage

Am Max-Planck-Institut für europäische Rechtsgeschichte wird gegenwärtig an einem Forschungsprojekt gearbeitet, das die Regulierte Selbstregulierung in rechtshistorischer Perspektive[22] betrachtet. Dabei bedeutet Regulierte Selbstregulierung, dass Individuen oder Gesellschaften sich auf staatlich gesteuerter Basis selbst organisieren.[23] Der Staat schafft Gesetze oder Regelungen als Rahmen und zur Koordination der jeweiligen Sachlage, überlässt aber den Beteiligten die Ausgestaltung. Gegenteilig wären Einzelfallentscheidungen mit anschließender totaler Überwachung. Insbesondere Schubel setzt sich mit diesem Themenkomplex bezogen auf das Aktienrecht auseinander und erkennt, dass auch innerhalb des Konzessionssystems bis 1870 durchaus Freiräume zur binnenorganisatorischen Ausgestaltung von Aktiengesellschaften bestanden, die durch Zusammenspiel mit punktuellen staatlichen Eingriffen eine förderliche und gezielte Entwicklung im Recht der Aktiengesellschaften darstellten.[24]

In diesen Problemkreis lässt sich die Arbeit einfügen. Betrachtet wird das Konzessionssystem in Gegenüberstellung zur freien, nur dem Normativrecht unterliegenden Gründung von Banken als Aktiengesellschaften. Die ADHGB-Novelle von 1870 überließ den Gesellschaften die Gründung und Aufstellung der Statuten selbst, solange die wenigen Vorschriften der anzuwendenden Gesetze eingehalten wurden – ein Fall der regulierten Selbstregulierung. Zuvor überließ der Staat den Gesellschaften wenige Freiräume. Diese mussten zur Gründung eine Konzession erlangen. Des Weiteren bedang sich der Staat in diesem Zusammenhang oft ein Mitspracherecht oder zumindest ein Kontroll- bzw. Eingriffsrecht aus. Dies bedeutete, dass der Staat Einzelfallentscheidungen traf, die anschließend staatlich überwacht wurden.

Die Entwicklung des deutschen Aktienrechts im 19. Jahrhundert ist gut erforscht.[25] Jedoch widmet sich die Arbeit nicht dem allgemeinen Handels- oder Aktienrecht, sondern betrachtet spezifisch den Banksektor.

---

22 Max-Planck-Institut für europäische Rechtsgeschichte, http://www.rg.mpg.de/de/forschung/regulierte-selbstregulierung/, 17.03.2011.

23 Ebd.

24 Schubel, S. 167.

25 Vgl. u.a. Auerbach: Das Aktienwesen; Bähr: Zum neuen Aktiengesetz, in: Jahrbücher für die Dogmatik des heutigen römischen und deutschen Privatrechts; Bayer: Grundkapital, Kapitalaufbringung, Kapitalerhaltung, in Aktienrecht im Wandel; Baums: Gesetz

über die Aktiengesellschaften für die königlich preussischen Staaten vom 9. November 1843; Baums: Die Fremdkapitalfinanzierung der Aktiengesellschaft durch das Publikum, in Aktienrecht im Wandel, Band II: Grundsatzfragen des Aktienrechts; Behrend: Gutachten über die Actiengesellschaften, in: Schriften des Vereins für Social-politik; Besondere Beilage zum Deutschen Reichsanzeiger und Königlich Preußischen Staatsanzeiger, No. 21 vom 25. Mai 1872: Das gemeinsame deutsche Privatrecht in seinem historischen Entwicklungsgange, Teil II, No. 33 vom 16. August 1873: Die Session des Reichstages 1873 und die Fortbildung der wirthschaftlichen Gesetzgebung II, No. 34 vom 23. August 1873: Die Session des Reichstages 1873 und die Fortbildung der wirthschaftlichen Gesetzgebung III, No. 35 vom 30. August 1873: Die Session des Reichstages 1873 und die Fortbildung der wirthschaftlichen Gesetzgebung IV; Bösselmann: Die Entwicklung des deutschen Aktienwesens im 19. Jahrhundert; Dilcher/Lauda: Das Unternehmen als Gegenstand und Anknüpfungspunkt rechtlicher Regelungen in Deutschland 1860-1920; Fleckner: Aktienrechtliche Gesetzgebung (1807-2007), in: Aktienrecht im Wandel, Bd. II; Goldschmidt: Gutachten über das Actiengesellschaftswesen, in: Schriften des Vereins für Socialpolitik; Hofer: Das Aktiengesetz von 1884 – ein Lehrstück für prinzipielle Schutzkonzeptionen in: Aktienrecht im Wandel, Bd. I, Entwicklung des Aktienrechts; Hopt: Ideelle und wirtschaftliche Grundlagen der Aktien-, Bank- und Börsenrechtsentwicklung im 19. Jahrhundert; Horn: Aktienrechtliche Unternehmensorganisation in der Hochindustrialisierung (1860-1920). Deutschland, England, Frankreich und die USA im Vergleich; Keyßner: Die Aktiengesellschaften und die Kommanditgesellschaften auf Aktien unter dem Reichs-Gesetz vom 11. Juni 1870; Keyßner/Simon: Reichsgesetz betreffend die Kommanditgesellschaften auf Aktien und die Aktiengesellschaften vom 18. Juli 1884; Landwehr: Die Verfassung der Aktiengesellschaften, in: Zeitschrift der Savigny-Stiftung für Rechtsgeschichte, 1982, S. 1-112; Landwehr: Die Organisationsstrukturen der Aktienunternehmen, Statutenpraxis in Preußen bis zur Aktienrechtsnovelle von 1870, in: Vom Gewerbe zum Unternehmen, Hrsg. Scherner/Willoweit; Lehmann: Das Recht der Aktiengesellschaften; Lieder: Die 1. Aktienrechtsnovelle vom 11. Juni 1870, in: Aktienrecht im Wandel, Bd. I; Loewenfeld: Der Entwurf des neuen Aktiengesetzes; Mestmäcker: Verwaltung, Konzerngewalt und Rechte der Aktionäre, Eine rechtsvergleichende Untersuchung nach deutschem Aktienrecht und dem Recht der Corporations in den Vereinigten Staaten; Passow: Die Aktiengesellschaft; Rathenau: Vom Aktienwesen; Reich: Auswirkungen der deutschen Aktienrechtsreform von 1884 auf die Konzentration der deutschen Wirtschaft; Reich: Die Entwicklung des deutschen Aktienrechts im neunzehnten Jahrhundert; Ring: Das Reichsgesetz betreffend die Commanditgesellschaften auf Aktien und die Aktiengesellschaften vom 18. Juli 1884 und erläutert von Viktor Ring; Ring: Die Praxis der Aktiengesellschaft; Schubel: Verbandsouveränität und Binnenorganisation der Handelsgesellschaften; Schubert: Die Abschaffung des Konzessionssystems durch die Aktienrechtsnovelle von 1870; Schubert/Hommelhoff: Hundert Jahre modernes Aktienrecht; Tilly: Bankenkrisen in Mitteleuropa im 19. und 20. Jahrhundert, von Hahn: Commnentar zum Allgemeinen Deutschen Handelsgesetzbuch; Weinhagen: Das Recht der Aktiengesellschaften nach dem Allgemeinen Deutschen Handelsgesetzbuche und dem Preußischen Gesetze vom 15. Februar 1864; Wiener: Die Errichtung der Aktiengesellschaft, in: Zeit-

Bösselmann[26] geht genauer auf den Bereich der Banken ein. In seinem Werk werden insbesondere das Notenbankwesen und die Entstehung der Aktiengesellschaft beschrieben. Zudem werden die Ursachen für die Entstehung von Aktiengesellschaften, speziell auch von Banken, aufgezeichnet. Schließlich befasst er sich mit der Finanzierung von Aktiengesellschaften. Anders als bei Bösselmann wird in der hier vorliegenden Arbeit untersucht, wie der Gläubigerschutz als Ausfluss eines Aufsichtsrechts in den Statuten der Banken bzw. in deren Konzessionen geregelt ist.

Mit Statuten bzw. Satzungen befassen sich v.a. Landwehr[27], Poeschel[28], Hocker[29] und Hübner[30]. Hübners Arbeit beschäftigt sich mit dem Bankgeschäft allgemein und stellt verschiedene Banken vor. Die Statuten werden abgedruckt, jedoch nicht ausgewertet. Die Schrift stammt von 1853, umfasst daher nicht den hier zu Grunde liegenden Zeitraum. Bei Hocker werden ebenfalls Statuten gesammelt, doch nicht ausgewertet. Poeschel beschränkt sich in seiner Betrachtung zunächst auf die Gebiete Hamburg und Altona. Vielmehr geht seine Einführung zur Statutensammlung hauptsächlich auf die Sparkassen, hingegen nur am Rande auf Aktienbanken ein. Landwehr trägt 124 Statuten preußischer Aktiengesellschaften zusammen, die nicht auf den Banksektor beschränkt sind. Die Statuten werden in diesem Werk auf Gemeinsamkeiten und Unterschiede überprüft. Landwehr verfasst insbesondere ein Kapitel zum Thema Statut und Staat. Dieses wird jedoch gemäß seinem Konzept sehr allgemein gehalten. Diese allgemeine Auswertung genügt nicht, um hinreichende Ausagen zu aufsichtsrechtlichen Aspekten aus den Bankstatuten zu gewinnen. Darüber hinaus ist in der Literatur eine spezielle Untersuchung der Aktienbankstatuten nicht ersichtlich.

---

schrift für das gesamte Handelsrecht, 24, S. 1 ff., S. 450 ff.; Wiener, Band 25, S. 1 ff.; Wiener: Gutachten über das Actiengesellschaftswesen, in: Schriften des Vereins für Socialpolitik; Wiener: Zur Reform des Actiengesellschafts-wesens; Wirth: Geschichte der Handelskrisen.

26 Bösselmann: Die Entwicklung des deutschen Aktienwesens im 19. Jahrhundert.

27 Landwehr: Die Verfassung der Aktiengesellschaften, Landwehr: Die Organisationsstrukturender Aktienunternehmen, Statutenpraxis in Preußen bis zur Aktienrechtsnovelle von 1870.

28 Poeschel: Die Statuten der Banken, Sparkassen und Kreditgenossenschaften in Hamburg und Altona von 1710-1889.

29 Hocker: Sammlung der Statuten aller Actien-Banken Deutschlands mit statistischen Nachweisen und Tabellen.

30 Hübner: Die Banken, 1846.

Tambert[31], Ruland[32] und Müller[33] befassen sich näher mit dem Bankenaufsichtsrecht und der Entstehung des Kreditwesengesetzes (KWG). Die Ausgestaltung eines frühen Bankaufsichtsrechts durch Statut oder Konzession wird in diesen Werken nicht bearbeitet. Vielmehr wird hierin beschrieben, dass ein Aufsichtsrecht für Notenbanken und Hypothekenbanken in gesetzlicher Form existierte. Die Gründung und Führung von Aktienbanken erfolgte hingegen ohne jegliche Einschränkung nach dem allgemeinen Handelsrecht.[34] Private Aktienbanken unterlagen bis 1870 dem teilweise strengen Konzessionszwang, der Schutz vor „Schwindelunternehmen" bieten sollte und darüber hinaus eine ideelle staatliche Mithaftung im Falle der Gründungsgenehmigung bot.[35] Im Jahr 1870 entfiel die Aufsicht mittels der Konzession und ihrer Auflagen, so dass die Banken von diesen entbunden waren. Ab diesem Zeitpunkt kommt allenfalls eine in dieser Arbeit untersuchte satzungsmäßig bestimmte Aufsicht in Frage.

Schließlich setzte sich jüngst Pahlow mit einer staatlichen Aufsicht für die Notenbanken in der zweiten Hälfte des 19. Jahrhunderts auseinander, indem er die Regulierung der Bankenaufsicht in den Gesellschaftsstatuten sucht.[36] Er kommt dabei zu ähnlichen Ergebnissen wie diese Arbeit; nur dass die vorliegende Arbeit den gesamten Bereich der privaten Aktiengesellschaften untersucht und nicht auf die Auswertung der Notenbanksatzungen begrenzt ist.

In der Forschung wurden bereits seit dem Ende des 19. Jahrhunderts Konzentra-tionsbewegungen betrachtet. In diesem Zusammenhang sind zum Beispiel Helfferichs „Reform des deutschen Geldwesens nach der Gründung des Reiches" von 1898, Wallichs „Die Konzentration im deutschen Bankwesen" von 1905 oder Riessers „Die deutschen Großbanken und ihre Konzentration" von 1912 zu nennen. Schließlich bietet Pohl hierzu einen Gesamtüberblick.[37] Seine Arbeit registriert die heute nicht mehr existierenden und übernommenen Banken in einem alphabetischen Verzeichnis. Darüber hinaus enthält sie einen Stammbaum der Großbanken mit allen Fusionen als lokales Register sowie Chronolo-

---

31 Tambert, Die Banken und der Staat in Deutschland, Die Entwicklungsgeschichte bankpolitischer Maßnahmen des Staates bezüglich einer Beaufsichtigung und Reglementierung des Kreditwesens in Deutschland.

32 Ruland, Die Entwicklung des Bankenaufsichtsrechts bis 1945.

33 Müller, Die Entstehung des Reichsgesetzes über das Kreditwesen vom 5. Dezember 1935.

34 Tambert, S. 30, 32.

35 Ebd., S. 30.

36 Pahlow, Staat als Wächter, S. 24 ff.; ders., Bankenregulierung, S. 621 ff.

37 Pohl: Konzentration im deutschen Bankwesen.

gie.[38] Hieraus können Informationen zu den einzelnen Banken und ihrem Verbleib gewonnen werden.

Des Weiteren existieren allgemeine Werke zur Bank- und Börsengeschichte bzw. wirtschaftswissenschaftliche Literatur.[39] Diese gehen jedoch nicht oder nur partiell auf rechtsgeschichtliche Aspekte ein. Sie können daher nur unterstützend herangezogen werden. Stellvertretend kann hier die Dissertation von Burhop[40] genannt werden. Diese setzt sich mit der Organisation und der Entwicklung der Bilanzen und der Erfolgsrechnung von Kreditbanken der Gründerzeit auseinander. Daran anschließend werden der Aufbau und die Entwicklung ausgewählter Kreditbanken dargestellt. Aus dieser Dissertation lassen sich für die vorliegende Arbeit grundsätzliche Informationen über einige zu untersuchende Kreditbanken gewinnen.

II. Vorgehen bei der Auswertung der Statuten

Bis ca. 1840 waren Aktiengesellschaften hauptsächlich durch Eigenkapital- und private Kredite finanziert. Erst in der zweiten Hälfte des 19. Jahrhunderts transformierten Banken Einlagen zu Krediten durch Auf- und Ausbau dieses Systems,[41] so dass ab diesem Zeitpunkt eine Sicherung der Einlagen zweckmäßig gewesen wäre.

---

38 Pohl: Konzentration im deutschen Bankwesen.

39 u.a. Born: Geld und Banken im 19. und 20. Jahrhundert; Bonn: Bankenkrisen und Bankenregulierung; Bosenick: Neudeutsche gemischte Bankwirtschaft, Ein Versuch zur Grundlegung des Bankwesens; Burhop: Die Kreditbanken der Gründerzeit, 2004; Gebhard: Die Berliner Börse von den Anfängen bis zum Jahre 1896; Gömmel: Entstehung und Entwicklung der Effektenbörsen im 19. Jahrhundert bis 1914; Metzler: Studien zur Geschichte des deutschen Effektenbankwesens vom ausgehenden Mittelalter bis zur Jetztzeit; Reitmayer: Bankiers im Kaiserreich, Sozialprofil und Habitus der deutschen Hochfinanz; Reitmayer: Der Strukturwandel im Bankwesen und seine Folgen für die Geschäftstätigkeit der Privatbankiers im Deutschen Reich bis 1914; Riesser: Die deutschen Großbanken und ihre Konzentration im Zusammenhange mit der Entwicklung der Gesamtwirtschaft in Deutschland; Tilly: Bankenkrisen in Mitteleuropa im 19. und 20. Jahrhundert; Ullrich: Finanzplatz Berlin, Entstehung und Entwicklung – Eine theoriengeleitete historisch-empirische Analyse; Wandel: Banken und Versicherungen im 19. und 20. Jahrhundert; Weigt: Der Deutsche Kapitalmarkt vor dem ersten Weltkrieg – Gründerboom, Gründerkrise und Effizienz des deutschen Aktienmarktes bis 1914; Wiethölter: Interessen und Organisation der Aktiengesellschaft im amerikanischen und deutschen Recht.

40 Burhop: Die Kreditbanken der Gründerzeit.

41 Baums, Fremdkapitalfinanzierung, S. 966.

Trotzdem gab es auch nach der Liberalisierung des Aktienrechts 1870 im 19. Jahrhundert kein Gesetz, das spezielle Regelungen für Banken aufstellte.[42] Es fehlten gesetzliche Bestimmungen über eine staatliche Aufsicht.[43]

Seit der Aktienrechtsänderung 1870 musste die Gründung neuer Banken grundsätzlich nicht mehr konzessioniert werden. Auch die Gewerbeordnung des Norddeutschen Bundes von 1869[44], die 1871 als Reichsgesetz[45] übernommen wurde, kannte keine Ausnahme von der Gewerbefreiheit für Banken. Allerdings kamen spezielle, auf bestimmte Bankgeschäfte bezogene Genehmigungen in Betracht, beispielsweise bei der Emission von Schuldverschreibungen. In Preußen wurden solche Emissionen mit dem Preußischen Schuldverschreibungsgesetz (PreußSchVG) vom 17. Juni 1833[46] geregelt, weshalb insbesondere die Privatnotenbanken[47] und Hypothekenbanken einem Genehmigungserfordernis unterlagen. Dieser Genehmigungspflicht schlossen sich in der Folge bis zur Übernahme in § 795 BGB, welcher 1900 inkrafttrat, auch die meisten anderen Einzelstaaten an.[48]

Im Allgemeinen hatte der Staat infolgedessen bei den Banken, die nach Inkrafttreten der Aktienrechtsnovelle von 1870 gegründet wurden, keine Möglichkeit mehr, durch Konzessionsauflagen in die Satzungen der Banken einzugreifen. Staatliche Eingriffe in die Verfassung und Ausführung der Banken waren somit nur noch freiwillig möglich. Anhand der einzelnen Satzungen ist zu überprüfen, ob einige Banken dem Staat ein solches Recht zubilligten.

Im Mittelpunkt dieser Untersuchung sollen die Gründungssatzungen der Banken stehen. Diese werden anhand verschiedener Kriterien ausgewertet, wobei die Rechtslage zum Gründungszeitpunkt berücksichtigt werden muss. Hierfür sind die jeweiligen Handelsgesetze nebst Motiven und Reichstagsverhandlungen heranzuziehen. Darüber hinaus gab es spezielle Bankverordnungen und –gesetze, wie bspw. das Gesetz, betreffend die Gründung öffentlicher Darlehnskassen und die Ausgabe von Darlehnskassenscheinen von 1870 oder das Börsengesetz von 1896.

Eine Bankgründung hing zunächst von der Konzessionierung ab. Die Konzessionierung stellt daher einen zentralen Aspekt in dieser Bearbeitung dar, denn sie macht den entscheidenden Unterschied in den Gründungsvoraussetzungen

42 Tambert, S. 38 f.
43 Ruland, S. 3.
44 BGBl des Norddeutschen Bundes 1869, S. 245 ff.
45 § 2 des Gesetzes, betreffend die Verfassung des Deutschen Reichs, RGBl 1871, S. 63 ff.
46 Gesetz-Sammlung für die Königlichen Preußischen Staaten (PreußGS) 1833, S. 75 f.
47 Baums, Schuldverschreibungsgesetz, S. 1104 ff.
48 Ebd., S. 1116 f.

von Unternehmen und im Speziellen von Banken vor und nach der Handelsrechtsnovelle von 1870 aus.

Die Satzungen der Banken werden hier zunächst nach Gründungsdatum kategorisiert, d.h. diejenigen, die vor 1870 gegründet wurden, werden von denen, die danach gegründet wurden, getrennt betrachtet. Anschließend erfolgt eine Überprüfung auf Aspekte eines möglichen Gläubigerschutzes hin. Damit wird gezeigt, dass mit der Konzession Maßnahmen des Staates zum Gläubigerschutz einher gingen. Auf diese Weise bestünde de facto eine Art Aufsichtsrecht.

Nachdem eine Gründung ab der Handelsrechtsnovelle von 1870 ohne Konzession erfolgen konnte, gab es für die Banken keinen Grund mehr, erhöhte Gläubigerschutzmaßnahmen zu ergreifen. Sie hielten sich an die wenigen gesetzlichen Vorschriften. Ein Aufsichtsrecht könnte danach nur noch eigenverantwortlich verankert worden sein.

Es werden im Folgenden nur die Statuten ausgewertet und nicht die Durchsetzbarkeit der Gesetze und inneren Verfassungen durch entsprechende Urteile betrachtet, weil überprüft werden soll, ob sich einzig und allein aus diesen ein Recht ablesen lässt. Hierdurch lässt sich die aufsichtsrechtliche Rechtslage im 19. Jahrhundert erkennen. Die Arbeit würde durch die Betrachtung des Aspektes der Durchsetzbarkeit der Regelungen übermäßig komplex, aber der Aussagewert der Statuten nicht erhöht. Aus diesem Grund sind die Problemkreise in der korrespondierenden Rechtsprechung ausgespart. Sie sollten in einem anderen Zusammenhang analysiert werden, um ein Gesamtbild über die Rechtssituation des Banksektors im 19. Jahrhundert zu gewinnen.

Die Konzentration auf Gläubigerschutzmaßnahmen innerhalb einer aufsichtsrechtlichen Prüfung bietet sich an, da eine Wirtschaftssteuerung nicht allein durch Satzungen erfolgen kann. Die staatliche Überprüfungsinstanz entfiel 1870, so dass eine Wirtschaftssteuerung unmöglich durch Satzungen, allenfalls durch gesetzliche Regelungen erfolgen konnte. Der Gläubigerschutz ist darüber hinaus ein wesentlicher Aspekt im Aufsichtsrecht der Banken.

III. Kriterien der Auswertung

1. Gründungsort und Gründungszeitpunkt

Unter dem Gesichtspunkt Gründungsort und Gründungszeitpunkt wird aufgeschlüsselt, in welcher Region das jeweilige Kreditinstitut tätig war. Besonders vor der Reichseinigung gibt dieses Kriterium anhand des jeweils gültigen Partikularrechts Aufschluss über den Bestand eines Konzessionszwangs.

Der Gründungszeitpunkt gibt das Rechtsumfeld vor, so dass ermittelt werden kann, welche Anforderungen an das aufgestellte Statut gestellt wurden. Dieses Kriterium muss daher auch im Zusammenhang mit den anderen betrachtet werden.

2. Gründungszweck

Anhand des Gründungszwecks kann ermittelt werden, inwiefern sich die Banken selbst in ihrer Tätigkeit Einschränkungen unterwarfen oder staatliche Vorgaben verwirklicht wurden. Insgesamt gibt der Gründungszweck die Aufgabe an, die sich die Bank mit der Gründung stellte. Damit dient dieses Kriterium vorangig der Systematisierung der Banken.

3. Einzahlung des Aktienkapitals

Aus dem Aktienkapital ist die Eigenkapitalausstattung einer Gesellschaft ersichtlich. In der Gründerzeit war es üblich, zunächst nur einen Teil des Kapitals einzuzahlen. Das führte zu Unterkapitalsierungen. Gerade im sensiblen Bereich der Banken gibt es heute Eigenkapitalerfordernisse (vgl. § 10 KWG), jeweils orientiert am Risiko der getätigten Geschäfte, um Seriosität und Stabilität des Instituts zu gewährleisten. Ist nur ein Bruchteil des Eigenkapitals eingezahlt, steht den Gläubigern, d.h. hauptsächlich den (Spar-)Einlegern, weniger Eigenkapital zur Verfügung. Die Bank kann unter Umständen nicht solide agieren.

4. Bereithaltung des Reservefonds

In den untersuchten Satzungen war grundsätzlich ein Reservefonds vorgesehen, der in der Regel 10% des Eigenkapitals umfasste. Dieser wurde, je nach Satzung, unter-schiedlichen Verwendungen und Zwecken zugeführt. Nach Verwendung musste dieser oftmals durch Einbehalten von Gewinnen wieder aufgefüllt werden, wenn solche in den Folgejahren erwirtschaftet wurden.[49] Ein Reservefonds darf heute grundsätzlich nicht an die Aktionäre ausgezahlt werden.[50] Damit könnten 10% des Eigenkapitals - bzw. der jeweils satzungsmäßige Betrag als Risiko- und Verlustpuffer zu Gunsten der Gesellschaftsgläubiger angesehen werden. Dieser Fonds könnte somit ein Instrument des Gläubigerschutzes darstellen.

---

49 Vgl. stellvertretend etwa: Satzung Deutsche Bank vom 10.03.1870; Satzung Dresdner Bank vom 01.11.1872; Satzung Königsberger-Vereinsbank vom 13.04.1871; Satzung Deutsche Union Bank vom 01.03.1871.

50 Baums, Agio, S. 12.

5. Auflagen und Konzessionen

Die vor 1870 notwendigen Gründungskonzessionen enthielten zum Teil Gründungsauflagen. Diese Auflagen könnten auch der Bankenaufsicht gedient haben, so dass sie gesondert zu untersuchen sind.

6. Eingriffs- und Aufsichtsrechte des Staates

In einigen Satzungen sind Eingriffs- und Aufsichtsrechte des Staates zu finden. Infolge derer konnte der Staat Einfluss auf die Banken nehmen, sie unter Umständen stabilisieren oder zu stabilisierenden Maßnahmen zwingen. Außerdem konnte der Staat einzelne Unternehmen beobachten und insofern Zuverlässigkeit und Korrektheit gewährleisten.

In den Banksatzungen der *Deutschen Bank* und des *Schaaffhausen'schen Bankvereins* lassen sich u.a. Bestimmungen finden, die dem Staat Eingriffe ermöglichten. § 49 der Satzung der *Deutschen Bank* besagte, dass „die königliche Verwaltungsbehörde [befugt sei] [...], zur Wahrnehmung des Aufsichtsrechts über die Gesellschaft für beständig, oder für einzelne Fälle einen Commissar zu bestellen".[51] Beim *Schaaffhausen'schen Bankverein* erläuterte § 73:

> „Zur Wahrnehmung der mehrseitigen Interessen des Staates an dem Gedeihen der Gesellschaft, ernennt derselbe außer dem Director, [...], einen Kommissar des Staates, welcher alle Beziehungen der Gesellschaft zum Staate zu vermitteln hat, von der Direktion jede schriftliche Auskunft verlangen kann, und zu allen Geschäften des Administrationsrathes über der Generalversammlungen zugezogen werden muß. Ihm steht die Befugniß zu, gegen jeden Beschluß des Administrationsrathes oder der Generalversammlung, durch welchen er das Interesse des Staats oder des Publikums verletzt glaubt, Einspruch einzulegen."[52]

Dagegen fehlte im Statut der *Commerz- und Disconto-Bank*[53] eine vergleichbare Klausel, mit der der Staat in die Belange der Bank eingreifen und dementsprechend eine Art Bankaufsicht etablieren konnte.

7. Bezugsrecht der Gründer

Ein Bezugsrecht im Rahmen der Neuausgabe von Aktien bei einer Kapitalerhöhung zum Ausgabekurs (100%) oder darunter ermöglichte den Gründern, Geld in das Unternehmen nachzuschießen und gleichzeitig die Anlage gewinnbringend wieder über die Börse zu veräußern. Erwarben sie neue Aktien zu unter

51 Statut der Deutschen Bank vom 10. März 1870, S. 26.

52 Statut des A. Schaaffhausen'schen Bankvereins zu Köln, S. 17.

53 Statut der Commerz- und Disconto-Bank in Hamburg von Februar 1870.

pari, fehlte dem Unternehmen die Differenz in seinem Eigenkapital. Das Aktienkapital wurde zum niedrigeren Kurs eingezahlt. Das Unternehmen wies denn Nennbetrag als Eigenkapital aus, d.h. die Bilanz enthielt einen höheren Eigenkapitalposten als über die Kapitalerhöhung generiert wurde. Im Ergebnis erscheint das Eigenkapital höher als es in Wirklichkeit ist. Die Kapitalbasis eines derart finanzierten Unternehmens war also geringer als die eines Vergleichsunternehmens, das kein solches Bezugsrecht gewährte.

Eine ausreichende Kapitalbasis ist v.a. für die Gläubiger des Unternehmens wichtig, die im Allgemeinen auf die Rückzahlung ihrer Forderung vertrauen, welche allerdings nur mit ausreichendem Kapital möglich ist.

IV. Quellenmaterial

Aus der Quellenlage[54] für Banksatzungen ergibt sich das hier ausgewertete Quellenmaterial. Für die Untersuchung sollen die folgenden Banksatzungen als Quellenmaterial ausgewertet werden:

Banken mit Gründungszeitpunkt vor der Aktienrechtsnovelle 1870:

1. Abraham Schaaffhausenscher Bankverein[55]
2. Actien-Gesellschaft Ravensberger-Volksbank[56]
3. Allgemeine Deutsche Creditanstalt zu Leipzig[57]
4. Bayerische Vereinsbank[58]
5. Commerz- und Disconto-Bank in Hamburg[59]
6. Credit- und Versicherungsbank in Lübeck[60]
7. Credit-Verein für Handwerker in Magdeburg[61]
8. Danziger Sparkassen-Aktien-Verein[62]
9. Darmstädter Bank für Handel- und Industrie[63]
10. Dessauer Credit-Anstalt für Industrie und Handel[64]

---

54 Auf die Auswahl der Satzungen wird später genauer eingegangen.

55 Statut vom 28.8.1848, in: Gesetzsammlung für die Königlich-Preußischen Staaten, Jg. 1848, S. 234-246.

56 Statut vom 11. 11. 1868, in: Amtsblatt der Regierung zu Minden, Stück 2, 8.1.1869, S. 7-14.

57 Statut vom 2.5.1856, in: Hocker, S. 323-335.

58 Statut vom 14.4.1869, Archiv Hypovereinsbank.

59 Statut vom Februar 1870, Archiv Commerzbank.

60 Statut vom 19.07.1856, Archiv Deutsche Bank.

61 Statut vom 3.12.1855, in: Amtsblatt der Regierung zu Magdeburg, Nr. 4, Jg. 1856, S. 33-46.

62 Statut vom 13.5.1867, in: Amtsblatt der Regierung zu Danzig, Nr. 26 (16.06.1867), S. 201-209.

63 Statut vom 2.4.1853, in: Hocker, S. 103-113, Dresdner Bank Archiv.

11. Deutsche Bank[65]
12. Discontocasse in Leipzig[66]
13. Hamburger Vereinsbank[67]
14. Niederoesterreichische Eskompte-Gesellschaft[68]
15. Norddeutsche Bank in Hamburg[69]
16. Oesterreichische Credit-Anstalt für Handel und Gewerbe[70]
17. Rheinische Creditbank[71]
18. Sächsische Bank zu Dresden[72]
19. Vereinsbank in Hamburg[73]

Notenbanken mit Gründungsdatum vor 1870:

1. Anhalt-Dessauische Landesbank[74]
2. Bank des Berliner Kassenvereins[75]
3. Braunschweigische Bank[76]
4. Bremer Bank[77]
5. Cölnische Privatbank[78]
6. Commerz- Bank in Lübeck[79] (Übernahme der Credit- und Versicherungsbank in Lübeck 1859)
7. Danziger Privat-Actienbank[80]
8. Darmstädter Bank Süddeutschland[81]

---

64 Statut vom 12.3.1856, in: Hocker, S. 147-156.
65 Statut vom 10.3.1870, Archiv Deutsche Bank.
66 Statut vom 3.10.1827, in Gesetz- und Verordnungsblatt für das Königreich Sachsen, Jg. 1827, S. 135-150.
67 Statut vom 1.1.1857, in: Hocker, S. 248-251.
68 Statut von 1853, in: Hocker, S. 411-425.
69 Statut vom 11.10.1856, in: Hocker, S. 402-410.
70 Statut vom 6.11.1855, in: Hocker, S. 428-438.
71 Statut vom 12.5.1870, Archiv Deutsche Bank.
72 Statut vom 18.7.1865, Gesetz- und Verordnungsblatt für das Königreich Sachsen, Jg. 1865, S. 544- 563.
73 Statut vom 8.9.1856, Archiv HypoVereinsbank.
74 Statut vom 2.1.1847, in: Hocker, S. 134-146.
75 Statut vom 15.4.1850, in: Gesetzsammlung für die Königlich-Preußischen Staaten, Jg. 1850, S. 301-320.
76 Statut vom 11.5.1853, in: Hocker, S. 56-67.
77 Statut vom 30.1.1856, in: Hocker, S. 72-81.
78 Statut vom 10.12.1855, in: Hocker, S. 271-281.
79 Statut vom 14.5.1859, Archiv Deutsche Bank.
80 Statut vom 16.3.1857, in: Hocker, S. 90-103.
81 Statut vom 1.2.1856, in: Hocker, S. 121-133.

9. Dortmunder Privat-Aktienbank[82]
10. Frankfurter Bank[83]
11. Geraer Bank[84]
12. Gothaer Bank[85]
13. Hagener Privat-Aktienbank[86]
14. Hannoversche Bank[87]
15. Königsberger Privatbank[88]
16. Leipziger Bank[89]
17. Lübecker Credit- und Versicherungsbank[90]
18. Lübecker Privatbank[91]
19. Luxemburger Internationale Bank[92]
20. Magdeburger Privatbank[93]
21. Mitteldeutsche Creditbank in Meiningen[94]
22. Oesterreichische Nationalbank[95]
23. Provinzial-Actien-Bank des Großherzogtums Posen in Posen[96]
24. Rostocker Bank[97]
25. Thüringische Bank[98]

Banken mit Gründungszeitpunkt nach der Aktienrechtsnovelle 1870:

1. Bergisch Märkische Bank[99]

---

82 Statut vom 2.3.1857, in: Hocker, S. 185-196.
83 Statut vom 20.4.1854, in: Hocker, S. 196-210.
84 Statut vom 17.7.1854, in: Hocker, S. 216-230.
85 Statut vom 24.6.1856, in: Hocker, S. 233-243.
86 Statut vom 20.7.1857, in: Gesetzsammlung für die Königlich-Preußischen Staaten, Jg. 1857, S. 706-722.
87 Statut vom 22.7.1856, in: Hocker, S. 252-261.
88 Statut vom 13.10.1856, in: Gesetzsammlung für die KöniglichPreußischen Staaten, Jg. 1856, S. 882-900.
89 Statut vom 12.3.1839, in: Hocker, S. 293-320.
90 Statut vom 19.7.1856, in: Hocker, S. 627-632.
91 Statut vom 6.12.1856, in: Hocker, S. 340-348.
92 Statut vom 8.3.1857, in: Hocker, S. 352-365.
93 Statut vom 30.06.1856, in: Hocker, S. 366-376.
94 Statut vom 29.2.1856, in: Hocker, S. 382-392.
95 Statut vom 1.7.1841, in: Hocker, S. 439-446.
96 Statut vom 6.3.1857, in: Hocker, S. 475-485.
97 Statut vom 27.2.1850, in: Hocker, S. 547-563.
98 Statut vom 1.1.1857, in: Hocker, S. 594-607.
99 Statut vom 27.8.1897, Archiv Deutsche Bank.

2. Commerz- Bank in Lübeck mit Statut von 1876 (mit Notenausgabeprivileg)[100]
3. Deutsche Union Bank[101]
4. Deutsche Bank Statut von 1890[102]
5. Dresdner Bank[103]
6. Königsberger Vereinsbank[104]
7. Lübecker Privatbank[105]
8. Norddeutsche Bank in Hamburg mit Statut von 1886[106]
9. Schlesischer Bankverein[107]
10. Spar- und Darlehns-Bank in Altona[108]

---

100 Statut vom 1.1.1876, Archiv Deutsche Bank.

101 Statut von März 1871, Archiv Deutsche Bank.

102 Statut vom26.7.1889, Archiv Deutsche Bank.

103 Statut von November 1872, Sächsisches Staatsarchiv.

104 Statut vom 13.4.1871, Archiv Deutsche Bank.

105 Statut vom 23.2.1886, Archiv Deutsche Bank.

106 Statut vom 20.3.1886, Archiv Deutsche Bank.

107 Statut vom 14.4.1885, Archiv Deutsche Bank.

108 Revidiertes Statut der Spar und Darlehns-Bank in Altona genehmigt von der General-Versammlung am 29. März 1886, in: Poeschel, Die Statuten der Banken, Sparkassen und Kreditgenossenschaften in Hamburg und Altona von 1710-1889, S. 345 ff.

C. Hypothesen

Aus den zuvor erläuterten Fragestellungen werden folgende Hypothesen abgeleitet, die zum einen die staatliche Aufsicht von privaten Kreditinstituten des 19. Jahrhunderts generell und zum anderen den Gläubigerschutz im Speziellen umfassen:

Hypothesen zur staatlichen Aufsicht:

a) Mitte bis Ende des 19. Jahrhunderts gab es kein gesetzliches Aufsichtsrecht, das die Aktienbanken reglementierte. Dennoch übte der Staat *vor 1870* eine Art Bankenaufsichtsrecht zum Gläubigerschutz mittels Konzession aus. Die Konzession gab dem Staat in der Regel Aufsichts- und Eingriffsbefugnisse im Unternehmen.
b) Die Aktiengesetzgebung von 1870 führte zum Wegfall von Konzessionen. Regelungen, die in den Konzessionen enthalten waren, wurden hiernach nicht mehr in die privatautonomen Banksatzungen aufgenommen. *Nach Wegfall des Konzessionszwangs 1870* hatte der Staat keine Aufsichts- und Eingriffsbefugnisse bei den Banken mehr.

Hypothesen zum Gläubigerschutz:

a) Durch Teileinzahlung des Aktienkapitals zeigte sich eine Unterkapitalisierung, was den Gläubigerschutz negativ beeinflusste.
b) Eine Aktienemission an Gründer unter pari führte häufig zur Unterkapitalisierung der Gesellschaft. Darüber hinaus wurde das Eigenkapital entsprechend dem Gesetz und der Satzung nur teilweise eingezahlt. Somit war die Unterkapitalisierung bereits in der Satzung angelegt und wirkte sich negativ auf den Gläubigerschutz aus.
c) Der Reservefonds wurde zu verschiedenen Zwecken und Verwendungen gebildet. Bis 1884 war dieser ein freiwilliges Instrument (vgl. Art. 217 ADHGB 1870; Art. 239 b i.V.m. Art. 185 a-c ADHGB 1884). Wenn er im Gesellschaftsvertrag verankert war, stellte er durch Zurückbehalten von Gewinnen einen zusätzlichen Sicherungsposten neben dem Grundkapital dar. Den Gläubigern kam somit ein höherer Schutz zu als bei Unternehmen, bei denen nur das Grundkapital zur Verfügung stand.

D. Klärung zentraler Begriffe

I. Aktiengesellschaft

Der Vorläufer der Aktiengesellschaften waren die durch die Staatsgewalt initiierten und durch Oktroi[109] genehmigten Kompagnien. Diese Gesellschaften erhielten für einen exakt umrissenen Wirtschaftsbereich das Monopol und besaßen vorwiegend öffentlich-rechtlichen Charakter.[110]

Seit dem ausgehenden 17. Jahrhundert unterteilten sich die Aktiengesellschaften in zwei Typen. Der englisch-schottische Typus, die Joint Stock Company, stellte eine Gesellschaft auf gemeinsame Rechnung dar, bei der den einzelnen Gesellschaftern Anteile, also Aktien, gehörten. Auf das Prinzip der beschränkten Haftung konnten nur privilegierte Aktiengesellschaften zurückgreifen. Bei privaten Aktiengesellschaften verblieb es bei einer solidarischen Haftung. Der kontinentale Typus, hauptsächlich aus den Niederlanden und Frankreich kommend, war die Société Anonyme, die dem Code de Commerce folgte und damit erstmals rechtlich verbindlich institutionalisiert wurde. Art. 33 beschränkte die Haftung der Gesellschafter auf das Gesellschaftsvermögen, bzw. auf die jeweilige Einlage. Die Mitgliedschaftsrechte waren verbriefbar und übertragbar.[111]

Im 19. Jahrhundert bildete sich die Aktiengesellschaft als eine privatrechtliche Organisationsform für größere unternehmerische Zusammenschlüsse heraus, um den zunehmenden Kapitalbedarf für den Infrastrukturausbau und die Industrialisierung befriedigen zu können, aber gleichzeitig das Investorenrisiko nicht zu groß werden zu lassen.[112] Zur Verwirklichung einer Haftungsbeschränkung und Beteiligung möglichst zahlreicher Anleger musste im Geltungsbereich des Allgemeinen Preußischen Landrechts (ALR) ein Privileg verliehen werden, das aus der Gesellschaft eine Korporation bzw. eine „moralische Person" machte.[113] Aktiengesellschaften ohne Privileg galten als Sozietäten.[114]

Bereits das Aktiengesetz von 1843 sprach in §§ 11 ff. von der Aufteilung des Kapitals in Aktien. § 18 regelte, dass bei Insolvenz der Gesellschaft die Aktionäre nicht zur Erstattung früher an sie ausgezahlter Zinsen und Dividenden herangezogen werden dürfen. Darüber hinaus bestimmte § 8, dass die Aktienge-

---

109 Genehmigung, Zustimmung, Ausstattung mit einem Privileg oder Recht.

110 Denzel, S. 169.

111 Ebd., S. 171 f.

112 Ebd. S. 171.

113 Baums, Gesetz, S. 22, 27.

114 Ebd., S. 41.

sellschaften durch landesherrliche Genehmigung zu juristischen Personen werden.

Erstmals das ADHGB von 1861 enthielt eine Definition der Aktiengesellschaft. Danach war eine Handelsgesellschaft eine Aktiengesellschaft, wenn sich die sämtlichen Gesellschafter nur mit Einlagen beteiligten, ohne persönlich für die Verbindlichkeiten der Gesellschaft zu haften, Art. 207 I ADHGB 1861. Nach Art. 207 II ADGHB 1861 wurde das Gesellschaftskapital in Aktien bzw. Aktienanteile zerlegt. Diese Definition wurde auch später, insbesondere in Art. 207 I ADGHB 1870 und in Art. 207 I ADHGB 1884, nicht wesentlich abgeändert.

Nach dem heutigen Aktiengesetz ist die Aktiengesellschaft nach § 1 I AktG als Gesellschaft mit eigener Rechtspersönlichkeit definiert. Den Gläubigern haftet nach wie vor nur das Gesellschaftsvermögen. Nach § 1 II AktG hat die Aktiengesellschaft ein in Aktien zerlegtes Grundkapital.

Seit die Aktiengesellschaft gesetzlich definiert ist, sind die Wesensmerkmale die Aufteilung des Gesellschaftskapitals in Anteile und die Haftungsbegrenzung auf das Gesellschaftskapital bzw. auf die jeweilige Einlage des Gesellschafters. Zuvor, unter Geltung des ALR, konnte eine Aktiengesellschaft auch ohne Haftungsbegrenzung gegründet werden und musste entsprechend nicht privilegiert werden. Alle untersuchten Satzungen weisen allerdings eine Haftungsbeschränkung auf.

II. Bankenaufsicht und Bankenaufsichtsrecht

Grundsätzlich wird zwischen Aufsicht und Wirtschaftslenkung unterschieden. Durch Wirtschaftslenkung infolge Erlass von Gesetzen oder maßstabsetzenden Einzelakten soll das Wirtschaftsverhalten geändert werden. Die Aufsicht hingegen setzt bestehende, bereits rechtlich verbindliche Anforderungen durch. Bezweckt wird der Schutz bestehender Wirtschaftsfunktionen und des öffentlichen Interesses, z.B. die Gefahrenabwehr, der Schutz des „unmündigen Vertragspartners“, die Strukturierung eines Wirtschaftszweiges und die Funktionsfähigkeit einzelner Unternehmen.[115]

Das Bankenaufsichtsrecht ist heute im Wesentlichen im Kreditwesengesetz (KWG) geregelt. Die Hauptziele der Bankenaufsicht sind in § 6 II KWG zusammengefasst. Sie bestehen darin, Missständen im Kredit- und Finanzdienstleistungswesen entgegenzuwirken, die die Sicherheit der den Instituten anvertrauten Vermögenswerte gefährden, die ordnungsgemäße Durchführung der Bankgeschäfte beeinträchtigen oder erhebliche Nachteile für die Gesamtwirt-

115 Albers (Hrsg.), S. 35 ff.

schaft nach sich ziehen können. Nach § 7 I S. 1 KWG teilen sich die Aufsicht die Bundesanstalt für Finanzwesen (BAFin) und die Deutsche Bundesbank, wobei nach S. 2 der Bundesbank die laufende Aufsicht obliegt.

Derartige gesetzliche Regelungen gab es im 19. Jahrhundert für die als Aktiengesellschaften gegründeten Banken nicht. Daher sind die Kriterien für eine Bankenaufsicht nicht direkt übertragbar und die Banken daran nicht messbar. Es ist vielmehr zu untersuchen, ob es überhaupt eine Form von Bankenaufsicht in dieser Zeit für die untersuchten Banken gibt und wenn nicht, ob eine solche nötig gewesen wäre. Die Untersuchungskriterien hierfür wurden oben festgelegt.

III. Konzession

Im 18. Jahrhundert wurden Gewerbe als Ausfluss der „natürlichen Freiheit" ausgeübt. Allerdings war die Bestätigung des Herrschers, dass die wirtschaftliche Betätigung dem Staatswohl entsprach, erforderlich, um eine gewisse Bestandssicherheit zu er-möglichen.[116]

Die Konzession ist eine „Form individueller Rechtserteilung durch den monarchischen Herrscher bzw. seit dem 19. Jahrhundert durch den Staat, die dem Berechtigten eine besondere Handlungs- oder Gebrauchserlaubnis im Bereich der öffentlichen Verwaltung einräumt."[117] Einerseits bezeichnet die Konzession die Verleihung hoheitlicher Regalien an Private, andererseits die gewerberechtliche Genehmigung.[118] Die Privilegien gewährleisteten der gewerbetreibenden Gesellschaft Ausschließlichkeit und enthielten oft auch die Freistellung von Steuern oder Zöllen für die Gesellschaft.[119] Deshalb beschrieb die Konzession einerseits den staatlichen Regulierungsanspruch der Behörden, andererseits strebten die Gesellschafter nach einer Konzession.[120]

Nach § 1 I i.V.m. § 6 I AktG 1843 war die Konzession die landesherrliche Genehmigung der Gründung einer Aktiengesellschaft. Legte man heutige Maßstäbe an die Konzession an, würde es sich um einen Verwaltungsakt im Sinne des § 35 S. 1 VwVfG bzw. der entsprechenden wortgleichen Landesgesetze handeln. Danach ist ein Verwaltungsakt jede Verfügung, Entscheidung oder andere hoheitliche Maßnahme, die eine Behörde zur Regelung eines Einzelfalls auf dem Gebiet des öffentlichen Rechts trifft und die auf unmittelbare Rechtswirkung nach außen gerichtet ist. Diese Definition träfe auf die Konzession zur Gründung von Aktiengesellschaften bis 1870 zu.

---

116 Mohnhaupt, S. 12.
117 Ebd., S. 11 f.
118 Schubel, S. 154, Mohnhaupt, S. 12.
119 Schubel, S. 154.
120 Ebd.

Grundsätzlich war eine staatliche Konzession nicht zwingend erforderlich, um die Rechtsfolgen – u.a. die Fähigkeit, umfassend am Rechtsverkehr teilzunehmen, die Nichthaftung der Aktionäre und die korporative innere Verfassung – der Aktiengesellschaften herbeizuführen.[121] Sie war aber notwendig, um ein Mindestmaß an Ordnung und Rechtssicherheit zu gewinnen, wie die vergleichbare Entwicklung in Frankreich und England sowie die Stagnation des Aktienwesens in Teilen Deutschlands, in denen auf eine staatliche Regulierung verzichtet wurde, zeigten.[122]

Der Höhepunkt des Konzessionssystems lag Mitte der 1850er Jahre,[123] so dass sich auch die Motive des Entwurfs eines Handelsgesetzbuches für die preußischen Staaten von 1857 damit befassten. Sie begründeten die Notwendigkeit einer Konzession mit dem Schutz der Gesellschaftsgläubiger wegen der Haftungsbeschränkung der Gesellschaft, der allgemeinen Interessen wie der Verbürgung der Solidität des Unternehmens oder der Verhinderung des Missbrauchs der Geldmacht der Gesellschaft.[124] Aus diesem Grund bestimmten die Motive ein weitgehendes staatliches Eingriffsrecht in die Gesellschaft, sowohl bei der Gründung von Gesellschaften als auch bei wesentlichen Statutenänderungen.[125]

IV. Satzung / Statut / Gesellschaftsvertrag

Das Statut wird in § 1 II AktG 1843 als Gesellschaftsvertrag definiert. Heute wird nicht mehr das Statut, sondern die Satzung in § 2 AktG als Gesellschaftsvertrag definiert. Alle drei Begriffe sind also gleichzusetzen und werden in dieser Arbeit synonym verwendet.

V. Stamm- und Grundkapital

Bösselmann stellte fest, dass

> „[d]er Begriff des Grundkapitals, als einer von den Veränderungen im Vermögensstande unabhängigen, abstrakten Rechnungsgröße, […] sich erst ganz allmählich [entwickelte]. Man sprach anfangs von Fonds, Gesellschaftsfonds, Gesellschaftsvermögen, Kapital, Gesellschaftskapital, Kapitalvermögen, Primitivkapital, Stammkapital, von Aktienkapital und endlich von Grundkapital.“[126]

---

121 Schubel, S. 155, Bösselmann, S. 67 ff.
122 Schubel, S. 155.
123 Ebd., S. 155.
124 Motive 1857, S. 91.
125 Ebd., S. 92 f.
126 Bösselmann, S. 118.

Stammkapital und Grundkapital werden in den ausgewerteten Satzungen der Banken des 19. Jahrhunderts häufig synonym verwendet, so dass auch in der Arbeit keine Unterscheidung nach heutigen Kriterien vorgenommen wird. Heute wird der Begriff Stammkapital bei Gesellschaften mit beschränkter Haftung (GmbH) und der Begriff Grundkapital bei Aktiengesellschaften (AG) verwendet. Stammkapital und Grundkapital entsprechen dem Gesellschaftskapital der jeweils betrachteten Aktiengesellschaft.

E. Banksektor im 19. Jahrhundert

I. Allgemeine Entwicklung des Banksektors

Heute sind nach § 1 I 1 KWG Kreditinstitute Unternehmen, die gewerbsmäßig oder in einem Umfang, der einen in kaufmännischer Weise eingerichteten Geschäftsbetrieb erfordert, Bankgeschäfte betreiben. Nach § 1 I 2 KWG sind Bankgeschäfte das Einlagengeschäft, das Pfandbriefgeschäft, das Kreditgeschäft, das Diskontgeschäft, das Finanzkommissionsgeschäft, das Depotgeschäft, das Garantiegeschäft, das Scheckeinzugsgeschäft, das Wechseleinzugsgeschäft, das Reisescheckgeschäft, das Emissionsgeschäft, das E-Geld-Geschäft, die Tätigkeit als zentraler Kontrahent und die Eingehung der Verpflichtung, zuvor veräußerte Darlehensforderungen vor Fälligkeit zurück zu erwerben.

1. Banksektor vom 16. bis zum 18. Jahrhundert

Im 16. und 17. Jahrhundert stand das Wechselgeschäft im Bankgewerbe im Mittelpunkt.[127] Damals übernahmen Speditionen und Großhandelsunternehmen die Abwicklung dieses Geschäfts, das im 18. Jahrhundert in Privatbankhäuser ausgegliedert wurde.[128]

Im 18. Jahrhundert bestand das deutsche Bankwesen hauptsächlich aus Staatsbanken, die auf Befehl oder Veranlassung eines Landesfürsten gegründet wurden oder zumindest einer landesherrlichen Erlaubnis bedurften. Sie befassten sich im Wesentlichen mit Staats- und fast ausschließlich mit Geldgeschäften.[129] In den preußischen Provinzen bildeten sich die Landschaften, die dem Adel Kredite zur Finanzierung ihres Grundbesitzes mit Hilfe von Grundkrediten und Hypothekenpfandbriefen verschafften.[130]

Die Privatbanken übernahmen in den Folgejahren hauptsächlich den Sorten- und Wechselhandel, Zahlungsvermittlungsgeschäfte, das Geschäft mit Staatsanleihen und ab 1820 Industriefinanzierungen durch Emission und Übernahme von Aktien und Obligationen.[131] Seinen Geschäften ging ein Privatbankier mit alleiniger Verantwortung unter voller persönlicher Haftung nach. Das persönliche

---

127 Ein Wechsel ist ein Wertpapier, das eine unbedingte Zahlungsanweisung des Ausstellers an den Bezogenen enthält, an jenen oder einen Dritten (Begünstigter, Remittent) zu einem bestimmten Zeitpunkt an einem bestimmten Ort eine bestimmte Geldsumme zu zahlen.

128 Wandel, S. 1.

129 Treue, Privatbankwesen, S. 94.

130 Treue, Privatbankwesen, S. 94; Hopt, S. 132.

131 Wandel, S. 1; Hopt, S. 131.

Vertrauen des Privatbankiers in seinen Kreditnehmer war die Basis für die Vergabe von Krediten.[132]

Da die Kaufleute die Bankgeschäfte mit eigenem Geld abwickelten, gab es für den Staat keinen Anlass zum Eingriff in das „Bankwesen", d.h. Bankgeschäfte wie Geld zu verleihen, sich an Unternehmensgründungen zu beteiligen, Aktien oder Staatsanleihen zu erwerben und zu veräußern oder Wechselgeschäfte bedurften damals keiner staatlichen Genehmigung.[133]

In der zweiten Hälfte des 18. Jahrhunderts entstanden die ersten Wechsel- und Kreditbanken unter Staatsaufsicht, um das Wirtschaftsleben zu beleben. Auch dies waren noch keine Aktiengesellschaften.[134]

Vor der Zeit der Gründung von Aktiengesellschaften dominierten die Privatbanken den Markt – wie z.B. im Rheinland, wo sie zwischen 1815 und 1870 die wichtigsten Finanzvermittler waren.[135] Sie entstanden aus den einstigen Nebengeschäften der Kaufleute. Die Bankgeschäfte wurden nach und nach von den sonstigen Kaufmannsgeschäften abgespalten und in Privatbankhäuser eingegliedert. Beispielsweise wurden die Geschäfte durch Erbe oder, weil das Bankgeschäft lukrativer wurde als das Warengeschäft, geteilt. Gegen Ende des 18. Jahrhunderts entstanden Privatbanken auch als reine Neugründungen.[136]

2. Banksektor in der ersten Hälfte des 19. Jahrhunderts

In der ersten Hälfte des 19. Jahrhunderts entwickelte sich das Bankwesen zunächst zögerlich.[137] Unter den ersten Aktienbanken waren die *Bayerische Hypotheken- und Wechselbank AG* sowie die *Leipziger Bank AG*, die beide 1835 gegründet wurden.[138] Die deutschen Staaten und die Privatbankiers sahen in den Aktienbanken zunächst Konkurrenz. Sie befürchteten Gründergewinne und Börsenspekulationen. Zudem vermutete vor allem der preußische Staat, dass die Aktienbanken dem landwirtschaftlichen Sektor zu Gunsten der Industriefinanzierung das Kapital entziehen würden. Daher verhielten sich die deutschen Staaten und Privatbankiers den Aktiengesellschaften gegenüber zurückhaltend.[139]

Trotzdem wurden teilweise Aktienbanken auf Initiative und unter Beteiligung der Privatbanken gegründet, weil sich diese davon eine Verbreiterung ihrer

132 Wandel, S. 2; Treue, Privatbankwesen, S. 101; Häuser, S. 11, Fn. 3.
133 Häuser, S. 13.
134 Wandel, S. 2.
135 Treue, Privatbankwesen, S. 94.
136 Treue, Privatbankwesen, S. 94; Hopt, S. 131.
137 von Poschinger, Band 1, S. 206
138 Wandel, S. 2 f.
139 Wandel, S. 3; Häuser, S. 14; Pohl, Entstehung, S. 33; Born, S. 151 ff.

Kapitalbasis versprachen. Allerdings verloren solche Privatbanken nach und nach die Kontrolle über diese Gesellschaften.[140]

3. Banksektor zwischen 1848 und 1870

a) Anfängliche Schwierigkeiten

Mitte des 19. Jahrhunderts gab es zwar wenige Unternehmen, jedoch viele reiche Privatpersonen.[141] Es herrschte keine Kapitalarmut, dennoch war das Kapitalangebot gering und es existierten keine großen Depositenbanken[142], die die Geldmittel hätten sammeln können. Wenn den Unternehmungen die finanziellen Mittel fehlten, lag das meist an der unzulänglichen Kreditorganisation, weniger am fehlenden Kapital.[143] Unternehmen finanzierten sich durch die Erwirtschaftung hoher Gewinne, die in der Folge reinvestiert werden sollten, bzw. helfen sollten, Kreditgeber zu finden. Hieraus ergab sich wegen der Ineffizienz der Finanzmärkte ein begrenztes wirtschaftliches Entwicklungspotential. Die einzigen Finanzierungsquellen waren Eigenkapital, in sehr beschränktem Maße auch Kredite.[144]

In der Folge der Märzrevolution von 1848 setzte sich liberal-ökonomisches Gedankengut in der Regierung durch, was die Gründung von Banken begünstigte. Diese Banken wurden noch nicht als reine Aktiengesellschaften gegründet, entsprachen jedoch diesem Finanzierungstyp.[145]

Aktienbanken galten allgemein als mit Spekulationsgefahr behaftet und somit als Bedrohung für die Volkswirtschaft.[146] Die preußische Monarchie sah sich der wirtschaftlichen Macht großer Banken als unerwünschtem Gegenpol ausgesetzt.[147] Nur das *Bankhaus A. Schaaffhausen* erhielt im August 1848 eine Konzession zur Umgründung in eine Aktiengesellschaft. Die Errichtung von Privat- und Hypothekenbanken, da zumeist von der staatlichen Genehmigung abhängig, war damit gehemmt.[148]

---

140 Reitmeyer, Bankiers im Kaiserreich, S. 83 ff.

141 Häuser, S. 15.

142 Bank, die auf kurz- und mittelfristige Geldanlalagen und die Gewährung kurzfristiger Kredite spezialisiert ist.

143 Zitiert nach Häuser, S. 15; grdl. Aufsatz von Knut Borchardt: Zur Frage des Kapitalmangels in der ersten Hälfte des 19. Jahrhunderts in Deutschland, S. 28-41; Kellenbenz, S. 79.

144 Häuser, S. 15.

145 Ullrich, S. 71.

146 Ebd.

147 Ullrich, S. 71; Böhme, S. 59.

148 Bosenick, S. 12.

Der *A. Schaaffhausen'sche Bankverein* wurde nach der Gewährung risikoreicher Kredite durch die Gründer von einer Privatbank in eine Aktiengesellschaft umgewandelt, da die Bank durch ihre Geschäfte illiquide wurde. Infolgedessen ermöglichte der preußische Finanzminister David Hansemann einen Tausch der Gläubigerforderungen in Aktien. Auf diese Weise wurde die Privatbank in die *A. Schaaffhausen'sche Bankverein AG*, die älteste deutsche gemischte Bank in Aktiengesellschaftsform, überführt.[149]

Nach der Depression 1845 bis 1851 setzte eine erste Gründerwelle im Bankbereich ein. In diesem Zusammenhang wurden u.a. die *Disconto-Gesellschaft*, die *Berliner Handels-Gesellschaft* und die *Bank für Handel und Industrie* gegründet.[150] Allerdings empfanden die Geschäftsleute direkt nach der Revolution von 1848 zunächst eine große Unsicherheit und Ungewissheit, welche den Unternehmungsgeist einschränkte. Dies verstärkte der preußische Staat, indem er einerseits große öffentliche Bauten nicht in Angriff nahm und andererseits Ungewissheit über die weitere Entwicklung des Zollvereins bestehen ließ.[151]

Allgemeine gesetzliche Regelungen für Banken bestanden nicht – allenfalls Dekrete aus besonderem Anlass, zum Beispiel zur Gründung von Sparkassen oder Staatsbanken – bevor Mitte des Jahrhunderts vermehrt Notenbanken und Aktiengesellschaften gegründet wurden. Diese spezifischen Gründungen wurden konzessioniert. Die übrigen und üblichen Bankgeschäfte unterlagen noch lange der Gewerbefreiheit.[152]

b) Banken in der wirtschaftlichen Entwicklung

Langsam wurden die Anforderungen an die Konzessionen der Banken gelockert.[153] Die Industrie, der Handel und schließlich auch die Banken durchlebten einen Aufschwung, weil die politischen Verhältnisse sich beruhigten.[154] Dies führte zu Spekulationen an der Börse und zu einem „alles überflutenden, seine Kräfte überschätzenden und seine Mittel nicht berechnenden Unternehmungsgeist“.[155] Dies löste auch die erste Gründerwelle im Bankbereich zwischen 1846 und 1856 aus.[156]

149 Wandel, S. 3; Treue, Privatbankwesen, S. 101, 115; Häuser, S. 14; Bosenick, S. 11.
150 Wandel, S. 3.
151 Bosenick, S. 11 f.
152 Häuser, S. 14.
153 Bosenick, S. 13.
154 Bosenick, S. 13.
155 Ebd., S. 14.
156 von Poschinger, Band 2, S. 3.

Es schloss sich eine allgemeine Wirtschaftskrise ab 1857 an, die insbesondere den Banksektor traf. Die Zeit bis zum Deutsch-Französischen Krieg konnte im Allgemeinen mit mehr oder minder gedrückter wirtschaftlicher Stimmung beschrieben werden. Es wurde dementsprechend wenig spekuliert. Folglich wurden große Mengen an liquiden Mitteln erzeugt, die auf ihren Einsatz warteten.[157] Banken versuchten häufig, durch Rückkauf eigener Aktien den Aktionären eine Dividende zu zahlen, die aus dem Gewinn des Rückkaufwertes der Aktien zum Nominalwert bestand. Einige Banken lösten sich auf, andere überdauerten die Krise mit Schwierigkeiten. Ältere, solide Institute überstanden diese Krise.[158]

In der Zeit von 1850 bis 1870 änderte sich die Industrielandschaft in Deutschland gravierend. Insbesondere der Eisenbahnbau als selbstfinanzierte frühe Industrie beanspruchte den Einsatz hohen Kapitals. Neue Möglichkeiten der Finanzierung mussten gefunden werden.[159] Zunächst bündelten die Privatbanken Finanzierungen in Form von Konsortialfinanzierungen.[160]

Seit Mitte des 19. Jahrhunderts beteiligten sich die Aktienbanken an der Gründung von Industrieunternehmen und finanzierten deren Vorhaben, indem sie das jeweilige Projekt zur Gründung bzw. Umwandlung in eine Aktiengesellschaft begleiteten.[161] Die Zusammenfassung von Kapitalien in Form von Aktiengesellschaften begann, nicht zuletzt angetrieben durch die Privatbankiers. Allerdings wandelte sich der Einfluss der Privatbankiers zu Gunsten der Aktienbanken. Es fanden erste Konzentrationen im Bankbereich in Form von Kommanditierungen statt, d.h. Aktienbanken beteiligen sich mit großen Beträgen am Kapital von Privatbankhäusern und konnten dadurch auf diese Einfluss nehmen.[162]

Vorwiegend Unternehmungen mit der größten Rentabilität wurden durch die Banken gefördert und daher die zu Grunde liegenden Projekte eingehend geprüft. Zudem sicherten die Banken ihre Emissionskredite mit direkten Beteiligungen an den Industrieunternehmen ab. Jedoch waren Kreditfinanzierungen zu dieser Zeit noch unbedeutend.[163] Die Banken verfolgten zwischen 1848 und 1870 in der Regel das Ziel, die Industrie und den Handel zu fördern. Dies verbanden sie mit der Ausgabe von Banknoten.[164]

---

157 Bosenick, S. 14 ff.
158 von Poschinger, Band 3, S. 3 f.
159 Wandel, S. 8 f.; Häuser, S. 14 ff.
160 Wehler, S. 87.
161 Wandel, S. 18.
162 Ebd., S. 9.
163 Wandel, S. 18.
164 Bosenick, S. 11.

Bis zur Reichsgründung gab es in Deutschland sieben verschiedene Währungsgebiete, 33 Notenbanken und verschieden hohe Zinssätze (Wechseldiskontsätze).[165] Das führte zu einer mangelhaften Markttransparenz, hohen Informationskosten, hohen Transaktionskosten und einer unnötig hohen Kassenhaltung.[166] Die Reichsgründung und Vereinheitlichung der Währungen erleichterten schließlich den Zahlungsverkehr sowie die Entwicklung der Kapitalmärkte.[167] Der Bankplatz Berlin und die Berliner Börse wurden zum zentralen deutschen Finanzmarkt.[168] Berlin bot den Banken Wachstumsmöglichkeiten, weil die Stadtbevölkerung wuchs und somit die Nachfrage nach Produkten der Industrie, aber ebenfalls nach denen der Banken anstieg. Sowohl die immer mehr werdenden Unternehmen als auch die Privathaushalte fragten Finanzdienstleistungen in immer größerem Umfang nach.[169]

David Hansemann, liberaler Politiker in der Rheinprovinz und Bankier, war bei den Bankgründungen Vorreiter. Er schlug 1849 den zuständigen Ministerien die Gründung einer Genossenschaftsbank auf Aktienbasis, die *Berliner Kredit-Gesellschaft*, nach dem Vorbild der 1848 in Brüssel gegründeten *Union du Crédit*, eine auf kleine Kaufleute und Gewerbetreibende ausgerichtete Bank mit kreditgenossenschaftlichen Elementen, vor. Dieses Konzept wurde abgelehnt.[170] 1851 entdeckte er jedoch eine Gesetzeslücke und konnte trotz Versagung der Konzession durch das Ministerium die Gründung der *Disconto-Gesellschaft* zunächst als eine mit streng genossenschaftlichem Charakter versehene Gesellschaft, eine Kreditorganisation mit unbeschränkter Mitgliederzahl, vornehmen. Die Mitglieder waren zunächst David Hansemann als Geschäftsinhaber, Direction genannt, und stille Teilhaber. Die Satzung beschränkte die Gesellschaft, weil sie lediglich auf den Geldbedarf ihrer Mitglieder ausgerichtet war. Insbesondere durfte die Bank anfangs noch nicht am gewinnbringenden Aktienhandel und Eisenbahngeschäft teilhaben. Eine Statutenänderung 1855 wurde zur Anpassung an das Geschäftsumfeld erforderlich.[171] 1856 entstand dadurch erstmals eine Kommanditgesellschaft auf Aktien, die ihre Mitglieder in Kommanditisten und Komplementäre aufteilte.[172]

---

165 Häuser, S. 13; Stolper, et al., S. 22.

166 Häuser, S. 19.

167 Ebd.

168 Ebd.

169 Ullrich, S. 62 ff.

170 Henning, S. 607, Pohl, Konzentration, S. 62 f., Wehler, S. 87.

171 Wehler, S. 87.

172 Pohl, Konzentration, S. 66 f.

4. Banksektor seit 1869

Nach der „Zwischenkrise" begann die zweite Gründerwelle im Banksektor zwischen 1871 bis 1873. Gründe hierfür waren

> „die Trennung des wirtschaftsliberalen Preußen vom wirtschaftskonservativen Österreich im Sinne der kleindeutschen Lösung 1866 und die damit verbundene Gründung des Norddeutschen Bundes, die Reorganisation des Zollvereins 1867, die Aufhebung des restriktiv gehandhabten Konzessionszwanges für Aktiengesellschaften 1870 und schließlich der erfolgreiche Feldzug gegen Frankreich 1870/1871."[173]

Nach dem Ende des Deutsch-Französischen Krieges erstarkte die deutsche Wirtschaft.[174] Die Expansion infolge der Industrialisierung und des enormen Bevölkerungswachstums erforderte ein Finanzierungssystem, das Ersparnisse in Investitionen transformierte. Kapitalbildung und -transformation waren sonach die Haupterfordernisse.[175] Ungefähr die Hälfte der Finanzierungsmittel stammte jetzt aus Selbstfinanzierung, also aus Eigenmitteln der Gründer insbesondere Gewinnen. Die andere Hälfte resultierte aus Ersparnissen der Haushalte, die über den Kapitalmarkt transferiert wurden.[176]

Die Investitionen verdoppelten sich von 2,4 Milliarden Mark zwischen 1850 und 1870 im Zeitraum zwischen 1870 und 1873 auf 5,2 Milliarden Mark. Der Kapitalbedarf für die zusätzlichen Investitionen wurde über Aktienemissionen gedeckt, die die Banken initiierten und begleiteten. Sparkassen und Großbanken betrieben dieses Geschäft etwa in gleichem Maß.[177] Die durchschnittliche Dividende der Bankaktien lag zwischen 1870 und 1872 entsprechend hoch bei 12,45%.[178]

Zwischen 1866 und 1870 wurden die Banken immer mehr im Umwandlungs- und Gründungsgeschäft tätig. Unternehmen wurden im ganzen Land gegründet, sowohl in den Städten als auch in ländlichen Regionen. Dies führte zur Hochkonjunktur im Banksektor.[179]

---

173 Wandel, S. 10. Der Norddeutsche Bund war ein Zusammenschluss von 22 Staaten und freien Städten nördlich der Mainlinie unter preußischer Führung. Seine Verfassung trat am 1.7.1867 in Kraft. Der Bund hatte wirtschaftlich bedeutsame Gesetzgebungskompetenzen wie die Zoll- und Handelsgesetzgebung und das Verkehrs-, Post- und Telegraphenwesen. Bereits im Juni 1869 wurde die auf Gewerbefreiheit basierende Gewerbeordnung (Bundesgesetzblatt des Norddeut-schen Bundes Band 1869, Nr. 26, Seite 245-282) erlassen.

174 Bosenick, S. 23.

175 Häuser, S. 20.

176 Ebd.

177 Wehler, S. 82.

178 Ebd.

179 Weigt, S. 29; Bosenick, S. 24; von Waltershausen, S. 280.

Das Kreditgeschäft wurde immer wichtiger als Form der Vorfinanzierung anstehender Emissionen. Zusätzlich führten das gestiegene Geschäftsvolumen und das von den Banken favorisierte Hausbankprinzip dazu, dass sich die Banken konzentrieren und größer werden mussten.[180]

In der zweiten Gründerwelle etablierten sich nicht nur seriöse Institute, sondern ebenso Banken mit zweifelhaftem Geschäftsgebahren. Es wurde gegründet, ohne auf einen Bedarf der Wirtschaft zu achten. Der eigene Profit zählte, auch unter Ausnutzung von Gesetzeslücken und oft am Rande der Legalität. Beispielsweise bildeten sich sogenannte Gründerbanken, die allein zwecks der Gründung von Industrieunternehmen oder Umwandlung derer in Aktiengesellschaften errichtet wurden. Der Gewinn dieser Banken ergab sich aus der Differenz zwischen dem Kaufpreis des Unternehmens und dem Platzierungspreis der Aktien an der Börse, wobei die Börsenpreise häufig manipuliert wurden. Allen voran ging die Quistorp'sche Vereinsbank, Berlin, die den Gründerkrach 1873 mit auslöste.[181]

Große Kommissionshäuser gründeten bewusst Maklerbanken, um das Risiko des Kommissionsgeschäfts auszugliedern. Sie wollten sich vor der Insolvenz der kleinen Makler, derer sie sich bis dato bedienten, schützen. Die Maklerbanken wiederum gaben für die von ihnen vermittelten Geschäfte Garantien und waren damit erfolgreich.[182]

Jedoch erweiterten die Maklerbanken ihre Geschäftstätigkeit und spekulierten selbst im Gründungs-, Kommissions- und Emissionsgeschäft.[183] Sie finanzierten beispielsweise Aktienkapital durch einen Kredit vor und platzierten gezielte Werbung sowie Emissionsprospekte, um die Aktien an der Börse zu einem überhöhten Preis anbieten zu können.[184] Dies ermöglichte Betrügern, Gesellschaften ohne Kapital zu gründen, um schnelle Kursgewinne zu generieren.[185]

Auf die involvierten Banken wirkte dieses Vorgehen sowohl positiv als auch negativ. Zum einen konnten sie von den schnellen Kursgewinnen profitieren. Zum anderen mussten sie Niederlagen verwinden, wenn die von ihnen gegründeten Unternehmen in Konkurs gerieten, bevor der Kredit zurück bezahlt wurde. Allerdings folgten daraufhin trotzdem häufig weitere Aktien- oder Obligationenemissionen, und es fand eine Überwachung der Geschäftsführung statt, zum

180 Wandel, S. 19.

181 Ebd.

182 Weber, S. 335 ff.; Weigt, S. 29.

183 Blume, S. 73 ff.; Weigt, S. 30; Pohl, Konzentration, S. 124; von Walterhausen, S. 280; Wirth, S. 472 ff.

184 Weigt, S. 30; Pohl, Konzentration, S. 120; Riesser, Großbanken, S. 280 ff.; Metzler, S. 135; Weber, S. 38.

185 Weigt, S. 30; Pohl, Konzentration, S. 120.

Beispiel durch Delegation der Bankvorstände in den Aufsichtsrat der Unternehmen.[186]

Darüber hinaus bereicherten sich einige unseriöse Bankiers mit Hilfe des Kommissionsgeschäftes. Sie beschafften für ihre Kunden Wertpapiere und rechneten den Durchschnittswert des jeweiligen Tages ab, obwohl sie diese selbst zu einem niedrigeren Kurs erstanden hatten. Dies war möglich, weil die Kurse als Durchschnittskurse festgestellt wurden und es an Transparenz fehlte.[187]

Aber auch seriöse Banken wurden in dieser Zeit gegründet. 1870 wurden die *Deutsche Bank AG* und die *Commerzbank AG* gegründet. Beide Banken beschäftigten sich vorwiegend mit dem Auslandsgeschäft.[188] 1872 wurde das *Bankhaus Michael Kaskel* in die *Dresdner Bank AG* umgewandelt. Sie konnte sich trotz der Gründerkrise behaupten.[189] Die meisten der rund 100 zwischen 1870 und 1873 gegründeten Banken schlossen schließlich um 1873 mangels Kapitalausstattung im Zuge der Gründerkrise. Die Krise wirkte marktbereinigend und brachte ein funktionsfähiges Bankwesen hervor.[190]

Sogenannte Spekulationsgründungen der Effektenbanken überstanden die Krise ab 1873 oft nicht oder wurden im Zuge des einsetzenden Konzentrationsprozesses im deutschen Banksystem von etablierten Bankinstituten, insbesondere von den drei neu gegründeten Großbanken, nämlich von der *Deutschen*, der *Dresdner* oder der *Commerzbank*, übernommen.[191] Dieser Konzentrationsprozess führte zur Bildung von fünf bis sechs Großbanken mit einem ausgeprägten Zweigstellennetz und einer gut diversifizierten Risikostruktur sowie Stabilität.[192] Zwischen 1848 und 1875 entstand das Bankwesen in seiner heutigen Form, d.h. Privatbankiers wichen immer mehr den Großbanken und den regionalen Aktienbanken.[193]

II. Aktienbanken

Immer größer werdende Unternehmen wurden häufig in Aktiengesellschaften umgewandelt. Zudem gründeten sich viele neue Gesellschaften, vor allem als Aktiengesellschaften. Die Gründer konnten oft die hierfür benötigten Geldmittel

186 Weigt, S. 30 f.; Riesser, Großbanken, S. 283 ff.
187 Weigt, S. 31 f.; Weber, S. 34.
188 Wandel, S. 10.
189 Ebd., S. 10 f.
190 Ebd., S. 11.
191 Häuser, S. 22 f., 26; Weigt, S. 29; Pohl, Konzentration, S. 118; Metzler, S. 130-131, 138 ff.
192 Tilly, Bankhistorisches Archiv 34, S. 14.
193 Reitmayer, Strukturwandel, S. 12.

nicht mehr allein aufbringen; auch die Privatbankiers waren dazu teilweise nicht bereit oder in der Lage. Daher entstanden dem Finanzierungsbedürfnis der Industrie entsprechend Aktienbanken.[194]

Der durch die Industrialisierung erhöhte Finanzbedarf bewirkte eine qualitative Änderung im bisher bestehenden Bankensystem.[195] Die wichtigsten Kapitalnachfrager waren neben der Industrie der Staat und die Landwirtschaft. Im Zuge der Urbanisierung in Folge der Industrialisierung kam später der Wohnungsbausektor hinzu.[196]

Leistungsfähigere Kreditinstitute, die vor allem Aktien als neues Produkt verkauften, wurden gebildet. Aktien erschienen den meisten Sparern noch als suspekt, u.a. weil auch unsolide Projektemacher oder Spekulanten dieses Institut nutzten. Gerade weil noch gesetzliche Regelungen und eine staatliche Aufsicht größtenteils fehlten, mussten die Banken und Börsen im eigenen Interesse darauf achten, dass die Wert-papiermärkte seriös blieben.[197]

Der neue Bankentyp war viel kapitalkräftiger. Die Aktienbanken verschafften sich ihre Kapitalausstattung über die Wertpapiermärkte durch Ausgabe von Anteilen am eigenen Unternehmen in Form von Aktien. Dadurch waren sie wandlungsfähig und passten sich dem Geschäftsvolumen wie auch dem Kapitalbedarf der Kreditnehmer flexibel an.[198]

Die Banken auf Aktienbasis verfügten über fünf- bis zehnmal soviel Kapital wie die Privatbankiers, was sich positiv auf die langfristige Finanzierung der Industrie und des Verkehrssektors mit großen Summen auswirkte. Zudem besaßen die Großbanken über ihr Filialnetz einen großen Einzugsbereich zur Generierung von Kapital.[199] „Diese Banken [waren] als Universalbanken – also für alle Bankgeschäfte – angelegt.“[200] Aus zunächst kurzfristigen Krediten und Emissionen von Aktien entwickelten sich langfristige Investitionen und planmäßige Industriefinanzierungen.[201]

Die Eigenkapitalausstattung der deutschen Banken lag deutlich über der englischer und amerikanischer Institute. In der Zeit zwischen 1883 und 1899 hatten Aktienbanken oft Eigenkapitalquoten von 34,2 bis 40,6 Prozent.[202] Dagegen wurde nur eine geringere Barliquidität im Vergleich zu englischen Banken

194 Gebhardt, S. 45.
195 Häuser, S. 15 f.
196 Ebd., S. 18.
197 Ebd., S. 16 f.
198 Ebd.
199 Nipperdey, S. 265.
200 Ebd., S. 266.
201 Ebd.
202 Häuser, S. 23.

gehalten. Die Kassen- und Reservefondserfordernisse waren geringer und kamen dem langfristigen Engagement und dem Kapitalmarkt zu Gute. Banken konnten aufgrund ihres immer größer werdenden Filialnetzes Zahlungen mit eigenem Giralgeld leisten. Zusätzlich bot die Reichsbank eine verlässliche Refinanzierungshilfe an.[203] So konnten die Aktienbanken den Anforderungen der Industrie zur Finanzierung von Großprojekten einerseits gerecht werden und schlossen andererseits damit eine Lücke, die durch die Industrialisierung entstanden war.

III. Hypothekenbanken

Hypothekenbanken fußen auf den sogenannten Landschaften, die auf einer Assoziation von Schuldnern beruhten und auf den landwirtschaftlichen Großgrundbesitz bezogen waren.[204] Die Organisation der Hypothekenaktienbanken war den preußischen Landschaften nachgebildet. Sie emittierten Schuldverschreibungen, die Pfandbriefe, und nutzten den Erlös aus diesen Emissionen zur hypothekarischen Beleihung von Grundbesitz. Die Deckung dieser Geschäfte erfolgte aus den bestellten Hypotheken zur Absicherung der ausgegebenen Kredite, dem Grundkapital der Gesellschaft, dem Aktienkapital und dem Reservefonds.[205]

Neben dem Kapitalbedarf der Industrie stieg auch der Bedarf an Finanzierungen für den Erwerb von Immobilien. Jedoch herrschte in diesem Bereich Kapitalmangel, denn Anleger bevorzugten die Anlagemöglichkeit in Aktien der Industrie- und Eisenbahnunternehmen, die eine höhere Rendite versprachen, oder in staatliche Anleihen. Aus diesem Grund wurde die Gründung von Hypothekenbanken angedacht.[206]

Bis in die 1860er Jahre gestattete der preußische Staat jedoch keine Neugründungen von Hypothekenbanken,[207] obgleich die Sparkassen dazu angehalten wurden, ihre Einlagebestände vor allem in Hypotheken anzulegen.[208] Trotzdem gab es Vorschläge zur Bildung von Realkreditinstituten, ausgestattet mit einem Banknotenprivileg, staatsmittelunterstützter Gründung und der Möglichkeit des Betreibens weiterer Geschäfte.[209]

---

203 Häuser, S. 23; Deutsche Bundesbank (Hrsg.), S. 46 f.

204 Fränken, S. 1.

205 Ebd., S. 11.

206 Ullrich, S. 78; Fränken, S. 1 ff.; von Poschinger, Bd. 2, S. 243 ff.

207 Ullrich, S. 80; Fränken, S. 4 ff.

208 Ullrich, S. 79; vgl. auch Hypothekarbestände der Sparkassen abgedruckt bei Fränken, S. 5, Fn 3.

209 Ullrich, S. 80; von Poschinger, Bd. 2, S. 243 ff.; ders., Bd. 3, S. 154.

1861 schlug Ernst Engel, der Direktor des Königlich Preußischen Statistischen Bureaus, vor, dass zur Gründung eines Realkreditinstituts die Gläubiger nach dem Vorbild der Aktiengesellschaften vereint werden sollten. Auf staatliche Subventionen und das Notenausgabeprivileg sollte verzichtet werden. Dieser Vorschlag lehnte sich an den französischen *Crédit Foncier*, an die *Bayerische Hypotheken- und Wechselbank AG* und die *Landständische Bank in Sachsen* an.[210] Jedoch versagte die preußische Regierung, die Aktiengesellschaften gegenüber skeptisch gesinnt war, die Gründungserlaubnis.[211] Auch das Bodenbankprojekt Bleichröders[212] von 1863, welches eine Kombination von Bank- und Versicherungsgeschäften vorsah, wurde abgelehnt.[213]

1862 wurden zwei Hypothekenbanken als Kommanditgesellschaft auf Aktien bzw. als Versicherungsaktiengesellschaft gegründet – die *Preussische Hypotheken-Credit- und Bank Anstalt, Commandit-Gesellschaft auf Actien, Hermann Henkel* und die *Preussische Hypotheken-Versicherungs-Actien-Gesellschaft (Hübner Bank)*. Sie verzeichneten nur geringen Geschäftsverkehr.[214]

Preußen stand der Gründung von Hypothekenbanken skeptisch gegenüber. Deswegen versuchte die preußische Regierung durch die Normativbestimmungen 1863 und 1867 insbesondere der Gefahr der zu leichten Verschuldung des Grundbesitzes entgegen zu wirken.[215] Nach den Normativbestimmungen 1863 (§ 8) musste eine jederzeitige Deckung der ausgegebenen Schuldverschreibungen durch die Hypotheken vorliegen, was die Regierung jederzeit überprüfen durfte. Der Pfandbriefumlauf sollte höchstens das Zehnfache des Aktienkapitals erreichen.[216] Eine besondere Konzession dieser Banken war nicht erforderlich, sondern es sollte die Beobachtung der festgesetzten Normen genügen.[217] Allerdings unterlagen Hypothekenbanken, die als Aktiengesellschaften gegründet wurden, dem staatlichen Genehmigungserfordernis der Konzessionserteilung.[218] Darüber hinaus mussten sie wegen der Ausgabe von Inhaberschuldverschreibungen nach § 1 I PreußSchVG genehmigt werden.

Von dieser Zeit an wurden auch in Preußen Hypothekenbanken in Form von Aktiengesellschaften gegründet, wobei immer noch nicht alle Projekte zugelas-

---

210 Ullrich, S. 80; von Poschinger, Bd. 3, S. 158 f.

211 Ullrich, S. 80; Fränken, S. 9.

212 Berliner Privatbankier.

213 Ullrich, S. 80; von Poschinger, Bd. 3, S. 186 f.

214 Ullrich, S. 80 f.; von Poschinger, Bd. 3, S. 184 ff.

215 Fränken, S. 10 f.

216 Ebd., S. 11.

217 Ebd., S. 9 f.

218 Ebd., S. 10, .

sen wurden.[219] Die Normativbestimmungen sahen einen Staatskommissar vor, der kontrollieren sollte, dass die ausgegebenen Pfandbriefe nicht die durch die Beleihung erworbenen Hypothekenrechte überstiegen. Eine generelle Verpflichtung zur Beaufsichtigung dieser Institute lehnte der Preußische Staat aber ab.[220] Ähnliche Kontrollen bestanden auch bei nicht-preußischen Hypothekenbanken.[221]

Die Kreditvergabe wurde jedoch durch die starke Regulierung bzgl. der Wertermittlung, Beleihungsgrenzen sowie Pfandbriefausgabe gesteuert und behindert.[222] Bei der Gründung der *Preußischen Centralbodenkredit AG* 1870 wurden die rigiden Normativbestimmungen im Einzelfall außer Kraft gesetzt, so dass es zu Wettbewerbsverzerrungen im Vergleich zu den anderen Instituten kam, denen diese Erleichterungen nicht gewährt wurden.[223]

Das Hypothekenbankgesetz[224] von 1899 bestimmte schließlich, dass Hypothekenbanken ihr Geschäft nur nach Erlaubnis des Bundesstaates, in dem sie ihren Sitz hatten, betreiben durften.[225] Zusätzlich wurden nach wie vor einem Staatskommissar weitreichende Vollmachten übertragen. Er hatte die Einhaltung des Gesetzes zu überwachen. Die Geschäftstätigkeit der Hypothekenbanken wurde auf das Hypothekenbankgeschäft eingeschränkt, § 5 Hypothekenbankgesetz. Dabei wurden bereits bestehende „gemischte" Hypothekenbanken vom Anwendungsbereich des § 5 ausgenommen. Diese durften nach § 46 Hypothekenbankgesetz ihre Geschäfte fortführen.[226]

Durch die Festlegung einer Beleihungsgrenze für Grundstücke wurde das Geschäft weiter begrenzt. Darüber hinaus bestand eine Emissionsgrenze, wonach der Ausgabebetrag von Pfandbriefen das 15fache des Grundkapitals zuzüglich Reservefonds nicht übersteigen durfte, § 7 Hypothekenbankgesetz.[227]

Lange Zeit wurden die Geschäfte der Hypothekenbanken zwangsläufig von den bestehenden Bankinstituten mit übernommen, weil Hypothekenbanken, vor allem in Preußen, nicht zugelassen waren. Besondere Regelungen zu Hypothekargeschäften gab es noch nicht. Als Hypothekenbanken gegründet werden durften, wurden sie ebenfalls als Aktiengesellschaften gegründet und stellten damit einen Spezialfall der Aktienbank mit eingeschränkter Geschäftstätigkeit dar.

---

219 Ullrich, S. 81; von Poschinger, Bd. 3, S. 160-167; Fränken, S. 10-16.
220 Fränken, S. 12.
221 Tambert, S. 32.
222 Ullrich, S. 81; Fränken, S. 16.
223 Ullrich, S. 81; von Poschinger, Bd. 3, S. 199 ff.; Fränken, S. 16 ff.
224 RGBl, 1899, S. 375.
225 Tambert, S. 32 f.
226 Ebd., S. 33.
227 Ebd.

Mit der Aktienrechtsnovelle von 1870 entfiel auch für Hypothekenbanken in Rechtsform der AG grundsätzlich das Genehmigungserfordernis. Jedoch galt nach wie vor das Preußische Schuldverschreibungsgesetz (PreußSchVG) vom 17. Juni 1833,[228] das eine Pflicht zur staatlichen Genehmigung von Banken vorsah, die Inhaberschuldverschreibungen ausgeben wollten. Hypothekenbanken verbriefen ihre Hypothekarforderungen in Pfandbriefen, welche als Inhaberschuldverschreibungen gelten. Dieses spezielle Genehmigungserfordernis galt darüber hinaus nicht nur für die Emission von Pfandbriefen, sondern allgemein für das Anleihegeschäft der Banken.

IV. Notenbanken

Aus fiskalischen Motiven der deutschen Fürsten wurden vom Ende des 17. bis ins 19. Jahrhundert viele Notenbanken gegründet.[229] Sie wurden Zettelbanken genannt und hatten sehr beschränkte geld- und währungspolitische Aufgaben. Sie betrieben alle Arten von Bankgeschäften, nahmen zudem Gold zur Aufbewahrung an und händigten dafür Depotscheine aus.[230] Diese Banken waren oft nicht erfolgreich.[231]

Erstes staatliches Notenbankinstitut mit Notenprivileg war die *Königliche Giro- und Lehnbanco in Berlin* 1765 unter Friedrich dem Großen.[232] Ursprünglich sah Friedrich der Große eine Gründung als Aktiengesellschaft für diese Bank vor, mangels Beteiligung von Privatkapital musste sie aber als Staatsbank gegründet werden.[233] Die *Königliche Giro- und Lehnbanco in Berlin* wurde zunächst 1846 in die *Preußische Bank* umgewandelt und schließlich 1876 in die *Reichsbank.*

Im beginnenden 19. Jahrhundert wurde das Zentralbanksystem in Preußen in Frage gestellt. Die *Königliche Bank* wurde in diesem Zusammenhang 1846 zur *Preußischen Bank AG*, also privatrechtlich ausgestaltet. Für die Errichtung von privaten Notenbanken erließ die preußische Regierung am 15. September 1848 Normativbestimmungen.[234] Die *Preußische Bank* durfte demnach Noten emittieren, wurde aber von Staatsbeamten geleitet. Ein Sechstel des Aktienkapitals war in Staatshand; der preußische Ministerpräsident war Aufsichtsratsvorsitzender. Die Bank musste eine Dritteldeckung in Edelmetallen oder Münzen aufrecht

228 Gesetz-Sammlung für die Königlichen Preußischen Staaten (PreußGS) 1833, S. 75 f.
229 Lotz, S. 10.
230 Wandel, S. 6.
231 Lotz, S. 10.
232 Bergius, S. 43 ff., Lotz, S. 11.
233 Lotz, S. 11.
234 abgedruckt bei Hübner, 1854, S. 30 ff.

erhalten, jedoch war die Notenausgabe nicht das einzige ihr erlaubte Bankgeschäft.[235]

Weil es in Deutschland noch kein „Banknoten-Inland“ gab, theoretische Erkenntnisse im Bereich des Geldwesens fehlten und insgesamt die politischen und wirtschaftlichen Verhältnisse das Bank- und Geldwesen erschwerten, ließ der preußische Staat zunächst keine Privatbanken als Notenbanken zu und reformierte das Notenbankwesen erst spät.[236] Der König etablierte 1765 die *Königliche Giro- und Lehnbanco zu Berlin*, haftete für die ausgegebenen Gelder, behielt sich deshalb ein Eingriffsrecht vor und setzte dem Direktorium einen Minister vor.[237] Mittels einer Verordnung wurde die Bank 1817 als unabhängig von der Verwaltung der Staatsministerien erklärt.[238]

Neben der *Preußischen Bank* besaßen in Preußen vor 1850 nur die *Ritterschaftliche Privatbank in Stettin* und der *Berliner Kassen-Verein* das Recht zur Notenausgabe.[239] In Bayern beispielsweise erhielten dieses die *Bayerische Hypotheken- und Wechselbank* und in Sachsen die *Leipziger Bank*.[240] Die Errichtung von Notenbanken war erst seit 1848 durch den Erlass der Normativbestimmungen in Preußen erleichtert aber immer noch nur beschränkt möglich, weil z.B. die Gesamtnotenausgabe (mit Ausnahme für die *Preußische Bank*) auf sieben Millionen Taler festgelegt wurde.[241]

Die Revolution 1848 sowie die Geldknappheit erforderten Veränderungen im Notenbankwesen.[242] Die Lockerung der Genehmigungspraxis und die dadurch grundsätzlich erleichterten Gründungen infolge Preußens Normativbestimmungen hatte die Errichtung zahlreicher Notenbanken zur Folge,[243] so dass es 1851 in Deutschland neun Notenbanken gab; 1856 waren es bereits 19, 1857 sogar 29 Notenbanken.[244]

Mit der Gründung der *Deutschen Reichsbank* 1875 gab es nunmehr nur noch eine Bank, die als Notenbank fungierte.[245] Das Notenausgaberecht konnte den vielen kleinen Notenbanken zwar nicht entzogen werden, wurde aber durch das

---

235 Wandel, S. 7.
236 Bösselmann, S. 80.
237 Bergius, S. 43 ff.
238 Ebd., S. 65.
239 Baums, Schuldverschreibungsgesetz, S. 1107; Lotz, S. 49 f.; Pohl, Konzentration, S. 37; vgl. auch Bergius, S. 43.
240 Lotz, S. 19, 21, Pohl, Konzentration, S. 37.
241 Pohl, Konzentration, S. 37.
242 Lotz, S. 49.
243 Pohl, Konzentration, S. 37.
244 Ebd., S. 38.
245 Tilly, S. 12 f.

Bankgesetz von 1875[246] auf den jeweiligen Bundesstaat beschränkt. Die Noten konnten nur in dem jeweiligen Bundesstaat zur Zahlung benutzt werden. Diese Notenbanken durften außerhalb ihres Staates keine Bankgeschäfte betreiben. Zusätzlich gab es restriktive Bestimmungen bezüglich der Deckung und Einziehung der Noten sowie eine Verpflichtung, jährlich mindestens 20% des Reingewinns dem Reservefonds zuzuführen, bis dieser ein Viertel des Grundkapitals erreichte.[247] In der Folge gaben viele der Notenbanken ihr Geschäft auf, um den Restriktionen zu entkommen; sie verloren durch das Bankgesetz von 1875 zumindest erheblich an Bedeutung.[248]

Die noch existenten privaten Notenbanken unterstanden der Aufsicht der Regierungen der Einzelstaaten. Eine Reichsaufsicht kontrollierte aber die Vorschriften und Anforderungen des Bankgesetzes.[249]

V. Sparkassen

Bereits im 18. Jahrhundert entstanden die ersten Sparkassen. Die *Herzögliche Leihcasse* des Herzogs von Braunschweig wurde 1765 gegründet. Sie gab hauptsächlich ärmeren Menschen Kredite und forderte wohlhabendere zur Geldanlage auf.[250]

> „Die Sparkassen-Idee setzte sich in Preußen erst im 19. Jahrhundert durch. Die Institutionalisierung des Spargedankens sollte die ärmeren Bevölkerungsgruppen vor Wucher, Armut und Bettelei schützen und zeitgleich den Staat in seiner Fürsorgepflicht entlasten."[251]

Die Sparkassen bildeten die Vor- und Fürsorge vor den Lebensrisiken von Armen und Arbeitern, bis sich in den 1890er Jahren Sozialversicherungen durchsetzten und die Sparkassen sich zu Mittelstandsbanken wandelten.[252] Sie arbeiteten grundsätzlich gemeinnützig und sozial hilfsbereit.[253] Die Gewinnerzielung stand nicht an erster Stelle.

Sparkassen sollten der ärmeren Bevölkerung die Möglichkeit geben, ihre Ersparnisse sicher und verzinst anzulegen, um sich damit Rücklagen für eventuelle Notlagen zu schaffen.[254] Sie wandten sich nicht wie die Privatbanken an Indust-

---

246 RGBl 1875, S. 177 ff.
247 Ruland, S. 15 f.
248 Ebd., S. 17.
249 Ebd., S. 18.
250 Ebd., S. 4.
251 Ullrich, S. 78.
252 Nipperdey, S. 267.
253 Müller, S. 33.
254 Ebd.

riebetriebe und das Großbürgertum, sondern direkt an kleine Betriebe und Bürger aus mittleren oder unteren Schichten.[255] Die Sparkassen füllten mit der Bedienung dieses Kundenkreises eine bestehende Lücke aus.[256]

Nach dem Preußischen Sparkassenreglement von 1838[257] sollten die Sparkassen auf die Bedürfnisse der ärmeren Kreise eingehen.[258] In Bayern sah eine Verordnung von 1823 in Vollzug des Gesetzes über das Staatsschuldenwesen von 1819 einen hohen Zinssatz von 5% für die überschüssigen Gelder der gemeindlichen Sparanstalten aufgrund ihres wohltätigen Zweckes vor.[259]

Die Sparkassen tätigten Geschäfte entsprechend ihrer Grundidee: Sie sammelten und verzinsten Kleinstbeträge ihrer Einleger. Das Aktivgeschäft, also die Mittelverwendung, spielte am Anfang eine untergeordnete Rolle.[260] Dem entsprechend betrug das Einlagevolumen der Sparkassen 1850 18,1 Millionen Taler, 1870 bereits 165 Millionen Taler in Preußen.[261] 1876 hatten die Sparkassen Einlagen in Höhe von zwei Milliarden Mark und 1884 sechs Millionen Sparbücher.[262] Die meisten Sparkassen gaben Höchstgrenzen für Einlagen vor, die zwischen 50 und 300 Talern schwankten.[263]

Diese Gelder wurden durch die Sparkassen vorrangig in Hypothekenkrediten und mündelsicheren Papieren angelegt. Hingegen gewährten sie bis Mitte des 19. Jahrhunderts keine nicht hypothekarisch gesicherten Kredite an Sparer.[264]

Organisatorisch waren die Sparkassen als unselbständige Anstalten ihrer Gewährträger, der Gemeinden oder Kreise, gegründet worden. Sie waren also keine selbständigen juristischen Personen, sondern öffentlich-rechtlich ausgestaltet.[265] Die Sparkassen besaßen zudem kein haftendes Eigenkapital. An dessen Stelle stand die Gewährträgerhaftung.[266] Sie waren steuerlich begünstigt, indem sie von der Gewerbesteuer befreit waren.[267]

Das Filialnetz der Sparkassen wurde erst gegen Ende des 19. Jahrhunderts ausgebaut. Vorher besaßen nur wenige Sparkassen eigene Filialen. Jedoch war

---

255 Wandel, S. 12.

256 Palyi, S. 522.

257 PrGS 1839, S. 5 ff.

258 Ruland, S. 6.

259 Ebd.

260 Müller, S. 34; Palyi, S. 523.

261 Treue, Wirtschafts- und Technikgeschichte, S. 534; Ullrich, S. 78.

262 Nipperdey, S. 267.

263 Born, S. 206.

264 Müller, S. 34; Born, S. 206.

265 Müller, S. 34; Born, S. 205; Palyi, S. 525 f.

266 Born, S. 208; Wandel, S. 12.

267 Born, S. 208.

das Wachstum der Sparkassen an das Wirkungsgebiet des Gewährträgers gebunden, so dass sie in einem jeweils sehr beschränkten Gebiet tätig waren[268] und nicht in dem Maße wie die Privatbanken expandieren konnten.

1838 regelte das preußische Sparkassenreglement die Gründung von Sparkassen und löste individuelle kommunale Lösungen zur Gründung der Gesellschaften ab. Der Gewinn musste zur Bildung einer Eigenkapitalrücklage benutzt werden. Allerdings wurden keine einheitlichen Regelungen zur internen Organisation oder zur Liquiditäts- und Eigenkapitalbildung vorgeschrieben.[269] Eine Aufsicht erfolgte über die Bestimmungen der Kommunalaufsicht und über den Oberpräsidenten, der den Geschäftsbetrieb der Sparkassen überwachen sollte.[270]

VI. Genossenschaftsbanken

Mitte des 19. Jahrhunderts bestand hauptsächlich bei den Landwirten, aber auch bei den Handwerkern und Kleingewerbetreibenden erhebliche Kreditnot.[271] Diese Lücke schlossen die Kreditgenossenschaften,[272] die ihren Schwerpunkt auf das Passivgeschäft legten.[273]

Die Kreditgenossenschaften basierten auf dem Selbsthilfeprinzip. Die Kunden dieser Banken waren zugleich deren Mitglieder. Sie hatten eine Einlage, den Mitgliedsbei-trag, zu leisten, welcher das Eigenkapital der Bank bildete. Bis zum Reichgenossenschaftsgesetz von 1889[274], d.h. auch noch unter dem preußischen Genossenschaftsgesetz von 1867[275] (Gesetz, betreffend die Erwerbs- und Wirthschaftsgenossenschaften), hafteten die Mitglieder im Falle des Konkurses der Bank mit ihrem gesamten Vermögen, das heißt uneingeschränkt mit ihrem Privatvermögen. Mit dem Gesetz, betreffend die Erwerbs- und Wirthschaftsgenossenschaften konnte aber mittels entsprechender Satzung die Haftung auf die Mitgliederbeiträge beschränkt werden.[276]

Es gab im Wesentlichen zwei Arten von Kreditgenossenschaften – die gewerblichen Kreditgenossenschaften in den Städten und die landwirtschaftlichen Kreditgenossenschaften im ländlichen Raum.[277] Die gewerblichen Kreditgenos-

268 Müller, S. 34; Born, S. 208.
269 Ullrich, S. 78, Fn. 95; Trende, S. 111 ff.; Treue, Wirtschafts- und Technikgeschichte, S. 304.
270 Ruland, S. 9.
271 Müller, S. 38; Aschhoff/Hennigsen, S. 19.
272 Müller, S. 38; Born, S. 216; Palyi, S. 330.
273 Müller, S. 38; Aschoff/Hennigsen, S. 19.
274 RGBl 1889, S. 55 ff.
275 Preuß GS 1867, S. 501 ff.
276 Wandel, S. 13.
277 Müller, S. 38.

senschaften bedienten Handwerker sowie kleine und mittlere Gewerbetreibende. Sie entstanden durch Gründung des *Vorschußvereins* Herman Schulze-Delitzschs.[278] Die landwirtschaftlichen Kreditgenossenschaften gingen auf den *Heddesdorfer Darlehnskassenverein* und Wilhelm Raiffeisen zurück.[279] Sie widmeten sich dem ländlichen Mittelstand, also vorwiegend kleinen und mittleren Landwirten.[280]

Der Zweck der Gesellschaften lag dementsprechend nicht in der Gewinnerzielung, sondern in der Förderung der Mitgliederinteressen.[281] Die Kreditvergabe erfolgte einerseits aus den Mitgliederbeiträgen und andererseits aus Mitteln ihrer Zentralinstitute.[282]

Diese Zentralinstitute dienten der Liquiditätsbeschaffung über den Kapitalmarkt. Vorreiter war die *Deutsche Genossenschaftsbank KGaA* (1864). Sie bedurfte aufgrund ihrer Rechtsform keiner Lizenz, hatte aber Zugang zum Kapitalmarkt.[283]

Auf der Seite der landwirtschaftlichen Kreditgenossenschaften wurde 1872 zur Refinanzierung und Liquiditätsbeschaffung die *Landwirtschaftliche Zentral-Darlehenskasse* gegründet.[284] Diese schaffte es aber nicht, den landwirtschaftlichen Kreditgenossenschaften genügend Liquidität zu beschaffen. Schließlich wurde ein weiteres Zentralinstitut, die *Preußische Zentralgenossenschaftskasse* (1895), gegründet. Sie stand unter staatlichem Einfluss und sollte durch provinzielle Zentralkassen „eine Verbindung zwischen den Kreditgenossenschaften und dem Geldmarkt herstellen".[285] Die *Preußische Zentralgenossenschaftskasse* verkehrte auch mit den gewerblichen Kreditgenossenschaften und baute einen sehr erfolgreichen Genossenschaftsring – ein Zahlungsverkehrsnetz – auf.[286]

---

278 Müller, S. 39; Born, S. 216 f.
279 Müller, S. 39; Born, S. 223.
280 Müller, S. 39; Wandel, S. 14.
281 Müller, S. 38.
282 Müller, S. 38; Palyi, S. 330.
283 Müller, S. 40; Born, S. 219.
284 Müller, S. 41; Born, S. 228.
285 Müller, S. 41; Born, S. 229; Palyi, S. 331.
286 Aschhoff/Henningsen, S. 29 ff.; Müller, S. 41; Born, S. 229; Palyi, S. 331.

F. Darstellung der Gesetzeslage für Banken im 19. Jahrhundert

I. Entwicklung des Handelsrechts

1. Anfang bis Mitte des 19. Jahrhunderts

a) Das Oktroi-System

Am Anfang des 19. Jahrhunderts gab es in Deutschland noch keine Regelungen für das Bankwesen bis auf „Dekrete aus besonderem Anlaß", zum Beispiel zur Gründung von Sparkassen oder Staatsbanken.[287] Die Zersplitterung in einzelne deutsche Staaten spiegelte sich auch im Rechtssystem, das durch Uneinheitlichkeit gekennzeichnet war, wider.

Der Staat verlieh der juristischen Person seine Rechtspersönlichkeit und genehmigte die Statuten im Einzelfall. In diesem System, dem sogenannten Oktroi-System, spielte die Freiheit der Satzung keine Rolle – der Staat kontrollierte und reglementierte die Gesellschaften mit dem Ziel, den Kleinaktionär und gleichzeitig den Wettbewerb zu schützen.[288] Dabei war der Oktroi eine Sondernorm, die speziell auf die betreffende Gesellschaft zugeschnitten war. Sie regelte die Rechtsstellung der Gesellschaft im Einzelfall. Den Gesellschaften wurde die Erfüllung ihres Unternehmenszwecks ermöglicht, indem sie ein Privileg in Ausübung des staatlichen Hoheitsrechts erhielten.[289] Damit bestimmte der Oktroi die nach außen gerichtete Stellung der Gesellschaften, die Satzung deren innere Verfassung.[290]

Den damaligen Gesellschaften war es zwar erlaubt, ihre innere Verfassung in Statuten selbst zu regeln, aber mit der Verleihung der Privilegien, die eine Ausnahme der allgemeinen Gesetzgebung darstellten, forderte der Staat eine andauernde Oberaufsicht, nicht nur über die Ausführung der Privilegien getreuen Geschäftstätigkeit, sondern auch über die innere Struktur der Gesell-

287 Häuser, S. 14.

288 Spindler, S. 998, Rn. 4; Großfeld, Aktiengesellschaft, S. 115 ff; Lehmann, geschichtliche Entwicklung, S. 87 f.

289 Spindler, S. 998, Rn. 4; Assmann, Einl. Rn. 21; Baums, Gesetz, S. 13; Dippel, DRiZ 1965, 315, 316; Fischer, S. 21; Großfeld, Aktiengesellschaft, S. 115 f.

290 Bösselmann, S. 61.

schaft.[291] Auch Satzungsänderungen musste der Staat genehmigen.[292] Die Staatskontrolle war Ausdruck dafür, dass ein adäquates Aktienrecht fehlte.[293]

Das Rheinland fiel 1815 an Preußen. So gab es fortan zwei verschiedene Rechtsgebiete hinsichtlich des Aktienrechts in diesem deutschen Staat – das Rheinland und das übrige Preußen.[294] Im Rheinland galt nach wie vor das französische Handels-recht, also der Code de Commerce[295]. Hierin wurde die Aktiengesellschaft jedoch nur grob skizziert, daher bedurfte diese eine Ausgestaltung in ihren Statuten.[296] Der Code de Commerce wurde vom Gesetz über die Aktiengesellschaften vom 9. November 1843[297] bezüglich des Aktienrechts abgelöst. So waren von den bis 1850 gegründeten Gesellschaften 40 Aktiengesellschaften dem Code de Commerce unterworfen, 34 dem Allgemeinen Preußischen Landrecht[298] und 56 dem Gesetz von 1843.[299]

Die Genehmigungspflicht wurde im preußischen Rheinland zum Problem. Preußen war agrarisch geprägt, weshalb die preußischen Beamten oft nicht genügend wirtschaftliche Kenntnisse besaßen. Doch nahmen sie die Überprüfung der Statuten ernst, was zu zähen, mühsamen Verhandlungen führte.[300] Aus diesem Grund versuchten potentielle Gesellschaftsgründer oft, die Konzessionsverhandlungen zu umgehen, indem sie genehmigungsfreie Kommanditgesellschaften auf Aktien gründeten.[301]

Der Code de Commerce lehnte sich bezüglich des Aktienrechts an die privilegierten, halbstaatlichen Kompagnien an, bei welchen es dem Staat möglich war, durch Kommissare und Instruktionen in die Geschäftsführung einzugreifen. Dies änderte sich mit der Genehmigung von Aktiengesellschaften. Denn einmal gestattet, konnte der Staat nur wenig Einfluss üben, auch wenn er sich vorbehielt, bei Statutenverletzung die Genehmigung zurückzunehmen.[302]

---

291 Spindler, S. 999, Rn. 4; Bösselmann, S. 61; Lehmann, geschichtliche Entwicklung, S. 83; Assmann, Einl Rn. 22; Dippel, DRiZ 1965, 315, 316; Fischer, S. 22; Großfeld, Aktiengesellschaft, S. 117 f.

292 Spindler, S. 999, Rn. 4; Bösselmann, S. 61; Lehmann, geschichtliche Entwicklung, S. 87; Großfeld, Aktiengesellschaft, S. 116.

293 Spindler, S. 999, Rn. 4; Wiethölter, S. 64.

294 Bösselmann, S. 63.

295 Bulletin des Lois n° 111 bis, 30.08.1816.

296 Bösselmann, S. 63, Schubel, S. 59 ff.

297 Pr GS 1843, S. 341 ff.

298 Rehbein, Allgemeines Landrecht für die Preußischen Staaten, Teil 1 bis 4.

299 Bösselmann, S. 63 f.

300 Ebd., S. 64.

301 Ebd., S. 64.

302 Bösselmann, S. 64 f.

Der Gesetzgeber legte u.a. nicht die Garantiefunktion des Grundkapitals fest; er überließ dies den Statuten. „Weder der Gründungshergang noch die Liquidation oder die Offenkundigkeit der Geschäftsverhältnisse bzw. die Rechte der Gesellschaftsorgane wurden im Gesetz erwähnt.“[303]

Im übrigen Preußen gab es vor 1843 kein einheitlich kodifiziertes Aktienrecht. Die generellen Bestimmungen des Allgemeinen Preußischen Landrechts (ALR)[304] wurden auch auf die Aktiengesellschaften angewandt.[305] Das ALR kannte zwei Gesellschaftsgrundformen, personalistisch strukturierte Gesellschaften (I 17 §§ 169 ff. ALR) und körperschaftlich verfasste Gesellschaften (II 6 §§ 1 ff. ALR). Die körperschaftlich verfassten Gesellschaften gliederten sich im Stufenverhältnis auf - in erlaubte und nicht erlaubte Gesellschaften (II 6 §§ 2-21 ALR), privilegierte Gesellschaften (II 6 §§ 22-24 ALR) sowie Korporationen und Gemeinen (II 6 §§ 25 ff. ALR).

Die erlaubten Privatgesellschaften bedurften keiner staatlichen Genehmigung und waren wegen ihres Gemeinwohlcharakters zulässig. Privatgesellschaften mit ausdrücklicher staatlicher Genehmigung waren privilegierte Gesellschaften. Echte Korporationen und Gemeinen benötigten eine Staatsgenehmigung, verbunden mit einem fortdauernden gemeinnützigen Zweck.[306] Haftungsbeschränkungen und die Aufstellung einer korporativen Verfassung waren, weil das ALR diese nicht kannte, nur durch Landesprivileg erreichbar.[307] Dieses Privileg bewirkte nicht die Bildung eines anderen Rechtssubjekts mit entsprechenden Rechten und Pflichten, sondern es wurden einige spezielle Vorschriften auf die genehmigte Gesellschaft anwendbar, die das gemeinsame Auftreten der Mitgliedergesamtheit im Rechtsverkehr und im Prozess erleichterten.[308]

Korporationen i.S.d. II 6 §§ 25 ff. ALR unterlagen allerdings vielseitigen Kontroll- und Eingriffsrechten des Staates. Der Staat musste z.B. nach II 6 § 30 ALR Statutenänderungen genehmigen und nach II 6 § 160 ALR die Wahl der Beamten bestätigen. Er hatte beispielsweise ein Eingriffsrecht, wenn er das Gesellschaftsvermögen beeinträchtigt sah (II 6 § 111 ALR), bei der Absetzung oder Entlassung von Beamten (II 6 § 172 ALR) oder bei der Aufhebung der Gesellschaft (II 6 §§ 180, 189 ff. ALR).

---

303 Bösselmann, S. 65.

304 abgedruckt in: Hattenhauer, Allgemeines Landrecht für die preußischen Staaten, 1996.

305 Bösselmann, S. 67, Fn. 2: Allgemeines Preußisches Landrecht Teil I Titel 17 §§ 183-310 und Teil II Titel 8 §§ 614-683, Schubel, Verbandssouveränität, S. 51.

306 Hadding/Kießling, S. 159 f., Schubel, Verbandssouveränität, S. 51 f.

307 Reich, S. 244, Baums, Gesetz, S. 27, Schmoeckel, S. 168, Ausnahmen bildeten hier Länder, insbes. die Hansestädte, mit grds. Gründungsfreiheit.

308 Baums, Gesetz, S. 22.

Allerdings bestand vor 1843 noch keine generelle Konzessionspflicht für Aktiengesellschaften, weil sie grundsätzlich wie Sozietäten behandelt wurden, sofern keine Haftungsbegrenzung etabliert wurde. Praktisch waren die frühen Gesellschaften allerdings häufig mit Privilegien ausgestattet, die vom Staat gewährt wurden. Bei bestimmten Gewerbebetrieben war - darüber hinaus - eine polizeiliche Genehmigung erforderlich, so dass eine ungeschriebene Genehmigungspflicht bestand.[309]

Das ALR bot keinen angemessenen rechtlichen Rahmen für die Gesellschaftsform „Actienverein“. Unmittelbare aktienrechtliche Vorschriften ergaben sich lediglich aus I 2 § 12 ALR und I 11 § 793 ALR. Aufgrund dessen waren die Rechtsstellung der Gesellschaft und die innere und äußere Ordnung allein aus der Satzung in Verbindung mit dem Privileg zu beurteilen.[310]

Viele Gesellschaften fragten gewohnheitsmäßig sicherheitshalber, oder weil die Rechtswirkung der Satzung erhöht werden sollte, nach Genehmigung der Statuten, obwohl eine solche Genehmigungspflicht von der Preußischen Regierung stets zurückgewiesen wurde.[311] Allerdings schrieb ab 1833 ein preußisches Gesetz[312] vor, dass die Ausgabe von Inhaberpapieren genehmigungspflichtig sei,[313] damit war die Ausgabe von Inhaberschuldverschreibungen staatlich zu genehmigen.

Eine Ministerialverfügung vom 23. September 1840 ermöglichte die Aktienzeichnung vor der Genehmigung.[314] Aktiengesellschaften konnten also bis dahin grundsätzlich ohne Genehmigung gegründet werden, wenn sie ohne Privilegien, die nur der Staat verlieh, und ohne die Ausgabe von Inhaberschuldverschreibungen auskamen. Andernfalls war schon vor der Einführung der Konzession eine staatliche Genehmigung zur Gründung oder Geschäftsführung von Nöten.

Eine alternative Gesellschaftsform, die gänzlich ohne Genehmigung auskam, war in den Ländern oder Länderteilen, in denen französisches Recht galt, die Gründung einer Kommanditgesellschaft auf Aktien.[315]

---

309 Bösselmann, S. 67 f., Schubel, S. 155.

310 Hadding/Kießling, S. 162.

311 Bösselmann, S. 68 f.

312 Pr GS 1833, S. 75 ff.: Gesetz, wegen Ausstellung von Papieren, welche eine Zahlungsverpflichtung an jeden Inhaber enthalten.

313 Bösselmann, S. 73.

314 Ebd.

315 Reich, S. 242.

b) Das Konzessions-System

Auf das Oktroi-System folgte das Konzessionssystem, das erstmals in Frankreich im Code de Commerce von 1807 in Art. 37 festgeschrieben wurde.316 Der Staat verlieh nach wie vor privatrechtlichen Gesellschaften Einzelgenehmigungen, doch waren die Bedingungen hierfür abstrakt normiert[317] - beispielsweise im „Gesetz über die Eisenbahn-Unternehmungen“ vom 3. November 1838 (§ 3 I)[318] oder im „Gesetz über Aktiengesellschaften“ vom 9. November 1843 (§ 1 I)[319]. Anweisungen zur Konzessionspraxis fanden sich schließlich in den Instruktionen der Ministerialbürokratie.[320] Der Staat zog sich weitgehend aus der aktiven Bestimmung über den Inhalt der Statuten zurück und überließ dies den Gründern bzw. den Aktionären, wobei die gesetzliche Regelung über die Aktiengesellschaften nach wie vor lückenhaft war und der Ausgestaltung in Form einer Satzung bedurfte.[321]

Als private Notenbanken und erste Aktienbanken entstanden, mussten zunächst nur diese per Kabinettsorder genehmigt oder konzessioniert werden. Alle anderen Bankgeschäfte fielen unter den herrschenden Grundsatz der Gewerbefreiheit.[322] Allerdings wurde 1838 ein allgemeines Reglement, die Einrichtung des Sparkassenwesens betreffend[323] in Preußen und 1843 in Bayern[324] erlassen. Realkreditinstitute wurden bereits im 18. Jahrhundert als sogenannte Landschaften reglementiert. Das preußische Genossenschaftsgesetz[325] von 1867 galt ab 1868 für den Norddeutschen Bund[326] und ab 1871[327] im gesamten Reich für die Kreditgenossenschaften.[328]

316 Spindler, S. 999, Rn. 5.

317 Spindler, S. 999 f, Rn. 5; Baums, Gesetz, S. 24; Hopt, S. 128, 135.

318 PrGS 1838, 505 ff.

319 PrGS 1843, 341 ff.; abgedruckt auch bei Baums, Gesetz, S. 213 ff.

320 Zum Aktiengesetz 1843 bspw. Instruktion, die Grundsätze in Ansehung der Konzessionierung von Aktiengesellschaften betreffend, vom 22.04.1845, Ministerialblatt für die gesamte innere Verwaltung in den Königlich Preußischen Staaten 1845, S. 121, abgedruckt bei Weinhagen, S. 41 ff.

321 Spindler, S. 1000, Rn. 7; Assmann, Einl. Rn. 59; Bösselmann, S. 64.

322 Häuser, S. 14.

323 PrGS 1839, S. 5 ff.

324 abgedruckt bei Schachner, S. 123 ff.

325 Pr GS 1867, S. 501 ff.

326 BGBl des Norddeutschen Bundes 1868, S. 415 ff.

327 RGBl 1871, S.101 ff.

328 Ebd., S. 14, Fn. 6.

1843 wurde das Preußische Gesetz über die Aktiengesellschaften[329] erlassen, welches die Konzessionspflicht für alle Aktiengesellschaften sowie die Kapitalbindung festlegte und den Aktionären die Freiheit von einer Nachschusspflicht garantierte.[330] Auf bestehende Gesellschaften wurde dieses Gesetz nach § 30 I nicht angewandt. Es gab zu dieser Zeit wenige potentielle Kapitalgeber, die das Gründungsrisiko als Aktionäre übernehmen konnten und wollten.[331]

Ein Zirkular-Erlass vom 22. April 1845[332] stellte klar, wann eine Konzession zu erteilen war: Das zu konzessionierende Unternehmen musste nach Gesichtspunkten des Gemeinnutzes der Förderung wert erscheinen und der Zweck mit dem Kapital eines Einzelnen nicht zu erreichen sein.[333] Die Konzessionsvergabe dauerte wegen langwieriger, penibler Überprüfung der Gründungsunterlagen, v.a. in Preußen, sehr lange, zum Teil länger als ein Jahr.[334] Gründungen waren abhängig von „langen Verhandlungen mit der Regierung, umfangreichen Entwürfen, Denkschriften, Gutachten, Prüfungen und Auflagen".[335] Damit war die Konzessionsvergabe größtes Gründungshindernis.[336]

Eine ebensolche Konzessionspflicht bestand in den meisten anderen deutschen Staaten.[337] Dagegen wurde vereinzelt, etwa in Hamburg und Bremen, eine bloße Registrierung der Gesellschaft verlangt.[338]

Indessen wurden Konzessionen in der zweiten Hälfte des 19. Jahrhunderts leichter erteilt. Der Zeitgeist hatte sich geändert, die erstarkende Wirtschaft wurde anspruchsvoller und die Gründungsprojekte übten entsprechenden Druck

329 PrGS 1843, S. 341 ff., abgedruckt auch bei Baums, Gesetz, S. 213 ff.

330 Wiethölter, S. 71; Bösselmann, S. 70.

331 Wandel, S. 3.

332 Zirkularverfügung an sämtliche Kgl. Oberpräsidenten der Konzessionierung von Aktiengesellschaften betreffend vom 22.4.1845, abgedruckt bei Passow, S. 63, abgedruckt auch bei Weinhagen, S. 41 ff.

333 Wiethölter, S. 70; Bösselmann S. 73.

334 Bösselmann, S. 114 ff.

335 Wiethölter, S. 70; vgl. auch Bösselmann, S. 71 ff.; Tambert, S. 24, 30.

336 Bösselmann, S. 114 ff.

337 Passow, S. 65; für Österreich: Gesetzchronik, in: Kudler/von Stubenrauch (Hrsg.), Zeitschrift für österreichische Rechtsgelehrsamkeit und politische Gesetzeskunde 3/1843, S. 569 ff.; für Sachsen: Erlass der Leipziger Stadtverwaltung von 1838, vgl. z.B. auch Decret No. 14 vom 20 März 1837, in Passow, S. 65; für Hamburg: Verordnung des Rat der Stadt 1835, in Passow, S. 65, hier war keine Konzession erforderlich, jedoch die Publizität der Statuten und Vollmachten beim Handelsgericht; Sammlung der Verordnungen der freyen Hanse-Stadt Hamburg seit 1814, Bd. 14, Hamburg 1937, S. 307 ff., in Passow, S. 65.

338 Weigt, S. 24.

aus.[339] Auch in Preußen wurden vermehrt Banken gegründet. Die preußische Regierung entschied liberaler und ließ Bankengründungen zu, da eine wirtschaftliche Notwendigkeit für die Neugründung von Banken bestand. Es herrschte ein Mangel an Umlaufmitteln, der Zahlungsverkehr war nicht ausgeprägt und Kredite waren knapp. Zur gleichen Zeit wurde immer mehr Kapital benötigt, um bspw. Bahnprojekte zu realisieren oder allgemein die Vielzahl an neu entstehenden Unternehmen finanzieren zu können.[340] Aktienbanken entstanden daher vermehrt zwischen 1848 und 1856.

Trotzdem räumte sich der Staat häufig unmittelbare und mittelbare Kontrollrechte ein und bestimmte über die Konzessionsverteilung die Gestaltung der Statuten mit.[341] Bereits 1849 verfochten die Hansestädte hinsichtlich der Handelsgesetzgebung liberale Ideen. Sie schränkten die Gründung und Wirkung von Aktiengesellschaften nur durch Form- und Publizitätsvorschriften, aber nicht mittels Konzessionserfordernis ein.[342] Der Entwurf des Allgemeinen Deutschen Handelsgesetzbuchs (ADHGB) der Nürnberger Konferenz 1857[343] bestimmte in Art. 208, dass Aktiengesellschaften nur mit einer Genehmigung errichtet werden dürfen. Der Landesgesetzgeber konnte aber vom Genehmigungserfordernis nach Art. 249 absehen. In einer Partikulargesetzgebung erlaubte insbesondere Hamburg eine freie Gründung von Aktiengesellschaften ab 1865.[344]

Auf Basis des preußischen Aktiengesetzes von 1843 mussten die Grundsätze des Gesellschaftsvertrags und die Höhe des Grundkapitals sowie des Wertes der Aktien festgelegt werden (§ 2). Es war verboten, das statutenmäßige Aktienkapital durch Rückzahlungen an die Aktionäre zu verringern sowie feste Zinsen (außer Bauzinsen) zuzusichern (§ 17). In der Satzung mussten Angaben zu den Grundsätzen der Publizität, Bilanzierung sowie der Ausübung der Gesellschaftsrechte festgeschrieben werden.[345]

Die innere Organisation von Aktiengesellschaften wurde noch allein im Statut festgelegt.[346] Doch bildeten sich bereits typische Strukturen für Aktiengesell-

339 Wiethölter, S. 70 f.; Bösselmann, S. 116.

340 Bösselmann, S. 78 ff.; Wandel, S. 2, 80 f.; Häuser, S. 15.

341 Wiethölter, S. 71.

342 Reich, S. 260.

343 Lutz, Allgemeines Deutsches Handelsgesetzbuch nach den Beschlüssen der dritten Lesung.

344 Passow, S. 65 ff.; Neben Hamburg machten auch Bremen seit 1864, Lübeck seit 1863, Würtemberg seit 1865 u.a. mit Ausnahme für Bank- und Kreditgeschäfte, Baden seit 1862 u.a. mit Ausnahme für Bank- und Kreditgeschäfte, Oldenburg seit 1864 und Sachsen 1868 von einer Partikulargesetzgebung Gebrauch.

345 Bösselmann, S. 71.

346 Wiethölter, S. 72.

schaften heraus. Die Bedeutung der großen Aktionäre ging auf den Verwaltungsrat über. Zunächst handelte es sich um eine Interessenvertretung, die die wirtschaftliche Macht der Aktionäre widerspiegelte.[347] Er wandelte sich aber bald zu einem von der Aktionärsversammlung gewählten Organ.[348]

Darüber hinaus gab es das Direktorium, das die tägliche Geschäftsführung übernahm. Praktisch handelte es sich jedoch nicht um getrennte Organe, sondern um eine Verwaltungsspitze des Unternehmens, die unterschiedlich bezeichnet wurde. Großaktionäre und Unternehmer fielen faktisch zusammen.[349]

Eine Normativ-Bestimmung für die Errichtung von Privatbanken mit der Befugnis zur Ausgabe unverzinslicher Noten vom 25.9.1848[350] grenzte die Vorschriften des Aktiengesetzes von 1843 als Sonderrecht teilweise stark ein. Die Konzessionsdauer wurde auf zehn Jahre beschränkt, das Grundkapital auf maximal eine Million Taler und der Mindestbetrag einer Aktie auf 500 Taler festgesetzt. Zusätzlich verlangte sie vollgezahlte Namensaktien und den namentlichen Nachweis von mindestens fünfzig Gründern sowie die Aufstellung von monatlichen Bilanzübersichten.

Grundsätzlich bedurften Satzungsänderungen oder die erstmalige Errichtung einer Satzung nach §§ 1 II, 4 AktG 1843 einer Genehmigung, was sich auch im Aktiengesetz von 1861 nicht änderte (Art. 208). Die Motive[351] begründeten, das Festhalten an der Konzession sei notwendig: Einerseits zum Schutz der Gesellschaftsgläubiger bei nicht persönlich haftenden Gesellschaftern und andererseits zum Schutz der Allgemeinheit, indem sich der Staat für die Solidität eines Unternehmens verbürgte und gleichzeitig darauf achtete, dass die riesigen Kapitalmengen, die in Aktiengesellschaften angesammelt werden konnten, dem „allgemeinen Wohlstande der Landesindustrie“[352] nutzbar werden konnten.

In den meisten nichtpreußischen Staaten bestand in jener Zeit ebenfalls eine Konzessionspflicht, mit wenigen Ausnahmen: Hamburg zum Beispiel ließ bereits vor Einführung des Allgemeinen Deutschen Handelsgesetzbuches (ADHGB) 1861 die freie Gründung zu.[353] In den Beratungen der Nürnberger Konferenz erklärte Hamburg, dass eine Konzessionspflicht nicht erforderlich sei, weil

347 Wiethölter, S. 72.

348 Wiethölter, S. 72; a.A. Mestmäcker, S. 84 nimmt an, dass der Verwaltungsrat von den Gründern oder den Großaktionären bestellt wurde; er wurde indessen – jedenfalls formal – von der Generalversammlung gewählt; vgl. z.B. Lehmann, Aktiengesellschaften, 336 f.

349 Wiethölter, S. 72.

350 abgedruckt bei Weinhagen, S. 43 ff.

351 Lutz, 1857, S. 91.

352 Ebd.

353 Passow, S. 65.

dadurch eine freie Entwicklung der Gesellschaftsbildung unterbunden oder zumindest behindert würde.[354] Hamburg machte anschließend von seinem Recht Gebrauch, das Konzessionserfordernis durch Partikularrecht auszuschließen.[355]

Das ADHGB von 1861 hielt nicht nur an der Konzessionspflicht für Aktiengesellschaften fest, sondern weitete diese auch auf Kommanditgesellschaften auf Aktien nach Art. 174 I S. 1 aus. In den Gesetzesverhandlungen[356] wurde anfangs noch von einer Stillen Gesellschaft auf Aktien gesprochen, welche genehmigt werden müsse, weil sonst das Genehmigungserfordernis für die Gründung von Aktiengesellschaften umgangen werden könne. Allerdings wurde mit Hinblick auf die persönliche Haftung der Gesellschafter auch argumentiert, dass eine Genehmigungspflicht überflüssig sei.

Im ADHGB von 1861 wurden die Rechtsverhältnisse der Aktionäre und die Verfassung der Gesellschaft in Art. 207 bis 249 einheitlich und ausführlich geregelt. Die Satzung konnte trotzdem weitgehend frei gestaltet werden,[357] z.B. die Regelung der Kompetenzen des Vorstandes gegenüber der Gesellschaft nach Art. 231, die an das Stimmrecht der Aktionäre geknüpften Bedingungen und die Form der Ausübung desselben nach Art. 209 Nr. 9, die Bilanzgrundsätze, die Gewinnberechnung und die Bilanzprüfung nach Art. 209 Nr. 6 oder die Bestellung und Zusammensetzung des Vorstandes nach Art. 209 Nr. 7.

Bis 1870 gab es ein zweigliedriges Aufsichtssystem.[358] Nach der Konzessionierung war eine gewisse Staatsaufsicht vorgesehen. Zusätzlich wurde ein Aufsichtsrat fakultativ nach Art. 225 ADHGB 1861 gebildet. Das Konzessionserfordernis sollte das außenstehende Publikum und das öffentliche Interesse schützen. Der Aufsichtsrat sollte die Aktionäre vor missbräuchlicher Ausübung der Geschäftsführungskompetenzen durch den Vorstand schützen.[359]

Die Aufgaben und Befugnisse des Aufsichtsrats legte Art. 225 ADHGB 1861 fest:

> „Ist ein Aufsichtsrath bestellt, so überwacht derselbe die Geschäftsführung der Gesellschaft in allen Zweigen der Verwaltung; er kann sich vom Gange der Angelegenheiten der Gesellschaft unterrichten, die Bücher und Schriften derselben jederzeit einsehen und den Bestand der Gesellschaftskasse untersuchen.
>
> Er hat die Jahresrechnungen, die Bilanzen und die Vorschläge zur Gewinnvertheilung zu prüfen und darüber alljährlich der Generalversammlung der Aktionaire Bericht zu erstatten.

---

354 Lutz, 1. Teil, S. 314 ff., 371 ff.; ders., 3. Teil, S. 1073 ff.; Passow, S. 65.

355 Passow, S. 65 ff.

356 Lutz, 1. Teil, S. 373 ff.

357 Spindler, S. 1001, Rn. 7.

358 Weigt, S. 26.

359 Ebd.

Er hat eine Generalversammlung zu berufen, wenn dies im Interesse der Gesellschaft erforderlich ist."

Dieses Aufsichtssystem war allerdings in der Praxis nicht sehr erfolgreich. Die Staatsaufsicht hatte kaum Möglichkeiten, in die Angelegenheiten der Gesellschaften Einblick zu nehmen.[360] Der Aufsichtsrat ging aus dem Verwaltungsrat hervor,[361] woraus sich Konflikte ergaben. So überwachte er nicht, weil dies im Statut nicht vorgesehen war; oder obwohl es eine entsprechende Regelung im Statut gab, übte er seine Überwachungsfunktion in der Praxis nicht aus. Stattdessen nahm der Aufsichtsrat durch ständige Beratung auf die Geschäftsführung Einfluss. Auf diese Weise kam es zu einer entscheidenden Unternehmensleitung durch Vorstand und Aufsichtsrat gemeinsam. Teilweise war der Aufsichtsrat sogar dem Vorstand übergeordnet und lenkte das Unternehmen im Sinne einiger Gründer und/oder Großaktionäre.[362] Daneben versuchten immer mehr Banken, mit Hilfe ihrer Aufsichtsratsmandate Einfluss bei den Unternehmen zu gewinnen.[363] Das ging soweit, dass dem Vorstand bzw. dem Direktorium nur noch die „spezielle Leitung der Geschäfte" oblag und dieser somit zum Exekutivorgan des Aufsichtsrates degradiert wurde.[364] Damit wurde die eigentliche Aufgabe des Aufsichtsrates – die Kontrolle der Unternehmensleitung im Sinne der Aktionäre – ins Gegenteil verkehrt.[365]

2. Aktienrechtsnovelle von 1870

Die Aktienrechtsnovelle vom 11.06.1870[366] führte zu einer ökonomischen Dynamik. Diese Novelle verfolgte, wie zuvor bereits in den Diskussionen zur Gesetzgebung angelegt, ein zeitgemäßes liberales Ansinnen. Das Konzessionierungssystem wurde aufgehoben. Jedoch blieben die landesgesetzlichen Bestimmungen bzgl. einer Genehmigungspflicht aufgrund des Unternehmensgegenstandes und nicht wegen der Gesellschaftsform der Aktiengesellschaft erhalten.[367] In einigen Staaten blieb es also bei einer Genehmigungspflicht für Kreditinstitute.[368]

Begründet wurde die Abschaffung der Konzessionspflicht damit, dass „[d]ie beste Garantie gegen solche Verluste [nämlich der Verluste aufgrund des Akti-

360 Weigt, S. 26.
361 Schubert, Abschaffung, S. 305 f.
362 Schubert, Abschaffung, S. 305 ff.; Weigt, S. 26.
363 Weigt, S. 26.
364 Passow, ZHR 64, S. 30 f.
365 Weigt, S. 27.
366 BGBl des Norddeutschen Bundes 1870, S. 375 ff.
367 Passow, S. 70, Pahlow, Staat als Wächter, S. 25, 29 f.
368 vgl. oben.

enschwindels] […] die eigene Vorsicht"[369] sei. Auf diese Gesetzgebung folgte eine Gründungswelle.[370] Ursachen dafür waren auf der einen Seite die Freigabe des Aktienwesens und auf der anderen Seite die politische und wirtschaftliche Situation Deutschlands - die Einigung Deutschlands, die französischen Kriegsreparationen und der allgemeine wirtschaftliche Optimismus.[371]

Es ergaben sich Möglichkeiten, die finanzielle Ausstattung von Unternehmungen zu verschleiern. Informationen wurden teilweise manipuliert und/oder Kapital nicht ausreichend in das jeweilige Unternehmen eingezahlt, obwohl der gesamte Wert an der Börse gehandelt wurde. Dies führte zu hochspekulativen Börsengeschäften.[372] Eine Spekulationsblase baute sich auf.

Das Ergebnis war Unsicherheit der Aktionäre, die keinen direkten Rückgriff - weder zivil- noch strafrechtlich - auf die Gründer nehmen konnten.[373] In der Welle von Aktiengesellschaftsgründungen nach 1870 wurde vor allem versucht, kapitalintensive und risikoreiche Unternehmungen über den Kapitalmarkt zu finanzieren. Vornehmlich betraf dies Eisenbahngesellschaften und Banken. Zwischen 1871 und 1873 entstanden 928 Aktiengesellschaften, deren Aktienkapital 2,81 Milliarden Mark betrug.[374] Zwischen 1871 und 1873 wurden 270 Montan- und Maschinenbau-Aktiengesellschaften mit einem Kapital in Höhe von 561 Millionen Mark gegründet; bei den Banken waren es 185 Aktiengesellschaften mit einem Kapital in Höhe von 1,1 Milliarden Mark zwischen 1869 und 1873.[375]

Vor der Aktienrechtsnovelle von 1870 verließ sich das Publikum hinsichtlich der Solidität eines Unternehmens auf die staatliche Genehmigung. Teilweise wurden die Möglichkeiten des Staates aus der Konzessionsvergabe überschätzt. Der Staat wollte diese Verantwortung nicht mehr tragen. Die Aktienrechtsnovelle vom 11. Juni 1870, die übereilt in einer viertägigen Reichstagsverhandlung[376]

369 Stenographische Berichte 1870, Anlage Nr. 158, Motive, S. 650.

370 Entwurf eines Gesetzes, betreffend die KGaA und AG (1884), Allgemeine Begründung, in: Schubert/Hommelhoff, S. 408 f.: 1871 bestanden in Preußen 203 AGen und weitere 203 AGen wurden in diesem Jahr gegründet; 1872 478 und 1873 162 Gesellschaften gegründet. Davon waren fast ¼ Umwandlungsgründungen. 1871 wurden den Aktien im Nennwert von ca. 813 Mio. Mark, 1872 1.217 Mio. Mark und 1873 454 Mio. Mark ausgegeben, dazu kamen noch 682 Mio. Mark für Kapitalerhöhungen, insges. war das Grundkapital der Aktiengesellschaften Ende 1873 also über 5 Mrd. Mark.

371 Reich, S. 268.

372 Lasker, Stenographische Berichte, S. 213; ders., Haus der Abgeordneten, S. 945 ff.; Schubert/ Hommelhoff, S. 412 f.

373 Wehler, S. 81 f.

374 Ebd., S. 82.

375 Ebd.

376 Hofer, S. 389; Goldschmidt, ZHR 30, S. 69, 75; Horwitz, in der ersten Beratung des Aktiengesetzentwurfes im Reichstag am 24.3.1884, in: Stenographische Berichte über

entstanden war, führte ein Normativsystem ein.[377] Zunächst galt sie als Novellierung des ADHGB im Norddeutschen Bund. Ein Jahr später wurde dieses Gesetz durch § 2 der Verfassung des Deutschen Reiches am 16. April 1871 i.V.m. den einzelstaatlichen Verträgen (z.B. mit Bayern vom 23.11.1870) zum Reichsgesetz erklärt.[378]

In dem Gesetz kam die Auffassung von wirtschaftlicher Freiheit zum Tragen. Ein wirksamer staatlicher Schutz vor unsoliden Unternehmen sei nicht möglich, vielmehr sei ein höheres Maß an eigener Vorsicht geboten.[379]

Das Aktiengesetz von 1870 erleichterte die Gründung von Aktiengesellschaften und die Handelbarkeit der Aktien.[380] Normativsystem bedeutete dabei, dass die Gründung von Aktiengesellschaften allein von der Erfüllung gesetzlicher Voraussetzungen abhing. Die Konzessionspflicht zur Gründung von Aktiengesellschaften wurde obsolet. Eisenbahngesellschaften[381] und Notenbanken blieben dennoch genehmigungspflichtig.[382]

Die Gründungsbedingungen wurden von einer staatlichen Stelle, dem Registergericht, überprüft.[383] Voraussetzungen waren u.a., dass das gesamte Grundkapital durch Unterschriften gedeckt (gezeichnet) sein musste, mindestens 10 % (bei Versicherungsgesellschaften 20%) des von jedem Aktionär gezeichneten Kapitals eingezahlt und der Aufsichtsrat nach Maßgabe der Satzung von der Generalversammlung gewählt war.[384] Darüber hinaus war der Mindestnominalwert der Aktien für Namensaktien bei 50 Talern, für Inhaberaktien bei 100 Talern festgelegt. Der Nominalwert der Aktien durfte während des Bestehens der Gesellschaft nicht verändert werden.[385]

---

die Verhandlungen des Reichstages, 5. Legislaturperiode, 4. Session 1884, Bd. 1, S. 199.

377 Bösselmann, S. 73.

378 RGBl 1871, S. 63 ff.; Art. 80 Verfassung des Deutschen Bundes, genannt Deutsches Reich (1870) in: BGBl des Norddeutschen Bundes 1870, S. 627 ff.; Vertrag, betreffend den Beitritt Bayerns zur Verfassung des Deutschen Bundes, nebst Schlußprotokoll in: RGBl 1871, S. 9 ff.; Vertrag betreffend den Beitritt Württembergs zur Verfassung des Deutschen Bundes, nebst dazu gehörigem Protokoll in: BGBl des Norddeutschen Bundes 1870, S. 654 ff.

379 Stenographische Berichte, Anlage Nr. 158, 1870, S. 650.

380 Weigt, S. 23.

381 Gömmel, S. 151.

382 Pahlow, Staat als Wächter, S. 30; Weigt, S. 25.

383 Weigt, S. 25.

384 Marcinowski 1876, S. 4 f.; Schubert, Abschaffung, S. 305.

385 Schubert, Abschaffung, S. 302 f.

Jede Aktiengesellschaft galt zudem als Handelsgesellschaft, auch wenn sie keine Handelstätigkeit zum Gesellschaftsgegenstand hatte.[386]

Die fehlende Konzession sollte durch einen obligatorischen Aufsichtsrat ausgeglichen werden. Die Kontrolle der Verwaltung der Aktiengesellschaft („Direktorium", „Vorstand") wurde als mangelhaft empfunden.[387] Es sollte ein echtes Aufsichtsorgan etabliert werden. Aktiengesellschaften hatten nun die Generalversammlung der Aktionäre, den Vorstand als Exekutivorgan und den Aufsichtsrat als Kontrollorgan. Die Praxis sah dennoch weiterhin anders aus. Immer noch wurde der Aufsichtsrat (z.T. auch Verwaltungsrat genannt) per Statut dem Vorstand beigeordnet.[388] Dieses Organ sollte den Vorstand nicht nur beaufsichtigen, sondern konnte zusammen mit dem Vorstand die Verwaltung und gewichtige Vorhaben der Gesellschaft mitentscheiden und beschließen. Die Gründer konnten so über den Aufsichtsrat die Geschäftsführung beeinflussen.[389] Bei der *Deutschen Bank* zum Beispiel sah dies wie folgt aus:

> „Die Führungsspitze der Deutschen Bank bestand aus dem Verwaltungsrat und dem Direktorium, wobei der Verwaltungsrat fast alle Entscheidungsgewalt besaß. Jeder kleine Kredit, jeder Kauf von Effekten mußte von ihm oder seinem Ausschuß bewilligt werden. Er war das höchste Gremium. Da die Verwaltungsratsmitglieder jedoch ihre Tätigkeit nicht hauptamtlich ausführen konnten, bestellten sie Direktoren, die ihre Beschlüsse auszuführen hatten. Es war das Bestreben des Verwaltungsrats, 'die Direktoren zu einfachen Kommis herabzudrücken'."[390]

Nach einer Ansicht wurden aufgrund der Schnelle des Gesetzeserlasses Aspekte wie die Sicherung der Gläubiger und Aktionäre vernachlässigt.[391] Dagegen wurde argumentiert, dass der Reichstag das Gesetz wohl in Eile verabschiedete, jedoch der Bundesrat dieses gründlich beriet und nur unter Schwierigkeiten verabschiedete.[392]

Unter Anwendung des Aktiengesetzes von 1870 wurden zwischen 1871 und 1873 843 Aktiengesellschaften neu gegründet. Dabei wurde das durchschnittliche Grundkapital je Aktiengesellschaft immer geringer. Es fiel von 10,8 Millionen Mark vor 1871 auf gut 2,5 Millionen Mark 1872/1873. Mehr und mehr Aktiengesellschaften wurden gegründet, die ein geringes Grundkapital zur Verfügung hatten und die zuvor nicht als Aktiengesellschaften gegründet worden wä-

---

386 Pohl, Konzentration, S. 98.

387 Weigt, S. 25 f.; Passow, ZHR 64, S. 28, 50 f.

388 Schnorr, S. 19 ff.

389 Schnorr, S. 21 f.; Passow, ZHR 64, S. 27 f.

390 Weigt, S. 27.

391 von Waltershausen, S. 275; Großfeld, Aktiengesellschaft, S. 142; ders., Beurteilung, S. 249; Reich, S. 265 ff.; Auerbach, Actienwesen, S. IV; Bösselmann, S. 73; Wagner, S. 271 ff.

392 Schubert, S. 286.

ren. In diesem Zusammenhang fanden nach 1871 auch eine Vielzahl von Umwandlungen neben den Neugründungen statt.[393]

Darüber hinaus fielen tendenziell die Dividenden der Unternehmen seit 1871, wobei 90 von 246 neueren Gesellschaften keine Dividende zahlten. 114 Unternehmen zahlten weniger als 1% auf das eingelegte Kapital. Es folgten Grundkapitalreduzierungen, Liquidationen und Konkurse. Auf die 203 im Jahr 1871 gegründeten Gesellschaften kamen 35 Reduktionen, 52 Liquidationen und 14 Konkurse. Im Jahr 1872 wurden 478 Gesellschaften gegründet, davon reduzierten 91, liquidierten 138 und 38 gerieten in Konkurs. 1873 wurden 162 Aktiengesellschaften gegründet, von denen 22 eine Reduktion, 67 eine Liquidation und neun Konkurs erlitten.[394]

Die von Unternehmern, insbesondere auch von Banken, gegründete anonyme Aktiengesellschaft setzte sich immer mehr durch. Sie zeichnete sich durch einen Eigentümerkapitalisten, den Privatbesitzer, der die Entscheidungsbefugnisse an angestellte Leitungsstäbe delegierte, aus. Darüber hinaus wurde die Unternehmerfunktionen zum Teil an hochspezialisierte Experten abgegeben.[395] Die Vorteile der Aktiengesellschaft waren einerseits die Möglichkeiten für eine Kapitalakkumulation, die Ballung von Macht in einem Entscheidungsträger und generell eine Konzentration. Anderseits bestanden organisatorische Vorteile. Die Führungskräfte konnten professionalisiert werden, die Organisationsform war universell ausdehnbar. Es gab ein zentrales, kollegiales Geschäftsführungsorgan, das mit maximaler Effizienz die Interessen der Aktiengesellschaft und der Aktionäre bündeln konnte. Trotz der Aktionärsversammlung blieb die primäre Entscheidungsfindung und Weichenstellung beim Vorstand.[396]

Allerdings konnte der Aufsichtsrat mangels Informationen über den Betriebsablauf und Fachkompetenz die Geschäftsleitung kaum kontrollieren. Die persönlichen Abhängigkeiten vom Vorstand führten zur Häufung von Mandaten weniger Vertrauensmänner.[397] Mit einer solchen Machtballung ging die Gefahr einher, diese auszunutzen oder zu missbrauchen.

393 Begründung des Entwurfs eines Gesetzes betreffend die Kommanditgesellschaften auf Aktien und Aktiengesellschaften. (auch in Stenographische Berichte über die Verhandlungen des Reichstages, 5. Legislaturperiode, 4. Session 1884, Bd. 3, Anlage 21, 215, 237 ff.; Schubert/Hommelhoff, S. 408 f.

394 Begründung des Entwurfs eines Gesetzes betreffend die Kommanditgesellschaften auf Aktien und Aktiengesellschaften. (auch in Stenographische Berichte über die Verhandlungen des Reichstages, 5. Legislaturperiode, 4. Session 1884, Bd. 3, Anlage 21, 215, 237 ff.; Schubert/Hommelhoff, S. 410 f.

395 Wehler, S. 86.

396 Ebd.

397 Ebd.

Bereits die Gesetzesmotive setzten sich damit auseinander, dass durch das Wegfallen der Konzessionierung verstärkt Aktienschwindel eintreten könnte.[398] Dabei wurde dem Gesetz nur vereinzelt die Schuld an den Schwindelgründungen zugewiesen.[399] Vielmehr seien die Leichtgläubigkeit und Vertrauenswürdigkeit oder Dummheit des Publikums ausschlaggebend gewesen.[400] Die Gewinnsucht, die in allen Bevölkerungsschichten vorhanden war, ließ die Leute alle Vorsichtsmaßnahmen vergessen.[401] Aktionäre wollten in kurzer Zeit ohne eigene Arbeit reich werden.[402]

Die wirtschaftlichen Verhältnisse und die technischen Erfindungen führten zu einer gesteigerten Nachfrage im In- und Ausland. Daraufhin folgten eine Preissteigerung und ein erneuter Anstieg der Produktion. Daraus ergab sich insgesamt ein Anstieg der liquiden Mittel, die angelegt werden wollten. Hier war die Aktiengesellschaft die neue Anlageform. Der allgemeine wirtschaftliche Aufschwung führte somit vermehrt zu Kapitalanlagen in und damit zur Gründung von immer mehr Aktiengesellschaften.[403] Die Aktiengesellschaften wurden nun nicht mehr nur aus ökonomischen Gesichtspunkten gegründet, sondern oft allein zur Aufnahme liquider Mittel. Aktien wurden zur Börsenware, wobei die Höhe des Grundkapitals an der Aufnahmefähigkeit des Geldmarktes bemessen wurde.[404]

Irgendwann konnte der Markt die Vielzahl von Aktiengesellschaften nicht mehr aufnehmen. Es entstand ein Überangebot. Daher fielen die Kurse der Aktien, und eine Vielzahl von Aktiengesellschaften musste liquidiert werden.[405] Auch durch die Presse war die Bildung der Spekulationsblase unterstützt worden, indem diese positive Nachrichten für die Gesellschaften verbreitete, nicht

398 Stenographische Berichte über die Verhandlungen des Reichstages des Norddeutschen Bundes, I. Legislaturperiode, Session 1870, Band 4, Anlage Nr. 158, S. 645, 650.

399 Lieder, S. 378, Rn. 111; Stenographische Berichte über die Verhandlungen des Reichstages, 5. Legislaturperiode, 4. Session 1884, Bd. 3, Anlage 21, S. 240 ff.; a.A. Löwenfeld, Entwurf, S. 1; Oechelhaeuser, S. 31 ff., S. 33 f.

400 Lieder, S. 378, Rn. 111; Strey, S. 89.

401 Oechelhaeuser, S. 35; Lieder, S. 378, Rn. 111; Strey, S. 90.

402 Lieder, S. 380, Rn. 113.

403 Ebd., S. 379, Rn. 112.

404 Stenographische Berichte 1884, Bd. 3, S. 241; Schubert/Hommelhoff, Gutachten über die geeignetsten Mittel zur Abhülfe der nach den Erfahrungen des Reichs-Oberhandelsgerichts bei der Gründung, der Verwaltung und dem geschäftlichen Betriebe von Aktienunternehmungen hervorgetretenen Uebelstände (Wiedergegeben nach dem metallographierten Exemplar des ZStA Potsdam, Reichsjustizamt, Nr. 2859, Bl. 125 – 199) S. 157, 160.

405 Lieder, S. 379 f., Rn. 112.

aber warnte.[406] Ebenso trug das Aktiengesetz mit seinen häufig leicht zu umgehenden Vorschriften zu den Schwindelgründungen bei, obgleich strengere Regeln wahrscheinlich diese Betrügereien auch nicht unterbunden hätten.[407]

a) Ausgabe von Aktien

Nach Art. 207 II, IV ADHGB 1870 gab es Inhaber- und Namensaktien, für welche ein Mindestnominalbetrag von 50 Vereinstalern für Namensaktien und von 100 Vereinstalern für Inhaberaktien vorgesehen war. Es wurde bei der Ausgabe von Inhaberaktien befürchtet, dass Aktien als reine Spekulationsobjekte erworben und durch sogenannte „Stimmenpacht" und „Strohmannwesen" die Beschlüsse der Gesellschaft in der Generalversammlung gegen die Interessen der Gesellschaft manipuliert werden könnten.[408]

Dennoch wurden Aktien als Anlageobjekt betrachtet. Erst durch die Inhaberaktie wurde eine Kapitalanlage in Aktien ohne große Beschränkungen bzw. Bedingungen möglich.[409]

Bezüglich der Mindestbeträge wurde argumentiert, dass diese erhöht werden müssten, um Spekulationen von Kleinanlegern auszuschließen. Es sei ein Zusammenhang zwischen der Höhe des Geldanlagebetrages und der Erfahrung des Anlegers zu erkennen.[410] Auch deswegen wurden die niedrigen Mindestbeträge für die Schwindeleien in den Gründerjahren verantwortlich gemacht.[411] Dieser Argumentation[412] folgend entstand 1884 Art. 207a I ADHGB, der den Mindestbetrag auf 1.000 Mark heraufsetzte.

b) Kapitalschutz

„Von einem modernen Kapitalschutzverständnis, das den Schutz der Gesellschaftsgläubiger als Ausgleich für die Beschränkung der Haftung auf das Gesellschaftsvermögen in den Vordergrund stellte, war man weit entfernt."[413] Laut Gesetzgeber war es die Aufgabe der Gläubiger, sich selbst um die Einbringung

406 Lieder, S. 380, Rn. 114; Schäffle, ZgS 10, 1, 70 ff.; Geiger, BuschA, S. 1, 6 f.
407 Lieder, S. 380, Rn. 115.
408 Lieder, S. 339 f., Rn. 33; Oechelhaeuser, S. 52 f.
409 Lieder, S. 340, Rn. 34; Loewenfeld, Actien-Gesellschaften, S. 63.
410 Lieder, S. 342, Rn. 38; Hecht, Reform, S. 8 ff.
411 Loewenfeld, Actien-Gesellschaften, S. 47 ff.; Lieder, S. 342, Rn. 38.
412 Stenographische Berichte, 1884, S. 248 f.
413 Lieder, S. 342 f., Rn. 39.

der Forderungen zu kümmern.[414] Als Sicherheit war damals Vorkasse üblich und anerkannt.[415]

Die Erkenntnis, dass eine Haftungsbeschränkung auf das Gesellschaftsvermögen nur dann zu rechtfertigen ist, wenn auf der anderen Seite die Aufbringung und Erhaltung des Grundkapitals gesetzlich gesichert ist, kam erst später auf.[416]

i Zeichnung des Grundkapitals

Wie bereits zuvor praktiziert, schrieb Art. 209 a I ADHGB 1870 fest, dass das gesamte Grundkapital zur Erstausgabe der Aktien gezeichnet sein musste. Begründet wurde dies in den Motiven damit, dass das Grundkapital nur wirklich bestehe, wenn es auch gezeichnet sei. Zudem sollte die wirtschaftliche Existenz des Unternehmens praktisch abgesichert werden.[417] Kritisiert wurde hieran die fehlende Wirkungskraft der Vorschrift, sobald Strohmänner eingesetzt wurden und/oder Nebenabreden getroffen wurden.[418] Dem entsprechend wurden im ADHGB von 1884 die Zeichnungs- und Anmeldebestimmungen erheblich ausgeweitet, u.a. durch Publizitätsvorschriften im Gesellschaftsvertrag.[419]

Darüber hinaus wurde die Aktienausgabe unter pari kritisiert. Den Zeichnern wurde hierbei bereits bei Erwerb der Aktien ein Teil der Einlageverpflichtung erlassen. Die Gesellschaft konnte demzufolge nie über das ausgewiesene Grundkapital verfügen.[420] Infolge dessen kannte das Publikum die wahre Kapitalbasis der Gesellschaft nicht.[421] Daher wurde die Aktienausgabe unter pari in der Novelle von 1884 ausgeschlossen.[422]

ii Einzahlung des Kapitals

Nach Art. 209 a I ADHGB 1870 mussten vor der Eintragung der Gesellschaft ins Handelsregister mindestens 10% (bei Versicherungsgesellschaften mindestens 20%) des Grundkapitals eingezahlt werden. Dies war neu gegenüber dem Konzessionssystem. Zeichner hatten sich in Zeiten vor dem Normativrecht der

---

414 Lieder, S. 343, Rn. 39.

415 Escher-Weingart, S. 76.

416 Lieder, S. 343, Rn. 39.

417 Stenographische Berichte über die Verhandlungen des Reichstages des Norddeutschen Bundes, 1. Legislaturperiode, Session 1870, Band 4, Anlage Nr. 158, S. 645, 654.

418 Behrend, S. 56 f.

419 Lieder, S. 343, Rn. 40; Hofer, Rn. 26 ff.

420 Lasker, Stenographische Berichte, S. 218; Goldschmidt, Reform, S. 31 f.; Behrend, S. 59, 62.; a.A. Wiener, Reform, S. 25 ff.; Hecht, Reform, S. 144.

421 Lasker, Stenographische Berichte, S. 218.

422 Lieder, S. 345, Rn. 46.

staatlichen Genehmigung nicht sicher sein können,[423] so dass vor der Konzessionierung noch nichts eingezahlt werden musste. Diese Vorschrift war sehr umstritten. Bremen verlangte die Streichung der Vorschrift, weil sie nicht vor Umgehungen sicher sei. Hamburg billigte sie, verlangte jedoch ein Handlungsverbot vor erfolgter Eintragung. Meiningen verlangte eine höhere Einzahlungsquote, wie bisher bei den Kommanditgesellschaften auf Aktien (KG a.A.), in Höhe von 20 bzw. 25%.[424] Das Gesetz blieb bei der 10%igen Quote. Gründungen sollten nicht unnötig erschwert und die ersten Zeichner nicht übergebührend verpflichtet werden.[425]

Weiterhin gab es keine zusätzlichen Regelungen über spätere Zahlungen in die Gesellschaft, weil der Staat sich mit Verlust des Konzessionssystems, und damit der Aufsichtsrechte, außer Stande sah, dies zu überprüfen.[426] Damit war nicht sicher gestellt, dass die Aktiengesellschaften mit einem ausreichenden Grundkapital ausgestattet waren.[427]

Selbst die vorgeschriebenen zehn Prozent des Grundkapitals wurden oft nicht aufgebracht.[428] Wenn die Aktien unter pari ausgegeben wurden, wiesen die Gesellschaftsbücher das Kapital von Anfang an falsch aus und eine Nachvollziehbarkeit über den eingezahlten Betrag fehlte gänzlich.[429] Der Gesetzgeber von 1884 nahm diese Kritik auf und hob die Einzahlungsquote auf 25% an. Diese wurde durch eine obligatorische Gründungsprüfung abgesichert, Art. 210 II 1, 209 f-h ADHGB 1884.[430]

Die Kapitalaufbringung bei den Kommanditgesellschaften auf Aktien war dadurch abgesichert, dass die Einzahlung des Restbetrages vor Übertragung der Aktien obligatorisch war (Art. 184 ADHGB 1870). Ähnliche Regelungen galten auch in England[431] und in Frankreich.[432] Für Aktiengesellschaften lehnte der Ge-

---

423 Lieder, S. 343 f., Rn. 41.

424 Ebd., S. 344, Rn. 42.

425 Lieder, S. 344, Rn. 43; Loewenfeld, Actien-Gesellschaften, S. 51; Grünhut, S. 79, 86; Stenographische Berichte über die Verhandlungen des Reichstages des Norddeutschen Bundes, I. Legislaturperiode, Session 1870, Band 4, Anlage Nr. 158, S. 645, 654 f.

426 Motive zum preußischen Entwurf, Drucksachen zu den Verhandlungen des Bundesrathes des Norddeutschen Bundes Nr. 86/1869, S. 21 = Stenographische Berichte über die Verhandlungen des Reichstages des Norddeutschen Bundes, I. Legislaturperiode, Session 1870, Band 4, Anlage Nr. 158, S. 645, 654 f.

427 Lieder, S. 344, Rn. 43.

428 Ebd., Rn. 44.

429 Lasker, Stenographische Berichte, S. 218.

430 Lieder, S. 345, Rn 45.

431 Sonnemann, Stenographische Berichte, I. Legislaturperiode – IV Session 1873, 1. Bd., S. 228.

setzgeber aber diese restriktive Handhabung ab und beschloss eine Einzahlung von 40% als ausreichend. Die restlichen 60% konnten erlassen werden (Liberierung).[433]

Damit wollte der Gesetzgeber einerseits die Gründung von Aktiengesellschaften erleichtern und andererseits die Aktionäre zu Aktienanlagen motivieren.[434] Man vertraute darauf, dass Anleger, die einen gewissen Prozentsatz eingelegten, ihre Investition weiterhin verfolgen würden. Die Gefahren für die Gesellschaftsgläubiger wurden nicht erkannt.[435]

In der Praxis wurde von der Liberierung umfassend Gebrauch gemacht. Daraus folgte, dass das Publikum und die Gesellschaftsgläubiger häufig über die Höhe des Grundkapitals getäuscht wurden.[436]

Zusätzlich konnten junge Aktien ausgegeben werden, wenn sich ein Kapitalbedarf in der Gesellschaft ergab, nachdem die obligatorischen 40% des gezeichneten Betrages eingezahlt waren. Der Restbetrag musste nicht eingefordert werden.[437] In den Gründerjahren wurde dieses Verfahren häufig wiederholt, um für die Gesellschaft ein Agio durch die Ausgabe neuer Aktien zu erwirtschaften.[438] Früher oder später musste eine solche Gesellschaft zusammenbrechen.[439] Diese Missstände griff das ADHGB von 1884 auf und verbot die Erhöhung des Grundkapitals vor Volleinzahlung, Art. 215 a I ADHGB 1884.

iii Bewertung von Sacheinlagen

Die Bewertung von Sacheinlagen erfolgte gemäß Art. 209 b I ADHGB 1870, wonach der Wert der Einlage und deren Preis und die hierfür gewährten Aktien im Gesellschaftsvertrag festgelegt werden mussten. Damit sollten die Interessen der Aktionäre gewahrt werden. Es sollten keine überbewerteten Gegenstände in

432 Lieder, S. 346, Rn. 47, Denkschrift, Protokolle über die Verhandlungen des Bundesrates des Deutschen Reichs, Nr. 89/1876, in: Schubert/Hommelhoff, S. 136.

433 Motive zum preußischen Entwurf, Drucksachen zu den Verhandlungen des Bundesrathes des Norddeutschen Bundes Nr. 86/1869, S. 21 = Stenographische Berichte über die Verhandlungen des Reichstages des Norddeutschen Bundes, I. Legislaturperiode, Session 1870, Band 4, Anlage Nr. 158, S. 645, 654 f.

434 Lieder, S. 346, Rn. 49; Loewenfeld, Actien-Gesellschaften, S. 51 f.

435 Lieder, S. 347, Rn. 49; Lutz, 1. Teil, S. 341.

436 Lieder, S. 347, Rn. 50; Siegfried, S. 49.

437 Lasker, Stenographische Berichte, S. 220; Goldschmidt, Gutachten über das Actienesellschaftswesen, S. 31; Lieder, S. 348, Rn. 51; Loewenfeld, Actien-Gesellschaften, S. 60 f.; Hecht, Börsen- und Actienwesen, S. 145; Strey, S. 340 f.

438 Lasker, Stenographische Berichte, S. 220.

439 Lieder, S. 348, Rn. 51.

die Gesellschaft eingebracht werden.[440] Während der Beratungen zum ADHGB 1870 war man sich bewusst, dass diese Regelung durch geschicktes Vorgehen der Gründungsgesellschafter ausgehebelt werden konnte.[441] In der Praxis wurde dies bestätigt, weil es an Offenlegungspflichten bezüglich der Details der Sacheinlage im Gesellschaftsstatut oder zumindest an einer Gründungsprüfung zur Feststellung der Werthaltigkeit der Einlage fehlte.[442]

Lasker kritisierte bei seiner Interpellation während der Reichstagsverhandlungen am 4. April 1873, dass Sachwerte willkürlich in die jeweilige Gesellschaft eingebracht und eigens dazu erworben wurden. Dabei hatten die Sachwerte meist nichts mit dem Gegenstand des Unternehmens zu tun. Darüber hinaus wurden Preise in künstlicher Höhe, die sich aus Abschlüssen von Scheinverträgen ergaben, angesetzt.[443] Schließlich wurde im Gesetz von 1884 eine Gründungsprüfung verlangt, Art. 209 f, 209 h ADHGB 1884.

iv Gründungsüberwachung

Nach Wegfall des Konzessionserfordernisses sollte die Generalversammlung der Aktionäre die ordnungsgemäße Gründung der Gesellschaft überwachen, weil die Aktionäre als Kapitalgeber ein Interesse daran hätten.[444] Jedoch konnten die Aktionäre häufig nicht überblicken, ob die gesetzlichen Vorgaben eingehalten wurden. Teilweise hinderte sie überdies die Vormachtstellung der Gründer.[445] Das Gesetz von 1884 behielt die konstituierende Generalversammlung bei, zusätzlich hatten jedoch Vorstand und Aufsichtsrat die Gründungserfordernisse zu überprüfen, Art. 209 f, 209 h ADHGB 1884.

v Eintragung der Gesellschaft ins Handelsregister

Zur Eintragung der Gesellschaft ins Handelsregister musste nachgewiesen werden, dass das Grundkapital nach Art. 209 a ADHGB 1870 gezeichnet und eingezahlt war, Art. 210 a I Nr. 1, 2 ADHGB 1870. Dies sollte dem Kapitalschutz der Aktionäre und berechtigter Dritter dienen.[446] Im Ergebnis konnte jedoch der

---

440 Stenographische Berichte über die Verhandlungen des Reichstages des Norddeutschen Bundes, I. Legislaturperiode, Session 1870, Band 4, Anlage Nr. 158, S. 645, 655 = Motive zum preußischen Entwurf, Drucksachen zu den Verhandlungen des Bundesrathes des Norddeutschen Bundes Nr. 86/1869, S. 21 f.

441 Lieder, S. 349, Rn. 54.

442 Lieder, S. 350, Rn. 55; Söhnchen, S. 192.

443 Lasker, Stenographische Berichte, S. 218 f.

444 Lieder, S. 352, Rn. 59.

445 Lieder, S. 352, Rn. 60; Schubert/Hommelhoff, S. 387, 436.

446 Lieder, S. 353, Rn. 61 f.

Handelsrichter nach freiem Ermessen entscheiden, ob der Bescheinigung genüge getan wurde.[447]

> „Es sind Fälle vorgekommen, wo bei irgend einem Banquier die 10 Procent geliehen worden sind gegen ½ Procent Provision für eine halbe Stunde. In Anwesenheit des Notars kam der Diener, brachte das Geld, legte es auf den Tisch, und der Notar konstatirte, daß das Geld da war. Wenn der Notar weg war, nahm der Diener die 10 Procent mit und der Notar hatte das Attest gegeben, daß das Geld da war, d.h. die Herren geben sich im Grunde selbst das Attest."[448]

vi Änderung des Nominalwertes der Aktien

Die Erhöhung des Nominalwertes der Aktien war ausgeschlossen, denn sie ließ das Grundkapital der Gesellschaft höher erscheinen als es wirklich war[449] und konnte bei den Gesellschaftsgläubigern ein falsches Bild von der Kapitalausstattung der Gesellschaft erzeugen.[450]

Die Herabsetzung des Nominalbetrages erfolgte häufig, um die Bilanz zu verbessern. Verluste wurden verborgen, indem Passiva bilanziell herabgesetzt wurden. Damit wurde ein Überschuss der Aktiva erreicht. So konnten Dividenden bezahlt werden, auch wenn eine Unterbilanz vorlag. Dadurch wurde den Aktionären das Grundkapital zurück gewährt.[451]

vii Dividendenzahlung

Das Kapital als Wesen der Aktiengesellschaft sollte zu Gunsten der Gläubiger dauerhaft erhalten werden.[452] Dividenden durften deshalb nach Art. 217 I 2 ADHGB 1870 nicht bezahlt werden, bis Verluste wieder aufgefüllt waren.

Anders lag es im Falle der Ausschüttung von Dividenden aufgrund positiver Provisionsergebnisse. Hierbei wurden Aktien für beispielsweise 73% verkauft, wobei 72% als Kurswert festgelegt wurden und 1% als Provision für die Gesellschaft. Die Provision wurde dann als Dividende ausgeschüttet, obwohl die Ge-

---

447 Lieder, S. 353, Rn. 62.

448 Wolffson, Verhandlungen des 11. Deutschen Juristentags, Band 2, S. 71, 83.

449 Stenographische Berichte über die Verhandlungen des Reichstages des Norddeutschen Bundes, I. Legislaturperiode, Session 1870, Band 4, Anlage Nr. 158, S. 654, 657.

450 Lieder, S. 356, Rn. 66.

451 Motive zum preußischen Entwurf, Drucksachen zu den Verhandlungen des Bundesrathes des Norddeutschen Bundes Nr. 86/1869, S. 27 f. = Stenographische Berichte über die Verhandlungen des Reichstages des Norddeutschen Bundes, I. Legislaturperiode, Session 1870, Band 4, Anlage Nr. 158, 645, 657.

452 Stenographische Berichte über die Verhandlungen des Reichstages des Norddeutschen Bundes, I. Legislaturperiode, Session 1870, Band 4, Anlage Nr. 158, S. 645, 655.

sellschaft unter Umständen keinerlei andere positive Geschäftsergebnisse zu vermelden hatte.[453]

viii Gründervorteile

Die Gründer ließen sich häufig das Recht zuweisen, später ausgegebene Aktien zu pari zuzukaufen. Diese kauften dann die Aktien zu pari und verkauften sie am Markt zu einem höheren Börsenkurs. Der Kurs fiel aufgrund des steigenden Aktienangebots nach der Transaktion nicht selten, so dass den regulären Aktionären ein Nachteil zugefügt wurde.[454] Diese Vorgehensweise ist nur ein Beispiel für einen damals gewährten Gründervorteil.

c) Obligatorischer Aufsichtsrat

Der Aufsichtsrat wurde in der Gesetzesnovelle von 1870 als Ausgleich zur Abschaffung des Konzessionssystems obligatorisch.[455] Die Aktionäre waren nun „ausschließlich auf eigene Wahrnehmung ihrer Interessen angewiesen".[456] Es bestand ein „Selbstbeaufsichtigungsrecht der Gesellschaften".[457] Das Ziel des Aufsichtsrates sollte es sein, die Geschäftsführung fortlaufend zu überwachen.[458] Der Aufsichtsrat wurde zunächst für ein Jahr nach Gründung bestellt und danach für fünf Jahre, um Vorteilserschleichung der Anfangsmitglieder auszuschließen.[459]

Um sicher zu stellen, dass der Aufsichtsrat von seinen Rechten Gebrauch machte und die Verpflichtungen erfüllte, wurden Haftungs- und Strafvorschriften erlassen.[460]

Der Aufsichtsrat bildete die Aktionäre im Verhältnis ab. Großaktionäre hatten also ein größeres Gewicht, konnten sich selbst oder nahe stehende Personen in den Aufsichtsrat befördern und das Kontrollgremium mit weiteren Befugnissen ausstatten, Art. 231 II ADHGB 1870. Die Besetzung des Vorstandes konnte mit weniger erfahrenen bzw. abhängigen Personen erfolgen.[461] Damit war es

453 Lasker, Stenographische Berichte, S. 219.
454 Ebd., S. 220.
455 Lieder, S. 357, Rn. 69.
456 Stenographische Berichte über die Verhandlungen des Reichstages des Norddeutschen Bundes, I. Legislaturperiode, Session 1870, Band 4, Anlage Nr. 158, S. 645, 655.
457 Stenographische Berichte über die Verhandlungen des Reichstages des Norddeutschen Bundes, I. Legislaturperiode, Session 1870, Band 4, Anlage Nr. 158, S. 645, 655.
458 Lieder, S. 358, Rn. 71.
459 Stenographische Berichte über die Verhandlungen des Reichstages des Norddeutschen Bundes, I. Legislaturperiode, Session 1870, Band 4, Anlage Nr. 158, S. 645, 655.
460 Ebd.
461 Geiger, BuschA, S. 1, 7.

möglich, dass der Aufsichtsrat zum Machtzentrum der Gesellschaft wurde. Wenn ihm per Gesellschaftsvertrag ein Weisungsrecht gegenüber dem Vorstand zugesprochen wurde, war er für die unternehmerischen Entscheidungen zuständig.[462] Der Aufsichtsrat konnte den Vorstand jederzeit entlassen und somit entscheiden, wer die Gesellschaft führte. Teilweise wurde der Vorstand danach ausgesucht, möglichst wenig eigenständig für die Gesellschaft zu entscheiden.[463]

Im Aufsichtsrat verfolgten daher die Gründungsgesellschafter und Großaktionäre ihre Interessen. Der Vorstand wurde vom Aufsichtsrat, der die wesentlichen Entscheidungen traf und selbst nicht kontrolliert wurde, abhängig gemacht.[464]

Einige Aufsichtsratsmitglieder waren teilnahmslos oder in Aufsichtsräten vieler Gesellschaften vertreten. Sie wussten häufig nicht, wie es um die jeweilige Gesellschaft bestellt war.[465] Darüber hinaus gab es im Aufsichtsrat Mitglieder, die hauptsächlich ihre eigenen Interessen verfolgten – namentlich die Finanzgesellschaft oder auch Bauunternehmer.[466]

In der Generalversammlung sollten alle Aktionäre vertreten sein. Jedoch gab es dort Maximalstimmrechte für Großaktionäre, diese waren also in ihrer Stimmmacht beschnitten. Deswegen wurden Strohmänner bestimmt, die die „überschüssigen“ Aktien halten und für die Stimme des dahinter stehenden Großaktionärs eintreten sollten, so dass das vollständige Stimmrecht erhalten blieb.[467]

Auf der anderen Seite gab es Aktionäre, die die nötige Stimmmehrheit für ihre Interessen mit den eigenen Aktien nicht aufbringen konnten. Diese liehen sich dann von anderen, teilnahmsloseren Aktionären, Aktien für die Generalversammlung und zahlten dafür eine Provision. Diese Leih- bzw. Aktienpachtgeschäfte wurden sogar an der Börse gehandelt.[468]

Insgesamt mangelte es der Gesetzesnovelle von 1870 an Problembewusstsein. Die praktische Anwendung des geschriebenen Rechts wurde nicht diskutiert. Es fand kein Dialog mit Wissenschaftlern und Praktikern statt.[469] Lasker meinte, der Vollzug der bereits im Aktiengesetz angelegten Publizität wäre ein wirksames Mittel gegen die Missstände und Schwindeleien gewesen.[470]

---

462 Lieder, S. 362, Rn. 77; OLG Hamburg, ZHR 35, S. 247.
463 Lasker, Stenographische Berichte, S. 220.
464 Lieder, S. 363, Rn. 80.
465 Lasker, Stenographische Berichte, S. 221.
466 Ebd.
467 Lasker, Stenographische Berichte, S. 221.
468 Ebd.
469 Lieder, S. 362 f., Rn. 78.
470 Lasker, Stenographische Berichte, S. 223.

3. Aktienrechtsnovelle von 1884

Die Gründerkrise gab Anlass zum Überdenken des Aktienrechts. Der Gesetzgeber stellte sich die Frage, wie er auf diese Krise reagieren solle.[471] Das freigiebige Handelsrecht von 1870 wurde durch das Handelsgesetzbuch von 1884 überarbeitet und abgelöst. Die grundsätzlich freie und gegenständlich nicht beschränkte Gründung von Aktiengesellschaften, auch für Banken, wurde beibehalten.[472] Vielmehr sollten die Rechte der Aktionäre verstärkt und das Publikum geschützt werden.[473]

In den Krisenjahren 1873 bis 1879 fielen von den 257 zwischen 1871 und 1873 gegründeten Gesellschaften 61 in Konkurs, d.h. bei etwa jeder vierten Neugründung erfolgte eine Liquidation.[474] Häufig verloren Aktienanleger ihr Geld, indem sie Aktien erworben hatten, die allein zum Zwecke der Agiotage errichtet wurden. Diesen Gesellschaften fehlte oft, wie oben beschrieben, ein ausreichendes Grundkapital. Das Grundkapital war z.B. entweder nicht ordnungsgemäß eingezahlt oder es wurde für eingebrachte Sacheinlagen ein überhöhter Wert angesetzt.[475]

Die Diskussion um die Änderung des Aktienrechts von 1870 entfachte der nationalliberale Abgeordnete Eduard Lasker[476] 1873 durch eine Anfrage an den Reichskanzler. Im Oktober 1873 fand der Berliner Börsenkrach statt. Jedoch wurde die Krise bereits vorhergesehen. Dies belegt beispielsweise die Rede Laskers vom 04.04.1873.[477] Zudem wurde die Notwendigkeit einer Aktienrechtsreform bereits im August bzw. im Oktober 1873 auf dem Deutschen Juris-

471 Hofer, S. 389.

472 Reich S. 273.

473 Entwurf eines Gesetzes, betreffend die KGaA und AG (1884), Allgemeine Begründung, in: Schubert/Hommelhoff, S. 415 f.

474 Stenographische Berichte über die Verhandlungen des Reichstages des Norddeutschen Bundes, 15. Sitzung vom 4. April 1873, S. 240.

475 Lasker, Stenographische Berichte, S. 218 f.; Behrend, 38 ff.

476 Hofer, S. 391, Fn. 11: „Der Jurist Eduard Lasker (1829-1884) war seit 1865 Mitglied des preußischen Abgeordnetenhauses und ab 1867 des (norddeutschen) Reichstages. Neben dem hier interessierenden Einsatz für eine Änderung des Aktienrechts wurde Lasker vor allem bekannt durch seine zusammen mit J. Miquel erfolgreich durchgeführte Initiative zur Verfassungsänderung (1873), die den Weg für das BGB freimachte, sowie für die Mitarbeit an den Reichsjustizgesetzen."

477 Lasker, Stenographische Berichte, S. 213 ff.

tentag[478] und beim Verein für Sozialpolitik[479] diskutiert und schon Monate zuvor durch Gutachten und Referate vorbereitet.[480]

Der Antrag Laskers war zunächst nicht erfolgreich. Nach Erörterung im Reichstag wurde er an den Justizausschuss des Bundesrates weitergeleitet. Dieser schlug eine Vertagung der Abänderung des Aktienrechts auf eine Neufassung des HGBs vor. Dem schloss sich 1874 der Bundesrat an.[481] 1876 schließlich wurde erneut die Diskussion angestoßen. Da eine Verbesserung der wirtschaftlichen Situation gesehen wurde, sollte das Aktienrecht abgeändert werden, so dass eine Wiederholung des Gründungsschwindels ausgeschlossen sei.[482]

Als Krisengründe sah der Gesetzesentwurf von 1884, neben der allgemeinen wirtschaftlichen Lage und der Missstände beim Aktienhandel, die Natur des Aktienwesens. Aktien wurden aufgrund Impulsentscheidungen, die durch die Höhe der Dividendenzahlungen oder durch potentielle Kursgewinne motiviert waren, nicht aber aus einem sachlichen Interesse an der Förderung eines Unternehmens heraus erworben. Zudem entschieden im Unternehmen angestellte Vorstände und Aufsichtsräte.[483] Der Wert eines Unternehmens für die Aktionäre wurde damit für die gegründeten Aktiengesellschaften zur wichtigsten Größe. Die Aktionäre gingen unter Umständen höhere Risiken ein, um den Wert ihrer Aktien und damit ihr eingesetztes Kapital zu vergrößern.

Am Aktiengesetz von 1870 wurden darüber hinaus das Fehlen von Schutzbestimmungen für Aktionäre[484] und spiegelbildlich hierzu fehlende Haftungsregelungen für die Gründer im Falle einer nicht ordnungsgemäßen Gründung bemängelt.[485] Darüber hinaus wurde kritisiert, dass Sperrzeiten von der Gründung bis zur Börseneinführung und „eine gewisse Gewähr für das Interesse der Gründer am Gedeihen ihres Unternehmens“[486] fehlten.

Bevor die alten Aktien voll eingezahlt waren, konnten Aktien unter pari ausgegeben werden. Die Gründung konnte bereits erfolgen, wenn eine Einzahlung von mindestens 10% des Gesellschaftskapitals nachgewiesen wurde. Der Zeichner einer Inhaberaktie haftete nur für die Einzahlung von 40% des Nomi-

478 Sitzung am 29.8.1873.

479 Sitzung am 12./13.10.1873.

480 Hofer, S. 391.

481 Schubert, S. 11 f.; in: Schubert/Hommelhoff.

482 Hofer, S. 391 f.; Denkschrift zum Antrag Preußens, Protokolle über die Verhandlungen des Bundesrats des Deutschen Reichs, Nr. 89/1876, abgedruckt in: Schubert/Hommelhoff, 127 ff.

483 Stenographische Berichte 1884, S. 241.

484 Weigt, S. 28.

485 Ebd.

486 Blume, S. 22.

nalbetrages gemäß ADHGB (1870), wobei die Bundesstaaten noch eine geringere Quote bestimmen konnten.[487]

Verbreitet galt die Ansicht,[488] dass auf eine Krise nicht mit Notgesetzen zu reagieren sei. Gründe der Krise wurden dementsprechend nicht im Gesetz gesehen, sondern in der Gewinnsucht und Leichtgläubigkeit der Aktionäre und in der allgemeinen wirtschaftlichen und politischen Lage.[489] Aktiengesellschaftsgründungen fanden häufig allein aus Kaptitalanlageaspekten statt. Das Bedürfnis zum Bestand eines neuen Unternehmens wurde nicht geprüft.[490]

Es wurde der Antrag auf ein Zwischengesetz gestellt, um „einer Wiederkehr der Ausschreitungen bei der Gründung, der Verwaltung und dem geschäftlichen Betriebe von Aktienunternehmungen thunlichst entgegenzuwirken".[491] Das Gesetz trat schließlich am 14.08.1884 in Kraft,[492] also in einer verhältnismäßig ruhigen Phase nach der Gründerkrise.[493]

Im neuen Gesetz versuchte der Gesetzgeber, der Aktiengesellschaft gegenüber unvoreingenommen zu sein.[494] Zu einer Konzessionspflicht kehrte man nicht zurück. Allerdings wurde das Gründungsverfahren und v.a. der Mindestinhalt des Statuts deutlicher festgelegt. Es erfolgte eine klare Abgrenzung der Funktionen und Kompetenzen der Gesellschaftsorgane.[495]

Grundlegend überarbeitet wurden die Gestaltung der Haftung von Vorstand und Aufsichtsrat. Es wurden u.a. erstmals besondere Schadensersatzansprüche gegen Vorstand und Aufsichtsrat bei Pflichtverletzungen normiert.[496] Der Grundsatz der Vertragsfreiheit wurde nach den Erfahrungen aus der Gründerkrise als negativ behaftet angesehen.[497] Diese habe nämlich zu den Missständen geführt.[498]

---

487 Weigt, S. 29.

488 Loewenfeld, Actien-Gesellschaften, S. 18 ff.; Hofer, S. 392; Hecht, Börsen- und Actienwesen, S. 34 ff.

489 Stenographische Berichte, 1884, S. 241.

490 Stenographische Berichte, 1884, S. 241.; Wolffson, 73 f.

491 Schubert/Hommelhoff, Antrag Preußens beim Bundesrath, S. 131.

492 RGBl 1884, 123.

493 Hofer, S. 392; Hartmann in der ersten Beratung des Aktiengesetzentwurfes im Reichstag am 24.3.1884, in: Stenographische Berichte über die Verhandlungen des Reichstages, 5. Legislaturperiode, 4. Session 1884, Bd. 1, S. 213.

494 Hofer, S. 395.

495 Weigt, S. 49.

496 Art. 213 c, Art. 241 II, Art. 226; Schnorr, S. 29 ff.; Gömmel, S. 157.

497 Hofer, S. 397.

498 Stenographische Berichte, 1884, S. 287, 293.

Diese Straf- und Ordnungsvorschriften sollten neben der Verschärfung der Prospekthaftung den Aktionären sowie dem sonstigen Publikum einen größeren Schutz bieten.[499]

Der Aktionärsschutz stand grundsätzlich im Mittelpunkt der Neuerungen. Es wurden die Konzepte der Selbst- und Staatshilfe diskutiert.[500] Das Gesetz verfolgte schließlich den Selbstschutzgedanken, indem es die individuelle Selbsthilfe „durch die Sicherstellung von Informationsmöglichkeiten [...], Verstärkung organschaftlicher Selbsthilfe durch eine Neugestaltung des Aufsichtsrats [...] und schließlich Unterstützung einer von den Aktionären kollektiv auszuübenden Selbsthilfe“ vorsah.[501]

Art. 225 III ADHGB 1884 ermöglichte immer noch die Umformung des Aufsichtsrats zum Verwaltungsrat durch Gesellschaftsvertrag. Diesem konnten dann Verwaltungskompetenzen zugewiesen werden, auch wenn die Mitglieder des Aufsichtsrats nicht zugleich Mitglieder des Vorstandes oder dauernde Stellvertreter derselben sein durften. Darüber hinaus durften Aufsichtsratsmitglieder nicht als Beamte die Geschäfte der Gesellschaft führen, Art. 225 a ADHGB 1884. Allerdings konnten in den Aufsichtsrat auch Nichtaktionäre gewählt werden § 224 i.V.m. §191 ADHGB 1884.[502]

Der Mindestnennbetrag für die Ausgabe von Aktien wurde nun auf 1.000 Mark vereinheitlicht, Art. 207 a I ADHGB 1884. Es sollten damit Spekulationen und Beteiligungen „kleiner Leute“ vermieden werden.[503] Darüber hinaus mussten nunmehr nicht mehr mindestens 10% des Nennwertes der Aktien bei der Gründung von Aktiengesellschaften eingezahlt werden, sondern 25%, Art. 210 III ADHGB 1884.

Schließlich schrieb Art. 185 b Nr. 1 ADHGB 1884 die sukzessive Bildung eines Reservefonds in der Höhe von mindestens einem Zehntel des Grundkapitals zwingend vor.

II. Darlehnskassengründungsgesetz

Am 23. Juli 1870 wurde das Gesetz, betreffend die Gründung öffentlicher Darlehnskassen und die Ausgabe von Darlehnskassenscheinen bekannt gemacht.[504] Nach dessen § 1 sollten Darlehnskassen errichtet werden, um das Kreditbedürf-

499 Gömmel, S. 157, Riesser, Neuerungen, S. 7.
500 Schönberg, S. 493, 512.
501 Hofer, S. 403.
502 Schubert, ZGR 2/1981, S. 314.
503 Weigt, S. 50.
504 BGBl des Norddeutschen Bundes 1870, S. 499 ff.

nis von Handels- und Gewerbebetrieben zu stillen. Diese Kredite sollten nach § 1 I a.E. i.V.m. § 4 ff. gegen Sicherheiten gewährt werden.

Bei den Darlehenskassen handelte es sich um juristische Personen, § 11. Allerdings wurden diese durch die Hauptverwaltung der Darlehnskassen, die Preußische Bank, für Rechnung des (Norddeutschen) Bundes verwaltet, § 12. Weiter nach § 12 konnte der Vorstand auch aus Mitgliedern des Handels- oder Gewerbestandes bestehen. Das Interesse des Bundes wurde durch einen besonderen Bundesbevollmächtigten vertreten, der von der Bundesstaatsregierung des Belegenheitsortes ernannt wurde, § 12 a.E.

Die Darlehenskassen handelten auf Bundesrechnung, so dass nach § 16 ein etwaiger Überschuss aus Zinserträgen der Bundeskasse zufiel. Es handelte sich also nicht um private Aktiengesellschaften. Die Darlehenskassen waren in Staatshand, daher unter staatlicher Kontrolle.

Die Kontrolle des Staates sah nach § 15 vor:

> „Der Bundesbevollmächtigte muß von sämmtlichen Geschäften Kenntniß nehmen, und hat bei allen Anträgen auf Bewilligung von Darlehnen das Versagungsrecht. Die Bestimmung des Abschlags von dem Kurse oder marktgängigen Preise der verpfändeten Papiere steht nach Anhörung des Vorstandes dem Bundesbevollmächtigten zu."

Nach Zweckerfüllung schließlich, spätestens nach drei Jahren, sollten alle Darlehenskassenscheine wieder eingezogen werden, § 18 II. Damit waren die Darlehenskassen nicht nur örtlich, sondern auch zeitlich begrenzt und nur zum Zweck der Wirtschaftsförderung als staatliche Unternehmen gegründet worden. Daraus lässt sich schließen, dass die Wirtschaft durch die privaten Bankgesellschaften nicht hinreichend mit Darlehen versorgt wurde. Diese mussten durch die Darlehenskassen ergänzt und unterstützt werden, um die vermehrte Vergabe von Darlehen anzuregen.

III. Börsengesetz

Viele Aktiengesellschaften emittierten ihre Aktien über die Börse. In diesem Zusammenhang spielte der Erlass des Börsengesetzes von 1896[505] eine gewichtige Rolle, um einerseits Publikumsschutz zu installieren und andererseits die Geschäfte der Banken, die Börsengänge begleiteten, zu reglementieren.

Eine reichseinheitliche Regelung der Börsengeschäfte gab es vor 1896 noch nicht. Das ADHGB beschränkte sich auf einzelne Bestimmungen zur Errichtung der Börse oder dem Erlass neuer Börsenordnungen.[506]

505 RGBl 1896, S. 157.
506 Weigt, S. 51.

Das Börsengesetz von 1896 beinhaltete eine einjährige Sperrfrist für die Börsenzulassung neuer Aktiengesellschaften, d.h. die Aktien mussten ein Jahr vor Börseneinführung von Kapitalgebern übernommen worden sein.[507] Dies förderte die Konzentration der Banken, denn eine Vorfinanzierung von Börsengängen war nur großen, kapitalkräftigen Banken möglich.[508]

Die Preisfeststellung sollte nicht mehr auf Grundlage von Durchschnittskursen basieren, sondern der Preis gebildet werden, „welcher der wirklichen Geschäftslage des Verkehrs an der Börse entspricht".[509]

Zudem wurde die Prospektpflicht als Zulassungsvoraussetzung für Wertpapiere zum Börsenhandel eingeführt. Aufgrund dessen wurde auch die Prospekthaftung wesentlich strenger.[510]

Um die Größe der zum Börsenhandel zugelassenen Aktiengesellschaften zu kontrollieren, war der Bundesrat befugt, ein Mindestgrundkapital zu bestimmen. Dieses war für Berlin, Hamburg und Frankfurt eine Million Mark; für alle übrigen Börsen 500.000 Mark.[511] Feste Zinssätze durften nicht mehr zugesagt werden.[512]

Um eine Manipulation in der Preisfeststellung zu verhindern, konnten nur noch voll gezeichnete Aktien zum Börsenhandel zugelassen werden. Dies war nur möglich, wenn Banken den noch nicht gezeichneten Teil einer Emission übernahmen und selbst zeichneten, was einem Emissionskredit entsprach. Die übernehmenden Banken gewährleisteten durch Überprüfung der Kreditwürdigkeit die Solidität des Unternehmens, das an die Börse geführt werden sollte. Dies bot Sicherheit für potentielle Anleger, aber auch den Großbanken in diesem Geschäftsfeld einen Wettbewerbsvorteil.[513]

Es wurde ebenso der Terminhandel für Anteile von Bergwerks- und Fabrikunternehmen untersagt, weil er als „unsittlich empfundenes Börsenspiel"[514] galt. Andere Wertpapiere durften nur noch dann gehandelt werden, wenn das Gesellschaftskapital mindestens 20 Millionen Mark betrug.[515] Zusätzlich durfte der Bundesrat den Börsenterminhandel von Zusatzbedingungen abhängig machen.[516]

---

507 Häuser, S. 23.
508 Nipperdey, S. 266.
509 Weigt, S. 53.
510 Ebd.
511 Ebd., S. 54 f.
512 Ebd., S. 55.
513 Nipperdey, S. 266; Weigt, S. 55.
514 Weigt, S. 56.
515 Ebd.
516 Ebd.

Schließlich wurden strafrechtliche Sanktionen in §§ 75 ff. Börsengesetz eingefügt. Danach wurde u.a. bestraft, wer in betrügerischer Absicht auf den Börsen- oder Marktpreis der Titel einwirkte, unrichtige oder falsche Informationen an die Öffentlichkeit - in Prospekten, öffentlichen Kundgebungen oder an die Presse - gab, Kurse veröffentlichte für nicht oder noch nicht an der Börse zum Handel zugelassene Wertpapiere oder in gewinnsüchtiger Absicht die Unerfahrenheit von Investoren ausnutzte und diese zu Spekulationsgeschäften an der Börse verleitete.

Die Einführung des Börsengesetzes fügte sich in die Änderungen bei der Aktiengesetzgebung und den dazu geführten Diskussionen ein. Der Schutz des Publikums stand im Vordergrund. Allerdings griff dieser Schutz erst ab Erlass, d.h. ab 1896, so dass davon ausgegangen werden kann, dass in der vorangehenden Zeit gerade dieser Schutz fehlte.

G. Allgemeine Inhalte einer Satzung im 19. Jahrhundert

Eine Satzung ist ein Gesellschaftsvertrag zwischen den Gründern und später zwischen allen Aktionären einer Aktiengesellschaft, einer seit dem Durchbruch des Liberalismus durch privatautonomes Handeln geschaffenen juristischen Person.[517] Allerdings wird die Satzung rechtlich nicht wie ein Vertrag behandelt, sondern objektiv statt nach dem mutmaßlichen Parteiwillen ausgelegt. Sie ist nicht völlig frei in ihrer Gestaltung und unterliegt damit grundsätzlich einer Satzungsstrenge.[518]

Mit der Regelung des Aktienrechts gingen eine Liberalisierung und eine Stärkung der Satzungsfreiheit einher. Bereits vor 1843 konnten die Parteien weitgehend den Inhalt ihrer Statuten selbst bestimmen, doch übte der Staat über die Konzession eine Kontrolle der Unternehmen, bspw. durch Vergleiche der Statuten mit bereits bestehenden Gesellschaften, aus. Vor allem eine Haftungsbegrenzung konnte nur erlangt werden, wenn die Konzession unter staatlicher Einflussnahme erteilt wurde.[519] In Preußen war darüber hinaus ein fortdauernder gemeinnütziger Zweck nach ALR II 6 § 25 nachzuweisen.[520]

Grundsätzlich war ein solcher Zweck zur Gründung eines Unternehmens aber im Unterschied zum Oktroi-System nicht mehr erforderlich, so dass Unternehmer theoretisch verschiedenste Zwecke verfolgen konnten, was die Gesellschaften insbesondere in Hinblick auf die Industrialisierung und den wachsenden Kapitalbedarf anpassungsfähiger machte.[521]

Die Konzession bot dem (preußischen) Staat die Möglichkeit der Einflussnahme, weshalb dieser keine detaillierten gesetzlichen Regelungen über die Aktiengesellschaften generell und über die Ausgestaltung der Statuten, allerdings wirtschaftliche Kenntnisse der prüfenden Beamten, benötigte.[522] Die „Instruktion über die Grundsätze in Ansehung der Konzessionierung von Aktiengesellschaften" vom 22. April 1845[523] sah hauptsächlich die Prüfung, ob das Publikum der Gesellschaften ausreichend gegen Täuschung und Beeinträchtigung ge-

517 Spindler, S. 997, Rn. 1.
518 Ebd., Rn. 1 f.
519 Bösselmann, S. 113; Landwehr, ZRG/GA 99, S. 1, 5, 7; Reich, S. 244; Schumacher, S. 9.
520 Baums, Gesetz, S. 27; Schumacher, S. 9.
521 Spindler, S. 1002 f., Rn. 8.
522 Bösselmann, S. 64.
523 abgedruckt bei Weinhagen, Fn 67, Anhang S. 41 f.

schützt sei, vor. So wirkte der Staat mittelbar auf den Inhalt der Statuten ein.[524] Insbesondere Preußen war lange Zeit davon überzeugt, dass die Gestaltung der Wirtschaft in die Hand des Staates gehörte.[525]

§ 2 AktG 1843 bestimmte die Inhalte des Gesellschaftsvertrages wie folgt:

> „1) die Firma und den Sitz der Gesellschaft;
>
> 2) den Gegenstand des Unternehmens und ob dasselbe auf eine gewisse Zeitdauer beschränkt ist oder nicht;
>
> 3) die Höhe des Grundkapitals, so wie der einzelnen Aktien, und ob diese auf jeden Inhaber, oder auf bestimmte Inhaber gestellt werden sollen;
>
> 4) die Grundsätze, nach welchen die Bilanz [...] aufzunehmen ist.
>
> 5) die Art der Vertretung und die Formen für die Legitimation der Vertreter;
>
> 6) die Form, in welcher die Zusammenberufung der Mitglieder erfolgt;
>
> 7) die Art und Weise, wie das Stimmrecht von den Mitgliedern ausgeübt wird;
>
> 8) die Gegenstände, über welche schon durch einfache Stimmenmehrheit oder nur durch eine noch größere Anzahl von Mitgliedern Beschluß gefaßt werden kann;
>
> 9) die öffentlichen Blätter, in welchen die von der Gesellschaft ausgehenden Bekanntmachungen erfolgen sollen.“

Wurden im Statut die gesetzlichen Bestimmungen abgeändert, so musste der vollständige Gesellschaftsvertrag nicht nur im Amtsblatt, sondern auch in der Gesetzessammlung veröffentlicht werden, § 3 V, VI AktG 1843. Veränderungen des Gesellschaftsvertrages bedurften nach § 4 AktG 1843 einer erneuten landesherrlichen Genehmigung und Veröffentlichung.

Nach § 10 AktG 1843 konnte das Statut besondere Bestimmungen der Rechte und Pflichten der Aktionäre, aber auch nach § 14 AktG 1843 Konventionalstrafen für eine verzögerte Einzahlung des gezeichneten Aktienbetrages enthalten. Das Grundkapital, das im Statut ausgewiesen wurde, durfte gemäß § 17 I AktG 1843 nicht an die Aktionäre zurückgezahlt werden. Zusätzlich durften statutarisch feste Zinsen nur für den Vorbereitungszeitraum der Gesellschaft ausbedungen werden, § 17 II AktG 1843. Darüber hinaus wurde der Vorstand nach Vorschrift des Statuts bestellt, § 19 AktG 1843.

Mit der Aufhebung des Konzessionserfordernisses wurde die Satzung gesetzlichen Mindesterfordernissen unterworfen.[526] Einerseits wurde dies als eine Beengung der freien Satzungsgestaltung begriffen,[527] andererseits als Befreiung

---

524 Spindler, S. 1003, Rn. 10; Landwehr, ZRG/GA 99, S. 1, 22.

525 Spindler, S. 1004, Rn. 10; Assmann, Einl. Rn. 60.

526 Schubert, ZGR 1981, S. 285, 288, 313; Spindler, S. 1005, Rn. 12; Assmann, Einl. Rn. 80.

527 Spindler, S. 1005, Rn. 12; Schubert, ZGR 1981, S. 285, 313.

von staatlichem Zwang durch Rechtsanspruch zur Gründung der Gesellschaft bei Einhaltung der gesetzlichen Normativbestimmungen.[528]

Die Normativbestimmungen sahen nachfolgende Inhalte von Satzungen vor. Artikel 209 ADHGB 1870:

„Der Gesellschaftsvertrag muß insbesondere bestimmen:

1) die Firma und den Sitz der Gesellschaft;

2) den Gegenstand des Unternehmens;

3) die Zeitdauer des Unternehmens, im Falle dasselbe auf eine bestimmte Zeit beschränkt sein soll;

4) die Höhe des Grundkapitals und der einzelnen Aktien oder Aktienantheile;

5) die Eigenschaft der Aktien, ob sie auf Inhaber oder auf Namen gestellt werden sollen, ingleichen die etwa bestimmte Zahl der einen oder der anderen Art, sowie die etwa zugelassene Umwandlung derselben;

6) die Bestellung eines Aufsichtsrathes von mindestens drei, aus der Zahl der Aktionaire zu wählenden Mitgliedern;

7) die Grundsätze, nach welchen die Bilanz aufzunehmen und der Gewinn zu berechnen und auszuzahlen ist, sowie die Art und Weise, wie die Prüfung der Bilanz erfolgt;

8) die Art der Bestellung und Zusammensetzung des Vorstandes und die Formen für die Legitimation der Mitglieder desselben und der Beamten der Gesellschaft;

9) die Form, in welcher die Zusammenberufung der Aktionaire geschieht;

10) die Bedingungen des Stimmrechts der Aktionaire und die Form, in welcher dasselbe ausgeübt wird;

11) die Gegenstände, über welche nicht schon durch einfache Stimmenmehrheit der auf Zusammenberufung erschienenen Aktionaire, sondern nur durch eine größere Stimmenmehrheit oder nach anderen Erfordernissen Beschluß gefaßt werden kann;

12) die Form, in welcher die von der Gesellschaft ausgehenden Bekanntmachungen erfolgen, sowie die öffentlichen Blätter, in welche dieselben aufzunehmen sind.“

Artikel 209 a ADHGB 1870 beschrieb die satzungskonforme Zeichnung des Grundkapitals:

„Nach der Zeichnung des Grundkapitals hat eine Generalversammlung der Aktionaire auf Grund der ihr vorzulegenden Bescheinigungen durch Beschluß festzustellen, daß das Grundkapital vollständig gezeichnet, und daß mindestens zehn Prozent, bei Versicherungsgesellschaften mindestens zwanzig Prozent, auf jede Aktie eingezahlt sind, sofern nicht der Gesellschaftsvertrag zwischen den sämmtlichen Aktionairen abgeschlossen und darin die Erfüllung jener Erfordernisse anerkannt ist.

528 Spindler, S. 1006, Rn. 13; Fischer, S. 28 f.

Ueber den Beschluß ist eine gerichtliche oder notarielle Urkunde aufzunehmen."

Artikel 209 b ADHGB 1870 erklärte die Einbeziehung von Sacheinlagen in den Gesellschaftsvertrag:

„Wenn ein Aktionair eine auf das Grundkapital anzurechnende Einlage macht, welche nicht in baarem Gelde besteht, oder wenn Anlagen oder sonstige Vermögensstücke von der zu errichtenden Gesellschaft übernommen werden sollen, so ist in dem Gesellschaftsvertrage der Werth der Einlage oder des Vermögenstücks festzusetzen und die Zahl der Aktien oder der Preis zu bestimmen, welche für dieselben gewährt werden. Jeder zu Gunsten eines Aktionairs bedungene besondere Vortheil ist im Gesellschaftsvertrage gleichfalls festzusetzen.

Nach der Zeichnung des Grundkapitals muß in den Fällen, welche in dem vorstehenden Absatz bezeichnet sind, sofern nicht der Gesellschaftsvertrag zwischen den sämmtlichen Aktionairen abgeschlossen ist, die Genehmigung des Vertrages in einer Generalversammlung der Aktionaire durch Beschluß erfolgen.

Die den Vertrag genehmigende Mehrheit muß mindestens ein Viertheil der sämmtlichen Aktionaire begreifen und der Betrag ihrer Antheile mindestens ein Viertheil des gesammten Grundkapitals darstellen. Der Gesellschafter, welcher die betreffende Einlage macht oder sich besondere Vortheile ausbedingt, hat bei der Beschlußfassung kein Stimmrecht.

Ueber den Beschluß ist eine gerichtliche oder notarielle Urkunde aufzunehmen."

Artikel 209 e ADHGB 1870 wies die Bestimmungen über die Zusammenberufung der Generalversammlung dem Gesellschaftsvertrag zu:

„Die Zusammenberufung der Generalversammlung erfolgt in den Fällen der Artikel 209 a. und 209 b. nach den Bestimmungen, welche der Gesellschaftsvertrag über die Zusammenberufung der Generalversammlungen enthält."

Auch nach dem ADHGB 1870, Art. 210, musste der Gesellschaftsvertrag beim Handelsgericht am Sitz der Gesellschaft auszugsweise veröffentlicht werden. Art. 214 bestimmte, dass Beschlüsse der Generalversammlung, welche die Fortsetzung der Gesellschaft oder die Abänderung der Statuten betrafen, zur Gültigkeit der notariellen oder gerichtlichen Beurkundung bedurften.

Der Gesellschaftsvertrag konnte die Abänderung des Gesellschaftsgegenstandes durch Stimmmehrheit zulassen. Darüber hinaus konnte er die sonst untersagte Auflösung der Gesellschaft durch Übertragung des Gesellschaftsvermögens und der -schulden an eine andere Aktiengesellschaft gegen Gewährung von Aktien ermöglichen. Schließlich konnte der Gesellschaftsvertrag vor der Ausgabe der Aktien den Erwerb oder die Amortisierung eigener Aktien erlauben, Art. 215 ADHGB 1870. Art. 217 II ADHGB 1870 erlaubte nach wie vor die Festlegung von Zinsen für den Vorbereitungszeitraum zur Gründung der Gesellschaft.

Art. 222 Nr. 3 ADHGB 1870 ermöglichte eine Liberierung des Zeichners nach erfolgter Einzahlung von 40% des gezeichneten Aktienbetrages von der Haftung für weitere Einzahlungen durch den Gesellschaftsvertrag.

Durch die Aktienrechtsnovelle von 1884 schließlich wurde einerseits die Gestaltungsfreiheit der Gründer weiter eingeengt, aber auch die Verbandsautonomie und Eigenkontrolle der Gesellschaft gestärkt.[529] Allerdings schränkte das Reichsgericht 1901 erstmals die freie Gestaltung der Satzung ein, indem es bestimmte, dass „[d]ie Vorschriften über die Rechtsverhältnisse der Gesellschafter und der Aktiengesellschaft [...] vielmehr dispositiver Natur nur soweit [seien], als das Gesetz es ausdrücklich zulässt (vgl. Art. 216-226 des alten, §§ 210-230 des neuen Handelsgesetzbuchs)“.[530]

Die allgemeinen Satzungsinhalte zeigte Artikel 209 ADHGB 1884 auf:

> „Der Inhalt des Gesellschaftsvertrages (Statut) muß durch mindestens fünf Personen, welche Aktien übernehmen, in gerichtlicher oder notarieller Verhandlung festgestellt werden. In derselben ist zugleich der Betrag der von jedem Einzelnen übernommenen Aktien anzugeben.
>
> Der Gesellschaftsvertrag muß bestimmen:
>
> 1. die Firma und den Sitz der Gesellschaft;
> 2. den Gegenstand des Unternehmens;
> 3. die Höhe des Grundkapitals und der einzelnen Aktien;
> 4. die Art der Aktien, ob sie auf Inhaber oder auf Namen lauten, und im Falle der Ausgabe beider Arten die Zahl der Aktien einer jeden Art;
> 5. die Art der Bestellung und Zusammensetzung des Vorstandes;
> 6. die Form, in welcher die Zusammenberufung der Generalversammlung der Aktionäre geschieht;
> 7. die Form, in welcher die von der Gesellschaft ausgehenden Bekanntmachungen erfolgen.
>
> Bekanntmachungen, welche durch öffentliche Blätter erfolgen sollen, sind in den Deutschen Reichsanzeiger einzurücken. Andere Blätter außer diesem hat der Gesellschaftsvertrag zu bestimmen.“

Darüber hinaus enthielt Artikel 209 a ADHGB 1884 Bestimmungen, die für ihre Wirksamkeit in den Gesellschaftsvertrag mit aufgenommen werden mussten:

> „Der Aufnahme in den Gesellschaftsvertrag bedürfen Bestimmungen, nach welchen
>
> 1. das Unternehmen auf eine gewisse Zeit beschränkt wird;
> 2. Aktien für einen höheren als den Nominalbetrag ausgegeben werden;

---

529 Spindler, S. 1006, Rn. 13; Assmann, Einl Rn. 109.

530 RGZ 49, 77, 80.

3. eine Umwandlung der Aktien rücksichtlich ihrer Art statthaft ist;

4. für einzelne Gattungen von Aktien verschiedene Rechte, insbesondere betreffs der Zinsen oder Dividenden oder des Antheils am Gesellschaftsvermögen, gewährt werden;

5. über gewisse Gegenstände die Generalversammlung der Aktionäre nicht schon durch einfache Stimmenmehrheit, sondern nur durch eine größere Stimmenmehr heit oder nach anderen Erfordernissen Beschluß fassen kann.

Für einen geringeren als den Nominalbetrag darf die Ausgabe der Aktien nicht festgesetzt werden."

Nach Artikel 209 b ADHGB 1884 mussten Vorteile einzelner Aktionäre in das Statut aufgenommen werden:

„Jeder zu Gunsten einzelner Aktionäre bedungene besondere Vortheil muß in dem Gesellschaftsvertrage unter Bezeichnung des Berechtigten festgesetzt werden.

Werden auf das Grundkapital von Aktionären Einlagen, welche nicht durch Baarzahlung zu leisten sind, gemacht oder seitens der zu errichtenden Gesellschaft vorhandene oder herzustellende Anlagen oder sonstige Vermögensstücke übernommen, so müssen die Person des Aktionärs oder des Kontrahenten, der Gegenstand der Einlage oder der Uebernahme und der Betrag der für die Einlage zu gewährenden Aktien oder die für den übernommenen Gegenstand zu gewährende Vergütung in dem Gesellschaftsvertrage festgesetzt werden.

Von diesen Festsetzungen gesondert ist der Gesammtaufwand, welcher zu Lasten der Gesellschaft an Aktionäre oder Anderen als Entschädigung oder Belohnung für die Gründung oder deren Vorbereitung gewährt wird, in dem Gesellschaftsvertrage festzusetzen.

Jedes Abkommen über die vorbezeichneten Gegenstände, welches nicht die vorgeschriebene Festsetzung in dem Gesellschaftsvertrage gefunden hat, ist der Gesellschaft gegenüber unwirksam."

Nach Art. 210 ADHGB 1884 musste die Gesellschaft beim Handelsgericht, in dessen Bezirk sie ihren Sitz hatte, ins Handelsregister eingetragen werden. Art. 210 c ADHGB bestimmte die auszugsweise Veröffentlichung des Statuts durch das Handelsgericht.

Eine Abänderung des Gesellschaftsvertrags konnte gem. Art. 215 ADHGB 1884 nur durch Beschluss der Generalversammlung erfolgen. Der Gesellschaftsvertrag schrieb ebenso vor, wie die Generalversammlung zusammen berufen wurde, Art. 238 I ADHGB 1884.

H. Auswertung der Statuten

Die Statuten der Banken werden in drei Kategorien unterteilt. Die erste große Unterscheidung wurde nach dem Gründungsdatum getroffen. Banken, die vor der Aktienrechtsnovelle 1870 ihr Statut aufgestellt hatten, unterlagen dem Konzessions-zwang, Banken mit späteren Statuten nicht. Darüber hinaus wurden die Banken mit Gründungszeitpunkt vor der Aktienrechtsnovelle von 1870 in Banken mit und ohne Notenausgabeprivileg eingeteilt. Sie differierten in der Ausgestaltung der Satzungen - der Staat übte bei Notenbanken eine gesonderte Aufsicht bezüglich der Notenausgabe aus. Diese Art der Aufsicht wird daher einzeln dargestellt.

Obwohl es sich bei den im 19. Jahrhundert gegründeten Hypothekenbanken zum großen Teil um Unternehmen mit der Rechtsform Aktiengesellschaft handelte, wurden diese nicht in die Untersuchung mit eingeschlossen. Diese Arbeit untersucht die Schnittstelle zwischen dem Konzessionserfordernis und dem Normativrecht in Bezug auf das Aufsichtsrecht der privaten Banken. Diese Rechtsänderung vollzogen die Hypothekenbanken nicht, denn grundsätzlich entfiel zwar das Konzessionserfordernis mit der Aktienrechtsnovelle von 1870, aber sie fielen unter das Preußische Schuldverschreibungsgesetz von 1833, das die Genehmigungspflicht von Banken vorsah, die Inhaberschuldverschreibungen ausgaben. Diese Pflicht wurde 1900 in § 795 BGB übernommen.[531] Da die Hypothekenbanken sich über die Ausgabe von hypothekargedeckten Pfandbriefen, also Inhaberschuldverschreibungen, refinanzierten, mussten sie auch nach der Aktienrechtsnovelle von 1870 genehmigt werden und sind somit für diese Arbeit nicht aussagekräftig.

Die Quellenlage bezüglich der Banksatzungen ist sehr differenziert. Regionalbanken, die nur kurze Zeit bis 1873 bestanden, sind aufgrund der schlechten Quellenlage fast unerforscht. Zum Beispiel brachten Nachforschungen hinsichtlich der *Quistorp'schen Vereinsbank, Berlin* kaum Ergebnisse. Bis auf einige Bilanzen, Gründungs- und Konkursdatum sowie die Auflistung der Aufsichtsratsmitglieder und persönlich haftende Gesellschafter waren keine Statuten auffindbar.

Aktiengesellschaften mussten nach § 3 AktG 1843 den Gesellschaftsvertrag im Amtsblatt bekannt machen. Die gesamten Statuten mussten nicht nur im Amtsblatt, sondern auch in der Gesetzsammlung veröffentlicht werden, wenn die Gesellschaft das Recht zur Ausgabe von Inhaberaktien besaß oder die Regelungen im Statut über das Gesetz von 1843 hinausgingen. Dies galt jedoch nur bis 1870. Danach musste zwar ein Auszug des Gesellschaftsvertrags nach Art.

531 Fränken, S.10.

176 ADHGB 1870 veröffentlicht werden, worin blieb aber offen. Den Unternehmen stand die Auswahl des Veröffentlichungsblattes also frei. Damit sind Statuten von Banken mit Gründungsdatum ab 1870 schlecht auffindbar und wenn, dann häufig nur in den bankeneigenen Archiven noch aktiver Banken. Hier sind auch Satzungen von Banken, die in der jeweiligen Bank aufgegangen waren, zu finden. Beispielsweise ist das Statut der *Bayerischen Vereinsbank* im Archiv der *Hypovereinsbank* zu finden oder das der *Credit- und Versicherungsbank in Lübeck* und des *Schlesischen Bankvereins* im Archiv der *Deutschen Bank*. Aus dieser Quellenlage für Banksatzungen ergibt sich das ausgewertete Quellenmaterial. Eine Auflistung der herangezogenen Satzungen findet sich bereits im Kapitel B.

Um die Auswertung der Statuten nachvollziehbar zu gestalten, konnten diese nicht in zufälliger Reihenfolge betrachtet werden. Die Statuten werden daher im Folgenden themenbezogen zusammengefasst bzw. die Reihenfolge deren Auswertung auf diese Weise festgelegt. Innerhalb der einzelnen Auswertungskriterien und inhaltlichen Gesichtspunkte wird alphabetisch vorgegangen. Bewusst wurde bei der Auswertung der Satzungen auf eine durchgehende Verknüpfung mit der zeitgenössischen Literatur verzichtet, weil sonst die Aussagen der Satzungen verwischen würden und das Satzungsrecht nicht klar herausgearbeitet werden könnte. Die Aussagen der Literatur werden jedoch in der Arbeit voran gestellt und in den Schlussfolgerungen wieder mit aufgegriffen.

I. Gründungszeitpunkt und Gründungsort

1. Gründungszeitpunkt vor der Aktienrechtsnovelle 1870

Vor der Aktienrechtsnovelle von 1870 war ein Konzessionierungsverfahren im preußischen Aktiengesetz von 1843 für die Gründung von Aktiengesellschaften[532] vorgesehen. Dieses wurde zunächst besonders restriktiv[533] gehandhabt. Auch in den meisten anderen deutschen Staaten bestand eine Konzessionspflicht.[534]

---

532 Zuvor benötigten „Actienvereine“ zur Haftungsbeschränkung und Bildung einer korporativen Verfassung die Erteilung eines Privilegs nach II 6 § 25 ALR, vgl. vorn. Die hier betrachteten Gesellschaften wurden jedoch nach 1843 gegründet oder waren keine Preußischen Gesellschaften, so dass sie nicht direkt dem ALR unterfielen.

533 Tambert, S. 24, 30.

534 Passow, S. 65: für Österreich: Kalls/Burger/Eckert, Die Entwicklung des österreichischen Aktienrechts, Wien 2002, für Sachsen: Erlass der Leipziger Stadtverwaltung von 1838, vgl. z.B. auch Decret No. 14 vom 20. März 1837, für Hamburg: Verordnung des

Jedoch verfolgten bereits 1849 die Hansestädte hinsichtlich der Handelsgesetzgebung liberale Ideen, d.h. sie schränkten die Gründung und Wirkung von Aktiengesellschaften nur durch Form- und Publizitätsvorschriften ein. Eine Konzessionierung war in diesen Staaten nicht erforderlich.[535] Der Entwurf des Allgemeinen Deutschen Handelsgesetzbuchs der Nürnberger Konferenz 1857[536] bestimmte daraufhin einerseits in Art. 208, dass Aktiengesellschaften nur mit einer Genehmigung errichtet werden dürfen; andererseits blieb es nach Art. 249 dem jeweiligen Landesgesetzgeber vorbehalten, das Genehmigungserfordernis in der eigenen Gesetzgebung entfallen zu lassen. Insbesondere Hamburg erlaubte die freie Gründung von Aktiengesellschaften seit 1865.[537] Neben Hamburg machten seit 1864 auch Bremen, seit 1863 Lübeck, seit 1864 Oldenburg und seit 1868 Sachsen von einer solchen Partikulargesetzgebung Gebrauch. In diesen Staaten wurde die Konzessionspflicht obsolet.[538] Überdies sahen die Hansestädte gewohnheitsrechtlich bereits zuvor von einer staatlichen Konzession als Gründungsvoraussetzung für Aktiengesellschaften ab.[539]

Eine Partikulargesetzgebung, welche die Konzessionspflicht aufhob, hatten auch Württemberg seit 1865 und Baden seit 1862. Jedoch beinhalteten diese Gesetzgebungen Ausnahmen für Bank- und Kreditgeschäfte.[540] Solche Geschäfte waren weiterhin genehmigungspflichtig und damit die Gründung von Aktiengesellschaften, die diese Geschäfte betreiben wollten dem Gegenstand nach.

Deswegen ist es zunächst wichtig ist, nach dem Gründungsort bzw. nach dem Sitz der betreffenden Bank zu fragen. Eine Bank, die in Hamburg nach 1865 gegründet wurde, kann keine Auflagen in der Konzession aufweisen, weil es für diese keine Konzession gab. Damit einhergehend hatte der Staat kein Aufsichts- und Kontrollrecht. Im konkreten Beispiel stand der Stadt Hamburg keinerlei Aufsichts- und Kontrollrecht zu, weil die Satzung der Bank nicht genehmigt werden musste.

Rat der Stadt 1835, hier war keine Konzession erforderlich, jedoch die Publizität der Statuten und Vollmachten beim Handelsgericht, Sammlung der Verordnungen der freyen Hanse-Stadt Hamburg seit 1814, Bd. 14, Hamburg 1937, S. 307 ff.; Reich, S. 245.

535 Reich, S. 260.

536 Lutz, Allgemeines Deutsches Handelsgesetzbuch nach den Beschlüssen der dritten Lesung.

537 Passow, S. 65 ff.

538 Passow, S. 65 ff., Stenographische Berichte über die Verhandlungen des Reichstages des Norddeutschen Bundes, I. Legislaturperiode, Session 1870, Bd. 4 Anlage Nr. 158, S. 649.

539 Passow, S. 65, Reich, S. 260.

540 Passow, S. 65 ff.

In den ausgewerteten Banksatzungen ist allerdings auffällig, dass keine Bank mit Sitz in Hamburg, v.a. aber auch die Banken, die vor 1865 gegründet wurden, eine Konzession enthielt oder ein Mitspracherecht der Stadt aufwies.[541] Die Statutenpraxis hatte also bereits vor der Partikulargesetzgebung von 1865 auf eine Konzession verzichtet.

In Bremen mussten Aktiengesellschaftsgründungen vor 1864 konzessioniert werden, was im Statut der *Bremer Bank*, die 1856 gegründet wurde, ersichtlich ist;[542] ebenso in Lübeck vor 1864, was die *Credit- und Versicherungs-Bank in Lübeck*, die ebenfalls 1856 gegründet wurde, zeigt. Diese Bank wurde 1859 zur *Commerzbank in Lübeck* und deren Statut von 1876 wies ebenfalls ein Aufsichts- und Kontrollrecht des Senats zu Lübeck auf, obwohl die allgemeine Konzessionspflicht 1870 entfallen war. Allerdings ist zu bemerken, dass der Bank ein Notenausgabeprivileg gewährt wurde, welches auch 1876 noch galt. In diesem Zusammenhang stand das Aufsichts- und Kontrollrecht des Senats. Er führte lediglich die Oberaufsicht bezüglich der Befolgung der Passagen in den Statuten, die das Notenausgaberecht betrafen.[543] In diesem Bereich verblieb es auch nach der Aktienrechtsreform 1870 beim Genehmigungserfordernis.

Ein Aufsichts- und Kontrollrecht stand dem Senat auch bei der *Lübecker Privatbank* von 1856 zu,[544] wohingegen ein solches im Statut von 1886[545] fehlte. Diese Bank hatte im Gegensatz zur *Commerzbank in Lübeck* kein Notenausgaberecht und musste aufgrund dieses Privilegs nach der Aktienrechtsnovelle von 1870 dem Senat kein Aufsichts- und Kontrollrecht mehr einräumen. Das heißt, die Bank passte sich mit der geänderten Satzung der geltenden Gesetzgebung an.

Das Statut der *Lübecker Credit- und Versicherungsbank* von 1856 wies in §§ 45 f. ebenfalls ein Aufsichts- und Kontrollrecht aus.[546] Hier stehen keine Daten zur Verfügung, die aufzeigen, was nach Änderung der Gesetzeslage in Lübeck ab 1864 aus dem Mitspracherecht des Senates wurde.

In Sachsen wurde vor 1868 konzessioniert, was die Satzungen der *Allgemeinen Deutschen Creditanstalt* von 1856, der *Leipziger Bank* von 1839, der *Mitteldeutschen Creditbank in Meiningen zur Förderung von Industrie und Handel* von 1856 und der *Discontocasse in Leipzig* von 1827 zeigten.

Insgesamt bildet der Sitz der Banken zusammen mit dem jeweiligen Gründungsdatum vor 1870 wegen der uneinheitlichen Gesetzeslage aufgrund von

---

541 Commerz- und Disconto-Bank in Hamburg, 01.02.1870 gegründet; Norddeutsche Bank in Hamburg, 11.10.1856 gegründet; Hamburger Vereinsbank, 08.09.1856 gegründet.

542 Statut der Bremer Bank, §§ 71 ff. und 82 ff.

543 Statut der Commerzbank in Lübeck, §§ 36 f.

544 Statut der Lübecker Privatbank, §§ 61 ff.

545 Statut der Lübecker Privatbank von 1886.

546 Statut der Lübecker Credit- und Versicherungsbank, §§ 45 f.

Partikularrechten die Grundvoraussetzung für die Auswertung der Statuten. Die Art und Weise der Formulierung und der Inhalte des jeweiligen Statuts kann nur durch Einordnung in das korrespondierende geltende Recht richtig erfolgen.

2. Gründungszeitpunkt nach der Aktienrechtsnovelle 1870

In der Aktienrechtsnovelle vom 11.06.1870 fand eine Kehrtwende in der Aktiengesetzgebung statt. Dieses Gesetz verfolgte entsprechend der Vorbereitungen in einigen Staaten ein liberales Ansinnen. Die Konzessionspflicht wurde abgeschafft, § 2 ADHGB 1870. Jedoch blieben die landesgesetzlichen Bestimmungen bezüglich einer Genehmigungspflicht aufgrund des Unternehmensgegenstandes und nicht wegen der Gesellschaftsform der Aktiengesellschaft erhalten, § 3 ADHGB 1870. In einigen Staaten, wie in Württemberg und Baden, blieb es also bei der Genehmigungspflicht für Kreditinstitute.

In keiner der hier ausgewerteten Satzungen[547] mit Gründungsdatum nach dem 11.06.1870 findet sich ein Aufsichts- oder Kontrollrecht des Staates. Allerdings blieb bei der *Commerzbank in Lübeck*, die Oberaufsicht des Staates bestehen. Das liegt daran, dass es sich hierbei um eine Bank mit Notenausgabeprivileg handelte. Der Staat übte entsprechend weiterhin die Aufsicht über die Notenausgabe aus.

II. Gründungszweck

Welche Tätigkeiten und welche Aufgaben die Banken ausübten, wird am Gründungszweck deutlich. Dieses Kriterium dient einerseits der Einordnung der Banken, andererseits lässt sich hieraus die Ausrichtung der Banken im Wirtschaftsprozess ableiten. Darüber hinaus fließen in den Gründungszweck auch staatliche Vorgaben ein, vor allem in der Zeit der Konzessionsvergabe. Die Zweckkontrolle durch den Staat kann als eine Art Aufsichtsmaßnahme begriffen werden.

Grundsätzlich waren die Aktiengesellschaften bis Mitte des 19. Jahrhunderts als solide Unternehmen gegründet, was wegen der wenigen gesetzlichen Regelungen am „Verantwortungsbewußtsein der Gründer und dem nahen Verhältnis der Aktionäre zu ihrem Unternehmen“ lag.[548] Jedoch änderte sich das Motiv für Gründungen grundsätzlich. Zunächst standen gemeinnützige Interessen im Vordergrund oder „Unternehmen, in denen das Kapital der Gründer dauernd arbei-

547 vgl. oben.
548 Bösselmann, S. 116.

ten sollte".[549] Einhergehend mit der Lockerung der Konzessionsüberprüfungen änderten sich die Zielsetzungen der Gründer, hin zur Generierung von Gründergewinnen und Spekulationsabsichten. Daneben stammten die Aktionäre nicht mehr nur aus Kreisen, die einen Gründungserfolg beurteilen konnten.[550]

1. Gründungszweck vor der Aktienrechtsnovelle 1870

Der Mangel an Umlaufmitteln und die fehlende Organisation des Zahlungsverkehrs einerseits und die allgemeine Kreditknappheit andererseits führten zu vermehrten Gründungen von Banken in der Mitte des 19. Jahrhunderts.[551] Die meisten Bankprojekte dieser Zeit hatten die Mobilisierung des Hypothekarkredites durch die Landschaftsbanken oder das schottische Bankwesen zum Vorbild.[552]

Das schottische Bankwesen zeichnete sich in der industriellen Revolution bereits zum Anfang des 19. Jahrhunderts durch ein erweitertes Zweigstellennetz aus. Die Eisenindustrie und der Eisenbahnbau forderten schon 1830 derart viel Kapital, dass sich neue vergrößerte Organisationsstrukturen bei den Banken herausbildeten. Die sogenannten „joint-stock banks" bildeten sich neben der *Bank of Scotland* und der *Royal Bank of Scotland* heraus. Die beiden letztbenannten Institute bestimmten zuerst den Bankenmarkt in Schottland als Rivalen. Neben dem Zweigstellenwesen ragten in Schottland ein erfolgreiches Notenbankwesen und das Kreditgeschäft heraus. Nicht zuletzt übten die schottischen Banken – insbesondere die Glasgower Banken – als erste das Spargeschäft mit Zinszahlung aus, um für den rapide wachsenden Kapitalbedarf der Industrie Mittel zu beschaffen und zu transformieren.[553]

Die meisten deutschen Bankgründungen waren ständisch geprägt,[554] „sei es, daß die Gründung fast ausschließlich von Angehörigen des gleichen Berufsstandes betrieben wurden, oder daß ein einheitlicher Berufsstand von der Bank betreut werden sollte".[555] Kreditbanken wurden von Handwerkern und Zunftmitgliedern, städtischen Hausbesitzern, ländlichen Grundbesitzern, Fabrikanten o-

549 Bösselmann, S. 116.

550 Ebd.

551 Bösselmann, S. 78, Pahlow, Bankenregulierung, S. 623; Pahlow, Staat als Wächter, S. 27.

552 Bösselmann, S. 78.

553 The Committee of Scotish Clearing Bankers: www.scotbanks.org.uk/banking_history.php, 26.03.2011.

554 Wiethölter, S.70

555 Bösselmann, S. 78 f.

der Kaufleuten gegründet.[556] „Zahlreiche Projekte hatten große Ähnlichkeit mit den späteren Industrie- und Stadtschaften.“[557] Dem Aufbau des preußischen Wirtschaftslebens entsprechend, sollten die meisten Banken dort Regionalbanken sein, zumindest aber sollten sie Niederlassungen in der Provinz unterhalten.[558]

Nach einer Zirkularverfügung an „sämtliche Königliche Oberpräsidenten die Konzessionierung von Aktiengesellschaften betreffend vom 22.04.1845“[559] durften in Preußen nur Aktiengesellschaften konzessioniert werden, wenn sie der Förderung wert waren. Förderfähig waren danach nur gemeinnützig orientierte Unternehmen, die gleichzeitig ihre Zwecke nicht erreichen konnten, weil das erforderliche Kapital nicht von einem Einzelnen aufgebracht werden konnte.[560]

Ferner wurde die Konzession nach einer Verfügung vom 07.07.1856 versagt, wenn durch ein Unternehmen, das in eine Aktiengesellschaft umgewandelt werden sollte, nicht das öffentliche Interesse „durch weitere Entwicklung und Ausbildung des betreffenden Industriezweiges“ [561] gefördert wurde und dazu das Zusammenwirken einer größeren Anzahl von Teilnehmern erforderlich war.[562]

Die damaligen Aktiengesellschaften ähnelten daher bis ca. 1840 Gegenseitigkeitsvereinen.[563] Sie hatten eine Vielzahl von Gründern, zum Teil bis zu 50. Diese Anzahl ging später unter dem Einfluss der Gründungsbeteiligungen von Banken zurück.[564] Die Aktiengesellschaften wurden nunmehr nach „einem mehr *kapitalistischen* Organisationsprinzip“[565] geführt.

Diese Anforderung an den Unternehmenszweck gab dem preußischen Staat die Möglichkeit, das Wirtschaftssystem zu kontrollieren und mit zu formen. Durch die Verfügung wurden die Unternehmen, die zur Konzessionsvergabe gelangten, übersichtlicher. Die Allgemeinnützigkeit wurde bereits in der Satzung vorgegeben und konnte anschließend auch im Rahmen des Oberaufsichtsrechts des Staates, welches ebenfalls in den Banksatzungen verankert war, überprüft werden. Reine Spekulations- oder Gewinnabsichten der Gründer wurden

556 Bösselmann, S. 79.

557 Ebd.

558 Ebd.

559 abgedruckt bei Passow, S. 63; abgedruckt auch bei Weinhagen, S. 41 ff.

560 Der Gemeinnützigkeitsgedanke kam schon zuvor im ALR (II 6 § 25) zum Tragen, wenn die Gesellschaften eine Haftungsbeschränkung durch Privileg etablieren wollten.

561 Passow, S. 64.

562 Ebd.

563 Bösselmann, S. 102.

564 Ebd., S. 104.

565 Wiethölter, S. 70.

ausgeschlossen. Der Staat gewährleistete damit bereits mit der Konzessionsvergabe eine gewisse Solidität der Unternehmen.

Aus der Zirkularverfügung folgend, mussten die Banken in ihren Zwecksetzungen eine Art Gemeinnützigkeit[566] zum Ausdruck bringen, die in den Statuten sehr unterschiedlich ausgeprägt war. Angefangen mit der Formulierung: „Betreibung eines regelmäßigen Bankgeschäftes" im Statut der *Hamburger Vereinsbank*[567] bis zu sehr detaillierten Ausführungen in der Satzung der *Preußischen Handels-Gesellschaft in Königsberg*. Unternehmenszweck dieser Bank war:

> „der Betrieb von Bank-, Handels- und industriellen Geschäften aller Art; ihre Wirksamkeit erstreckt sich daher auch auf industrielle und landwirthschaftliche Unternehmungen des Vaterlandes in ihren jetzigen größeren Dimensionen, Schiff-, Eisenbahnbauten, Vereinigung von Actiengesellschaften unter Autorität des Staates und auf die Emission von Actien oder Obligationen solcher Gesellschaften."[568]

Den Gemeinnützigkeitsgedanken mussten aufgrund der preußischen Zirkularverfügung direkt allerdings nur preußische Banken im Unternehmenszweck verankern. Aus diesem Grund genügte es der *Hamburger Vereinsbank*, als Zweck das Betreiben von Bankgeschäften anzugeben.

Unterschiede in der Ausführlichkeit der Zwecksetzungen der Banken resultierten zudem aus den Motiven der jeweiligen Bank zur Gründung. Die Banken lassen sich demnach in eine Gruppe allgemeiner Banken und eine Gruppe Spezialbanken einteilen. Spezialbanken sind dabei solche, die eine besondere Zielgruppe von Kunden bzw. spezielle Geschäfte fördern wollten. Gleichzeitig verfolgten die Banken häufig ständische Interessen. Die Zwecksetzung spiegelte dann bereits den erforderlichen Förder- und Gemeinnützigkeitsgedanken wider. Eine fehlende Spezifizierung des Geschäftskreises brachte dagegen Gemeinnützigkeitsaspekte nicht per se zum Ausdruck. Die Gemeinnützigkeit musste dann anhand anderer Kriterien deutlich gemacht werden, um die Konzession zur Gründung erlangen zu können.

Ein Beispiel für eine fehlende Spezifizierung des Geschäftskreises bot die *Deutsche Bank*.[569] Sie bezweckte „insbesondere [die] Förderung und Erleichterung der Handelsbeziehungen zwischen Deutschland, den übrigen Europäischen

566 Die Gemeinnützigkeit der Institute kam jedoch nicht nur im Unternehmenszweck zum Ausdruck, sondern wurde zum Teil auch in der Gewinnverteilung, die den Gewinn anteilig an wohltätige oder gemeinnützige Zwecke verwies, berücksichtigt. Die einzelnen Regelungen dazu finden sich im Kapitel über den Reservefonds der Gesellschaften.

567 1. im Statut Hamburger Vereinsbank, vgl. auch § 20 im Statut des Schaaffhausen'schen Bankvereins.

568 § 2 Statut der Preußischen Handels-Gesellschaft in Königsberg.

569 Statut Deutsche Bank, § 2.

Ländern und überseeischen Märkten."[570] Diese Bank hatte sich also international ausgerichtet. Allerdings schränkte sie ihre Geschäftstätigkeit innerhalb Deutschlands nicht explizit ein. Die internationale Orientierung bezweckte die Zusammenführung der Märkte und eine Vereinfachung des Handels außerhalb des Preußischen Staates. Die *Deutsche Bank* besetzte damit eine Nische, die dem preußischen Wirtschaftssystem zur Expansion des Handels dienen sollte. Dies war ebenfalls als Aspekt der Gemeinnützigkeit durch die Konzession anerkannt worden.

Eine gegenteilige sehr enge Zweckbestimmung war in der Satzung des *Creditvereins für Handwerker in Magdeburg* zu finden. Dieser kümmerte sich ausschließlich um den Handwerkerstand in der Stadt Magdeburg und gewährte nur diesem Vorschüsse.[571]

Ebenso einschränkend wurde der Zweck in Art. 2 des Statuts des *Danziger-Sparkassen-Aktien-Vereins* formuliert. Diese Bank beabsichtigte, den Einwohnern von Danzig und Umgebung die Möglichkeit zu bieten, ihre Ersparnisse – auch in kleinen Summen – der Bank zu geben und eine sichere Verzinsung dafür zu erhalten. Hier wird die Gemeinnützigkeit offenbar. Der Namensbestandteil „Sparkasse" weist bereits auf den ersten Blick darauf hin. Trotzdem handelte es sich nicht um eine Sparkasse im klassischen Sinne, denn die Ausgestaltung der Satzung entsprach der einer Aktiengesellschaft. Diese gemeinnützige Ausgestaltung lässt sich im konkreten Fall auch nicht mit der Erlangung der Konzession in direkte Verbindung bringen, da die Bank erst 1867 gegründet wurde. In dieser Zeit war die Vergabe der Konzessionen nicht mehr so streng gehandhabt wie in der ersten Hälfte des 19. Jahrhunderts. Allerdings handelte sich bei der Satzung des *Danziger-Sparkassen-Aktien-Vereins* um eine Umwandlungssatzung. Ursprünglich wurde die Gesellschaft 1821 von ihren 30 Mitgliedern als *Danziger Sparkassen-Verein* gegründet.[572] Damit lässt sich der Zweck des Unternehmens auf den ursprünglichen Sparkassen-Verein zurückführen.

Die *Berliner Handelsgesellschaft* gab in ihrem Statut einen sehr weiträumigen Unternehmenszweck an. § 2 des Statuts erlaubte den

> „Betrieb von Bank-, Handels- und industriellen Geschäften aller Art, ihre Wirksamkeit erstreckt[e] sich daher insbesondere auch auf industrielle und landwirthschaftliche Unternehmungen, auf Bergbau, Hüttenbetrieb, Kanal-, Chaussee- und Eisenbahnbauten, sowie auf die Begründung, Vereinigung oder Konsolidirung von Actiengesellschaften und die Emission von Actien oder Obligationen solcher Gesellschaften."

570 Statut Deutsche Bank, § 2.

571 §§ 2, 3 des Statuts.

572 Art. 1 des Statuts.

Damit übte diese Bank nicht nur Bankgeschäfte, sondern auch Tätigkeiten einer als Handelsgesellschaft aus. Ein Unternehmen konnte folglich Bankgeschäfte nur als einen Zweig betreiben und gleichzeitig in den Sektoren Industrie und Handel tätig werden. Es handelte sich um ein gemischtes Unternehmen, das durch die Vielfältigkeit seines Zwecks aus dem Rahmen der untersuchten Unternehmen herausfällt.

Die *Bayerische Vereinsbank* beschränkte ebenfalls ihren Unternehmenszweck kaum, indem sie nicht nur Bankgeschäfte, sondern auch Handelsgeschäfte nach § 3 des Statuts vornehmen durfte. Allerdings zählte der Paragraph im Weiteren regelbeispielhaft die einzelnen Geschäftsfelder der Bank auf und es folgten in § 4 Vorbehalte für den Geschäftskreis der Bank.

In solchen Mischkonzernen fällt eine Beaufsichtigung der Bankgeschäfte grundsätzlich schwerer. Die Geschäftsfelder müssten strikt voneinander getrennt sein, ansonsten könnten sich nicht-satzungskonforme Bankgeschäfte in den anderen Zweigen verstecken. Dies böte die Möglichkeit unseriöser Geschäfte oder Spekulationen ohne staatliche Aufsicht, weil diese Praktiken möglicherweise wegen der Verstrickungen dem Staat nicht Gewahr werden.

Andere Banken, wie z.B. die *Allgemeine Deutsche Creditanstalt*,[573] die *Commerz- und Disconto-Bank in Hamburg*,[574] die *Credit- und Versicherungsbank in Lübeck*,[575] die *Darmstädter Bank für Handel und Industrie*,[576] die *Dessauer Credit-Anstalt für Industrie und Handel*,[577] die *Niederösterreichische Escompte Gesellschaft*,[578] die *Norddeutsche Bank in Hamburg*,[579] die *Ravensberger Volksbank*[580] und die *Rheinische Creditbank*[581] beschränkten sich in der Bestimmung ihres Unternehmenszwecks auf die Förderung von Handel und Gewerbe bzw. Industrie mit eventueller landwirtschaftlicher Orientierung. Sie gestalteten den Zweck der Gesellschaft also sehr weiträumig und unbestimmt.

Unter den aufgezählten Banken finden sich auch die Banken aus den Staaten, in denen die Errichtung nicht von einer Konzession abhing. Eine Überprüfung der Satzung fand also bei einigen dieser Satzungen – wie eingangs beschrieben – nicht statt. In diesen Fällen musste die Gemeinnützigkeit nicht

---

573 § 3 des Statuts.
574 § 1 des Statuts.
575 § 2 i.V.m. § 8 des Statuts.
576 § 1 des Statuts.
577 § 1 des Statuts.
578 § 1 des Statuts.
579 § 1 des Statuts.
580 § 1 des Statuts.
581 Art. 3 des Statuts.

nachgewiesen werden, weil die preußische Zirkularverfügung sich nur auf Preußen bezog und daher nicht anwendbar war.

Der andere Teil dieser Banken, der nicht ohne Konzession zur Gründung auskam, hatte auch mit vagen Formulierungen die Gemeinnützigkeit und den daraus folgenden erweiterten Kapitalbedarf nachweisen können. Allerdings waren die betreffenden Banken alle in der Gründungswelle Mitte bis Ende der 1850er Jahre gegründet worden, in einer Phase, in der die Konzessionsvergabepraxis[582] bereits aufgeweicht worden war.

Dennoch formulierten die meisten Satzungen explizit den in der Zirkularverfügung geforderten Fördergedanken. Die Banken gründeten sich folglich nicht nur um ihrer selbst willen, sondern als Teil eines großen Ganzen. Damit waren sie ein Baustein im Wirtschaftssystem. Der Staat gab durch diese Anforderung an die Konzessionsvergabe eine Struktur vor. Gewinnstreben stand nicht im Vordergrund der staatlichen Genehmigung, sondern die Förderung bzw. Unterstützung der wirtschaftlichen Aktivität im gesamten Staat.

2. Gründungszweck der Notenbanken

Anfang des 19. Jahrhunderts herrschte in Preußen einerseits ein Münzwirrwarr und andererseits eine Knappheit von umlaufenden Zahlungsmitteln. Zu jener Zeit waren das Kreditgeschäft und der Zahlungsverkehr noch sehr unterentwickelt.[583] In Preußen wurde dem Geldwesen erst gegen Ende der 1850er Jahre aufgrund fehlender Erfahrungen in der Regierung ein Rahmen gegeben.[584] Auf der Seite der Regierung hatte man die Vorstellung, Papiergeld sei unsolide, gerade weil bereits auf Staatspapiergeld mit negativen Folgen spekuliert worden war. Dies war ein Grund, weshalb Preußen die Gründung von Aktienbanken mit Notenausgaberecht ablehnte.[585]

Die Geldknappheit in Preußen vergrößerte sich jedoch in den 1840er Jahren wegen der Kapitalnachfrage der Eisenbahngesellschaften. Daher wurden in der Folge nicht zuletzt in der Presse eindringlich gefordert, Aktienbanken mit Notenausgaberecht zu genehmigen. Die Regierung lehnte dies aber immer noch ab und suchte den Grund für die Geldknappheit in den Spekulationen mit Eisenbahnaktien an der Börse.[586]

Ende 1845 wurde die Geldknappheit so groß, dass der Staat die fälligen Steuern auch in Form von Wechseln akzeptieren musste. Neben diesen wurden

582 Bösselmann, S. 116.
583 Ebd., S. 16.
584 Ebd.
585 Ebd., S. 19.
586 Ebd., S. 20 f.

Staatspapiere und Aktien als Zahlungsmittel eingesetzt.[587] Daraufhin versuchte die Regierung, das Geld- und Bankenwesen neu zu organisieren, indem sie die Umlaufmittel um 15 Millionen Taler erhöhte. Die *Königliche Bank* wurde zur *Preußischen Bank* umgestaltet, die weiterhin als Staatsbank betrieben wurde. Der *Preußischen Bank* wurde per Bankordnung vom 5. Oktober 1846 das Recht zur Notenausgabe verliehen.[588]

Die Preußische Regierung hatte eine Abneigung gegen das der Aktiengesellschaft innewohnende Prinzip der Haftungsbegrenzung.[589] Es sollten stattdessen „Gesellschaften mit vereinigten Fonds und solidarischer Haftung der Teilnehmer“[590] zur Notenausgabe gegründet werden. Der Markt nahm diese Forderung jedoch nicht auf.[591] Schließlich drängten sich Banken, die außerhalb Preußens gegründet worden waren, auf den preußischen Markt, so dass die Regierung nachgeben musste und ebenfalls Aktienbanken mit dem Recht zur Notenausgabe zuließ.[592]

Dazu erließ die preußische Regierung 1848 eine Normativ-Bestimmung für die Errichtung von Privatbanken mit Notenausgaberecht.[593] In dieser Bestimmung wurden den Banken, die das Notenausgaberecht erlangen wollten, strikte Vorgaben gemacht. Diese Vorgaben wurden in den hier ausgewerteten Statuten umgesetzt. Aus dieser Normativ-Bestimmung entstanden in Preußen gleichartig ausformulierte Satzungen, die den Text der Bestimmung fast wortgleich übernahmen oder nur geringfügig anpassten.

Mit dem Geschäftskreis der Notenbanken befasste sich Nummer 7 der Normativ-Bestimmung.[594] Hierin wurden die einzelnen zulässigen Geschäfte für

587 Bösselmann, S. 23.

588 Ebd.

589 Ebd., S. 24.

590 Bösselmann, S. 24; von Poschinger, Band 2, S. 110 bis 117.

591 Bösselmann, S. 24.

592 Ebd.

593 abgedruckt bei Hübner, 1854, S. 30 ff.

594 Nr. 7 der Normativ-Bestimmung: „Den Privatbanken sind nur die nachstehend verzeichneten Geschäfte verstattet: a) Das Discontiren von gezogenen Wechseln, deren Acceptant, sowie von eigenen Wechseln oder Billets à credere, deren Aussteller an demjenigen Orte, in welchem die betreffende Privatbank ihren Sitz hat, oder innerhalb derjenigen Landestheile, in welchem dieselbe Agenturen errichtet hat, wohnhaft ist. Die discontirten Papiere müssen mit einem auf die Privatbank lautenden Giro versehen sein, dürfen nicht über drei Monate laufen und müssen wenigstens drei solide Verbundene haben. b) Die Gewährung von Darlehen gegen Verpfändung inländischer, auf jeden Inhaber lautender zinstragener Staats-, Communal- oder anderer, unter Autorität des Staats, von Corporationen oder Gesellschaften ausgegebener Papiere, sie gegen Verpfändung von Urstoffen oder dazu geeigneten Kaufmannswaaren, die im Inlande lagern

Notenbanken aufgezählt. Darüber hinaus durften diese Banken keine Geschäfte betreiben, insbesondere keine Hypotheken oder eigene Aktien beleihen.

Im Allgemeinen unterschied sich der Gründungszweck der Notenbanken nicht von dem aller anderen Aktienbanken. Sie besaßen lediglich zusätzlich das Privileg der Notenausgabe bis zu einer bestimmten Höhe.

Die *Bank des Berliner Kassen-Vereins* bezweckte zum Beispiel, den Handel und das Gewerbe zu unterstützen und zu beleben, den Geldumlauf zu befördern und Kapitalien nutzbar zu machen.[595] Gleichgerichtet, nur auf die Landwirtschaft ausgeweitet, verfassten die *Geraer Bank* und die *Thüringische Bank* jeweils in § 1 des Statuts ihren Unternehmenszweck.

Die *Privatbank zu Gotha* formulierte in Art. 1 der Satzung ihren Unternehmenszweck,

> „zunächst für die Herzogthümer Coburg und Gotha, sodann auch für Deutschland überhaupt verfügbares Kapital zu productiver Verwendung hinzuleiten, die Erwerbsthätigkeit durch die Hülfsmittel des Credits zu unterstützen, den Geld- und Wechselverkehr zu erleichtern, dabei auch Fleiß und Sparsamkeit unter der handarbeitenden Klasse zu fördern."

Die *Leipziger Bank* sollte den „Geldverkehr im Innern" beleben.[596] § 1 des Statuts der *Lübecker Privatbank* bestimmte, dass die von der Bank geführten Geschäfte dem Publikum im Allgemeinen und insbesondere dem Handelsstand dienen sollten.

Die *Mitteldeutsche Creditbank in Meiningen zur Förderung von Industrie und Handel* formulierte in § 2 der Satzung sogar über die übliche Förderung von Handel und Industrie hinaus die Gründung von „gemeinnützigen Unternehmungen durch die Vereinigung bedeutender Geldkräfte".

---

und dem Verderben nicht unterworfen sind, ferner von sichern ausländischen Wechseln, endlich von ungemünztem oder gemünztem Golde oder Silber. Die Darlehne dürfen auf einen längern Zeitraum als auf drei Monate nicht gegeben werden. c) Der An- oder Verkauf von edlen Metallen oder fremden Münzen, sowie der Ankauf von Wechseln auf Plätze des Auslandes. d) Die Besorgung der Einkassirung von Wechseln, Geldanweisungen, Rechnungen und Effecten, die an dem Orte, in welchem die betreffende Privatbank ihren Sitz hat, oder innerhalb derjenigen Landestheile, in welchen sie Agenturen hat, zahlbar sind. e) Die Annahme unverzinslicher Kapitalien ohne Verbriefung. Die Bescheinigung über den Empfang dieser Kapitalien darf nur auf den Namen des Einzahlenden ausgestellt werden. f) Die Ausgabe und Einziehung unverzinslicher Noten nach Maßgabe der weiter folgenden Bestimmungen. Es ist den Privatbanken nicht gestattet, andere, als die unter Nr. 7 bezeichneten Geschäfte zu machen, Hypotheken oder eigene Actien zu beleihen."

595 § 1 des Statuts; ebenso § 1 der Statuten der Preußischen Notenbanken; § 1 des Statuts der Hannoverschen Bank für Handel und Gewerbe.

596 § 2 des Statuts.

Die Bestimmung der *Rostocker Bank* war nach § 2 des Statuts, „den Geldverkehr im Innern zu beleben und zur Hebung des Handels und der Fabrikthätigkeit, des Ackerbaues und der Gewerbe beizutragen“. Der Zweck der *Braunschweigischen Bank* wurde in § 1 des Statuts ähnlich formuliert.

Die *Bremer Bank* wurde nach § 1 ihres Statuts dazu eingerichtet, den Handel zu beleben und den Geld- und Wechselverkehr zu erleichtern.

Der Förder- bzw. der Gemeinnützigkeitsgedanke, der für den Erlass einer Konzession nach der Zirkularverfügung von 1845 erforderlich war, kam hier genauso wie bei den sonstigen Aktienbanken ohne Notenausgaberecht deutlich zum Ausdruck. Auch wenn die Zirkularverfügung nur für Preußen erlassen worden war, lässt sich anhand der Satzungen feststellen, dass auch in anderen Gebieten mit Konzessionsvergabe die Gedanken der Verfügung gegolten haben. Zumindest die Banken verfolgten zumeist zielgerichtet Zwecke des Gemeinwohls.

Ein Gegenbeispiel bot die *Sächsische Bank zu Dresden*[597], deren Zweck es einzig und allein war, Bankgeschäfte zu betreiben. Ein Förder- oder Gemeinnützigkeitsgedanke lässt sich in dieser Satzung nicht finden.

Die bereits 1817 gegründete *Privilegierte Österreichische National-Bank* gab in ihrer Satzung keinen Unternehmenszweck an, sondern zählte die einzelnen Geschäftsfelder auf.[598] Ein Gemeinnützigkeitsgedanke fand sich auch darin nicht. 1817 griff die Zirkularverfügung jedoch noch nicht. Das ALR kam auch nicht zur Anwendung, da es sich um keine preußische Bank handelte.

Auch die Statuten der *Frankfurter Bank*[599] und der *Darmstädter Bank für Süddeutschland*[600] nannten keinen expliziten Unternehmenszweck, sondern legten den Wirkungskreis der Bank fest.

Ein negativer Wirkungskreis wurde bei der *Frankfurter Bank* in Art. 25 dargelegt:

> „Sie darf weder unmittelbar noch mittelbar bei industriellen Unternehmungen oder bei der Regociation von Kommunal- oder Staatsanleihen mit Anderen sich betheiligen, oder in dergleichen für eigene und alleinige Rechnung sich einlassen.
>
> Die Erwerbung und Veräußerung von Liegenschaften, namentlich die Errichtung und Erweiterung, der Verkauf und die Vertauschung von Gebäuden, ist der Bank nur für die Zwecke ihres Dienstes gestattet.“

Hierin fand sich eine Einschränkung der Geschäftstätigkeit der Bank auf das originäre Bankgeschäft. Die Bank war also keine Handelsgesellschaft oder kein Mischkonzern, wie es bei den sonstigen Aktienbanken zum Teil vorkam. Zudem

597 § 1 i.V.m. §§ 10-12 des Statuts.

598 § 11 des Statuts.

599 Art. 13 des Statuts.

600 Art. 12 ff. des Statuts.

durfte die Bank keine Immobiliengeschäfte außerhalb ihres eigenen Bedarfs betreiben.

Solche oder ähnliche Einschränkungen der Geschäfte fanden sich in den meisten der Notenbankensatzungen.[601] Die Ausrichtung der Banken wurde damit klar umrissen. Diese Klauseln begrenzten die Banken auf ihr Kerngeschäft und boten damit dem Staat eine verbesserte und erleichterte Möglichkeit zur Kontrolle der Satzungskonformität. Spekulationen oder unsolide Geschäfte in anderen Zweigen wurden von vornherein ausgeschlossen und wären entsprechend in den Jahresabschlüssen aufgefallen.

Daneben fällt auf, dass einige der Satzungen[602] eine Einschränkung der Geschäfte hinsichtlich des Geschäftsgebietes aufwiesen. Sie durften nur in der Provinz ihres jeweiligen Sitzes tätig werden. Diese Banken wurden zwischen 1850 und 1857 gegründet und die Konzession hatte jeweils eine Gültigkeit von 10 Jahren. Diese Einschränkungen sind auf die Normativ-Bestimmung der Preußischen Regierung von 1848 zurückzuführen.

Eine Verallgemeinerung ist jedoch nicht möglich, denn es gab ebenso viele Banken, die bezüglich ihrer Geschäfte weder auf den Sitz beschränkt waren, noch eine Konzessionsdauer von nur zehn Jahren hatten.[603] Diese Banken stammten aber aus Gebieten, die nicht zu Preußen gehörten und unterfielen damit nicht der Normativ-Bestimmung Preußens.

3. Gründungszweck nach der Aktienrechtsnovelle 1870

Mit Wegfall des Konzessionsvergabeerfordernisses waren die Banken mit Satzungen nach 1870 frei in der Formulierung ihres Gesellschaftszwecks. Auch die Zirkularverfügung verlor ihre Wirkungskraft, da sie lediglich Anweisungen für die konzessionsvergebenden Stellen beinhaltete und nicht extern wirkte.

601 Statut: Darmstädter Bank für Süddeutschland; Privatbank zu Gotha; Hannoversche Bank für Handel und Gewerbe; Leipziger Bank; Lübecker Privatbank; Mitteldeutsche Creditbank in Meiningen; Preußische Notenbanken; Rostocker Bank.

602 Bank des Berliner-Kassenvereins in Berlin; Cölnische Privatbank; Danziger Privat-Aktienbank; Dortmunder Privat-Aktienbank; Hagener Privat-Aktienbank; Königsberger Privatbank; Magdeburger Privatbank; Provincial-Aktien-Bank des Großherzogthums Posen.

603 Anhalt-Deßauische Landesbank; Braunschweigische Bank; Bremer Bank; Commerzbank in Lübeck; Darmstädter-Bank für Süddeutschland; Geraer Bank; Privatbank zu Gotha; Hannoversche Bank für Handel und Gewerbe; Leipziger Bank (allerdings 10 Jahre Konzessionsdauer); Lübecker Privatbank (9 Jahre Konzessionsdauer); Luxemburger Internationale Bank; Mitteldeutsche Creditbank in Meinigen zur Förderung von Industrie und Handel; Privilegierte Österreichische National-Bank; Sächsische Bank zu Dresden; Thüringische Bank.

§ 3 des Statuts der *Königsberger Vereins-Bank* lautete beispielsweise wie folgt:

> „Zweck der Gesellschaft ist der Betrieb von Bank-, Handels- und industriellen Geschäften aller Art, insbesondere solcher, welche die Unterstützung von Handel und Gewerbe, die Vermittlung und Erleichterung des Geld- und Creditverkehrs und die Entwicklung eines ausgedehnten Depositengeschäfts fördern."

Dieser Unternehmenszweck ist typisch für Statuten, die nach 1870 aufgestellt wurden. Die meisten Banken[604] formulierten ihren Unternehmenszweck möglichst weit und hielten sich damit offen, auch andere als reine Bankgeschäfte zu tätigen. Solche zusätzlichen Geschäfte waren in der Regel dem Handel, der Industrie, dem Immobilienhandel oder dem Gewerbe zuzuordnen. Vor 1870 stellte ein derartiger Unternehmenszweck noch die Ausnahme dar: Lediglich das Statut der Berliner Handelsgesellschaft weist einen derartig weiten Unternehmenszweck aus. Daraus lässt sich schließen, dass gemischte Unternehmen vor der Handelsrechtsreform nur unter Schwierigkeiten konzessioniert wurden. Da die Konzessionspflicht 1870 entfiel, waren keine hohen Anforderungen mehr an einen konkreten Gründungszweck gestellt. Banken positionierten sich möglichst breit, um alle möglichen Geschäfte ausführen zu dürfen und damit Gewinne in allen Bereichen erzielen zu können.

Jedoch hatten nicht alle Banken605 einen derart weiten Unternehmenszweck. Vielmehr konzentrierten sich einige explizit auf das Bankgeschäft. Einige der Banken606 zählten nun zusätzlich das Gründungsgeschäft, das in der Gründerzeit (Spekulations-) Gewinne versprach, zu ihrem Geschäftskreis. Standen zuvor die Gemeinnützigkeit und der Fördergedanke im Vordergrund, waren es nun Gewinn- und Spekulationsabsichten. Ohne Konzessionserfordernis war die Zirkularverfügung nicht mehr anwendbar. Es gab keine Möglichkeit des Staates mehr, ein Unternehmen nur zuzulassen, wenn es dem Wirtschaftssystem in irgendeiner Form diente. Damit wurde der Markt unübersichtlicher und die Solidität der neu gegründeten Unternehmen war nicht mehr gewährleistet. Die Zwecksetzungen der Banken wurden teilweise nicht mehr klar ausformuliert. Die Statuten konnten alle möglichen Geschäfte enthalten. Damit gab es keine Grenzen mehr für die Geschäftstätigkeit der Banken.

Dies konnte einerseits den Markt durch Innovationen beflügeln, konnte aber auch andererseits Gefahren für das Wirtschaftssystem bergen. Eine fehlende

---

604 Deutsche Union Bank; Königsberger Vereins-Bank; Norddeutsche Bank in Hamburg; Schlesischer Bankverein.

605 Bergisch Märkische Bank; Commerzbank in Lübeck; Deutsche Bank; Dresdner Bank; Lübecker Privatbank; Spar- und Darlehns-Bank in Altona.

606 Dresdner Bank; Deutsche Union Bank; Königsberger Vereins-Bank; Norddeutsche Bank in Hamburg; Schlesischer Bankverein.

Konzessionspflicht gab den Banken die Freiheit, ihren Unternehmenszweck frei zu formulieren. Insgesamt waren nicht alle Banken, die nach 1870 gegründet wurden, so breit wie möglich ausgerichtet. Einige Banken konzentrierten sich nach wie vor auf das originäre Bankgeschäft und gaben dies in ihrer Satzung als Zweck an. Ohne das Statut einer Bank zu kennen, konnten keine Rückschlüsse auf die Geschäftstätigkeit der jeweiligen Bank gezogen werden.

III. Einzahlung des Aktienkapitals

Das Aktienkapital zeigt die Eigenkapitalausstattung eines Unternehmens. Im 19. Jahrhundert war es üblich, dass das Grundkapital zwar nominell im Statut festgelegt, aber (zunächst) nur ein Teil des Kapitals eingezahlt wurde oder aus anderen Gründen wie bspw. Aktientilgung oder Gewinnzuschreibung vom ausgewiesenen Wert im Statut abwich.[607] Dies konnte zu Unterkapitalisierungen der Gesellschaften führen. Die Möglichkeit, das Grundkapital festzusetzen, obwohl die Aktien nicht voll gezeichnet worden waren, erleichterte einerseits die Gründungen, ließ andererseits die Sicherheit der Gläubiger außer Acht.[608] Wurde nur ein Bruchteil des Eigenkapitals eingezahlt, stand den Gläubigern der Gesellschaft entsprechend weniger Eigenkapital als Sicherheit zur Verfügung.

Grundsätzlich sollen Regelungen über ein festes Kapital oder über die Kapitalaufbringung und -erhaltung sowohl Anleger- und Minderheitenschutz als auch (abstrakten) Gläubigerschutz gewährleisten.[609] Die Grundsätze der realen Kapitalaufbringung lauten:[610]

1. Das satzungsmäßige Grundkapital wird tatsächlich aufgebracht.
2. Die versprochenen Einlagen entsprechen dem angegebenen Wert.
3. Die Einlageschuldner können sich ihrer Verpflichtung nicht mehr entziehen.

Nach geltendem Recht sind zur Kapitalerhaltung das gesamte Grundkapital einschließlich gesetzlicher Rücklagen und das gesamte Vermögen der Gesellschaft mit Ausnahme von zulässigen Dividendenzahlungen vor dem Zugriff durch Aktionäre geschützt.[611] Zusätzlich gibt es heute im Bereich der Banken Eigenkapitalerfordernisse (vgl. § 10 KWG), jeweils orientiert am Risiko der getätigten Geschäfte. Dies soll Seriosität und Stabilität der Institute gewährleisten.

607 Bösselmann, S. 123.
608 Ebd., S. 125.
609 Bayer, S. 711, Rn. 1.
610 Pentz/Priester/Schwanna, S. 43.
611 Bayer, S. 712, Rn. 3.

Zur Zeit der Konzessionspflicht gab es nur lückenhafte Kapitalschutzbestimmungen, weil der Schutz des Rechtsverkehrs als staatliche Aufgabe mittels der Konzessionsvergabe aufgefasst wurde.[612]

Im Gesetzentwurf zum preußischen Aktiengesetz von 1843 wurde erkannnt,

> „daß bei den Aktien-Unternehmungen bisher ein großer Mißbrauch dadurch hervorgerufen ist, daß nicht sowohl der verhoffte Antheil an dem regelmäßigen Gewinne des Unternehmens, also die Hoffnung auf eine angemessene Verzinsung des eingelegten Kapitals, als vielmehr die Spekulation auf den durch Kauf und Verkauf dieses Kapitals zu erzielenden Gewinn bei der Theilnahme an dergleichen Unternehmungen leitend gewesen ist, mit andern Worten, daß die Aktien-Unternehmungen den Aktienschwindel befördert und hervorgerufen haben."[613]

Im Rahmen des daraufhin erlassenen Aktiengesetzes von 1843[614] wurde eine Sicherung des Grundkapitals festgeschrieben und damit die Garantiefunktion des Grundkapitals anerkannt.[615] In § 2 S. 2 Nr. 3 wurde beispielsweise festgelegt, dass im Gesellschaftsvertrag die Höhe des Grundkapitals und der Wert der Aktien angegeben werden müssen. Darüber hinaus haftete jeder Aktienzeichner nach § 11 Nr. 2 auf 40% des Nominalbetrages der Aktie und nach § 11 Nr. 1 durften Inhaberaktien vor vollständiger Einzahlung des Grundkapitals nicht ausgegeben werden. Verzögerte Aktienkapitaleinzahlungen konnten nach § 14 mit Konventionalstrafen belegt werden.

Ferner wurde das Grundkapital durch § 17 geschützt, indem das statutenmäßige Grundkapital nicht durch Rückzahlungen an die Aktionäre verkleinert werden durfte, § 17 I. Im Voraus vereinbarte Zinsen auf die Kapitaleinlage waren nach § 17 II 1 verboten, außer für die Zeit, in der das Unternehmen vorbereitet wurde. Die Aktionäre erhielten höchstens den Jahresüberschuss als Dividende ausgezahlt, § 17 II 2.

Nach § 25 I war der Verlust des halben Grundkapitals unverzüglich bekannt zu geben.

Das ADHGB von 1861[616] präzisierte und ergänzte daraufhin die Anleger- und Gläubigerschutzbestimmungen.[617] Die Literatur,[618] aber auch der Gesetzge-

---

612 Bayer, S. 714, Rn. 6.

613 Allerhöchste Kabinetsordre vom 31.01.1842, den Entwurf eines Gesetzes über Aktien-Gesellschaften betreffend, Gutachten der vereinigten Abtheilungen des königlichen Staatsraths für die Finananzen und für die Justiz, S. 86, abgedruckt bei Baums, Gesetz, S. 143.

614 PrGS 1843, 341 ff.; abgedruckt auch bei Baums, Gesetz, S. 213 ff.

615 Bayer, S. 719, Rn. 17.

616 Lutz, Allgemeines Deutsches Handelsgesetzbuch nach den Beschlüssen der dritten Lesung; BGBl 1869, S. 404 ff.

617 Bayer, S. 719 Rn. 18; Vogt, ZHR, 477, 513 ff.

618 Pahlow, S. 264 f., Rn. 51 f.; Auerbach, Gesellschaftswesen, S. 193 ff.

ber,[619] maßen dem Schutz des Rechtsverkehrs eine große Bedeutung zu. Ergänzend zu den Regelungen des vorigen Aktiengesetzes 1843 mussten nach Art. 210 bis 212 ADHGB 1861 der Gesellschaftsvertrag und die Genehmigungsurkunde im Handelsregister publiziert werden. Namensaktien konnten von der Haftung bei Zeichnung im Falle einer Aktienübertragung nach Art. 223 II ADHGB 1861 befreit werden, wenn der Erwerber von der Gesellschaft akzeptiert und der Veräußerer aus seiner Verbindlichkeit entlassen wurde. Allerdings gab es keine Vorschrift, die die Zeichnung des gesamten Grundkapitals vor Eintragung ins Handelsregister verlangte.[620]

Nach Art. 216 II ADHGB 1861 konnte ein Aktionär seinen eingezahlten Betrag nicht zurückfordern und war auf seinen Gewinnanteil beschränkt, solange die Gesellschaft bestand. An die Aktionäre durfte nach Art. 217 I ADHGB 1861 nur der Jahresüberschuss, inklusive Reservefonds, verteilt werden. Dagegen durfte eine Verzinsung weder versprochen noch ausgezahlt werden, mit Ausnahme für die Vorbereitungszeit des Unternehmens. Nichtbeachtung dieser Schranken führte zur Haftbarkeit des Vorstandes, Art. 241 II S. 2 ADHGB 1861.

Das Ursachenspektrum für fehlendes Kapital in der Gesellschaft war breiter als bloße Unkenntnis der Gründer und Aktionäre. Wenn der Staat, trotz Konzessionierung und umfangreichen Aufsichts- und Kontrollrechten vor 1870, nicht darauf drang, nach Zeichnung der Aktien, die Kapitaleinzahlung vollständig vorzunehmen,[621] konnte der Kapitaleinzahlung noch keine so bedeutende Stellung beigemessen worden sein. Weitere Gründe für eine Unterkapitalisierung waren neben der Aktientilgung hauptsächlich die Unmöglichkeit der restlosen Unterbringung von Kapitalanteilen.[622]

Einerseits wurde mit dem Aufkommen der Aktiengesellschaft im 19. Jahrhundert noch nicht erkannt, dass das Grundkapital nicht dem Eigenkapital im Unternehmen entspricht, sondern dies nur ausnahmsweise bei Beginn der Gesellschaft der Fall ist. Andererseits wurde das Grundkapital noch nicht auf der Passivseite der Bilanz vermerkt, so dass nicht gewiss war, was den Gläubigern oder was den Aktionären als Dividende zustand.[623] Lediglich eine indirekte Regelung über die Wahrung der Integrität des Grundkapitals fand sich in Art. 217 I ADHGB 1861.[624] Das Grundkapital war also nicht von der Auszahlung an die

619 Motive zum Entwurf eines Allgemeinen Handelsgesetzbuches für Deutschland (1849), in: Baums, S. 132.

620 Bayer, S. 720, Rn. 19.

621 Bösselmann, S. 121.

622 Ebd., S. 123.

623 Ebd., S. 119.

624 Bayer, S. 720, Rn. 20; von Hahn, ADHGB, 1. Aufl., 1863, Art. 217 § 4 ff.

Aktionäre als Dividende ausgenommen und konnte noch nicht als Garantiekapital fungieren.[625]

Im Rahmen der Gründung wollten die Gründer oftmals zwar Kapital in ausreichender Höhe festsetzen, aber zunächst nur einen Teil dessen in Form von Aktien begeben. Sie versprachen sich davon, dass sie die Gewinne nicht mit unnötig vielen Aktionären teilen mussten.[626]

Darüber hinaus war es contra legem durchaus üblich, Aktien zu verzinsen. Deshalb wurden Aktien entsprechend dem Bedarf im Unternehmen begeben.[627] Denn, wenn mehr Kapital eingefordert wurde, als das Unternehmen nötig hatte, wurden auch für diese Kapitalanteile Aktienzinsen fällig. Gleichzeitig bot dieses Vorgehen dem Unternehmen die Möglichkeit einer im Voraus genehmigten Kapitalerhöhung und somit mehr Flexibilität am Kapitalmarkt.[628]

Auch die Einzahlung der Aktienbeträge richtete sich nach dem Bedarf des Unternehmens, weil die Einschüsse häufig verzinst werden mussten. Die meisten Statuten enthielten Bestimmungen zur Höhe der Einzahlungsraten und über die Zeitabstände zwischen den Zahlungen. Mit Rücksicht auf die damaligen Vermögens- und Kapitalverhältnisse waren diese Raten niedrig gewählt. Sie betrugen selten mehr als 10% des einzuzahlenden Kapitalbetrages. Auf diese Weise konnte sich die Einzahlung des Aktienkapitals über mehrere Jahre hinziehen.[629]

Hauptsächlich bei Banken und Versicherungsgesellschaften hatte aber das Grundkapital eine Garantiefunktion für den Fall außerordentlicher Umstände. Deshalb wurde der einzuzahlende Betrag für den Aktienerwerb häufig zum Teil in bar und zum Teil in Solawechseln[630] gefordert.[631] Allerdings wird die Bareinzahlung durch das hier untersuchte Quellenmaterial nicht bestätigt.[632]

Art. 222 Nr. 2 ADHGB 1870 bestimmte auch deswegen, dass 40% des Aktienkapitals unbedingt eingezahlt werden mussten. Im Gesetzgebungsprozess beantragte Sachsen jedoch, dass dieser Betrag auf 25% abgesenkt werden soll-

625 Bösselmann, S. 119.
626 Ebd., S. 128.
627 Ebd., S. 121.
628 Ebd., S. 126.
629 Ebd., S. 129.
630 Ein Solawechsel ist ein Wechsel, bei dem der Aussteller gleichzeitig der Hauptschuldner des Wechsels ist, also handelt es sich um einen auf sich selbst bezogenen Wechsel.
631 Bösselmann, S. 131; vgl. auch § 2 des Statuts der Bank des Berliner Kassen-Vereins.
632 vgl. Auswertung der Satzungen in diesem Kapitel.

te.[633] Der Bundesrat bestätigte dies nicht. Das Gesetz gestattete jedoch den Bundesstaaten, eine verminderte Quote von 25% beizubehalten.[634]

Die Garantiefunktion des Grundkapitals rückte mit der Zeit immer mehr in den Vordergrund. Bereits im Aktiengesetz von 1843 waren Regelungen zu finden, die der Kapitalerhaltung dienen sollten, z.B. das Verbot der Gewährung von Aktienzinsen über die Bauzeit hinaus.[635] Dieses Verbot wurde aus Gläubigerschutzerwägungen erlassen.[636] Trotzdem wurden Aktienzinsen von den Gesellschaften damals scheinbar erwartet und waren in den Statuten, die konzessioniert wurden, auch nach 1843 noch enthalten.[637] In der Literatur wurden solche Zinsen nach Einführung des Zinsverbots des ADHGB im Gebiet des Deutschen Bundes als vorrangige Dividenden, die aus dem Reingewinn gezahlt werden sollten, ausgelegt oder umgedeutet.[638] Die Bezeichnung „Zins“ wurde für unschädlich gehalten.[639] Gleichwohl bildete sich mit der Zeit immer mehr ein festes und beständiges Grundkapital heraus.[640]

Nach der Aktienrechtsnovelle 1870 konnte eine Gesellschaft bereits dann konstitutiv ins Handelsregister eingetragen werden, wenn das Kapital voll gezeichnet, aber nur 10% des Aktienkapitals[641] eingezahlt waren, Art. 210a Nr. 1 ADHGB 1870. Dieser Mindesteinzahlungsbetrag sollte Gründungen zu spekulativen Zwecken verhindern.[642] Eine Einzahlung von Aktienkapital war zur Zeit der Konzessionierung vor der Gründung nicht erforderlich, denn die Zeichner konnten sich nicht sicher sein, ob die Gesellschaft tatsächlich konzessioniert wurde.[643]

Das Grundkapital war nun Wesen der Aktiengesellschaft.[644] Gleichwohl waren Kapitalerhöhungen auch bei unvollständiger Einzahlung des Grundkapitals möglich,[645] allerdings nur nach dem Verfahren gem. Art. 214, 248 ADHGB 1870.

---

633 Neufassung des Art. 222 in der Drucksache Nr. 62/1870, in: Schubert, Abschaffung, S. 305.

634 Schubert, Abschaffung, S. 305.

635 Bösselmann, S. 132; AktG von 1843, §§ 17 I und II, 15, 25 I, II, 26.

636 Baums, Zinsverbot, S. 13.

637 Bösselmann, S. 132; Schick, S. 14: Staatspapiere begeben feste Zinsen, Aktien ausnahmsweise auch.

638 Baums, Zinsverbot, S. 9; Keyßner, Aktienzinsen, S. 105 f., 108 f.; Renaud, S. 686 ff.

639 Baums, Zinsverbot, S. 9; Renaud, S. 687; Thöl, S. 505 f.

640 Bösselmann, S. 133; Renaud, Aktiengesellschaft, S. 57 ff.

641 Bei Versicherungsgesellschaften 20%.

642 Stenographische Berichte 1870, Anlage Nr. 158, Motive, S. 654.

643 Schubert, Abschaffung, S. 305.

644 Bayer, S. 722, Rn. 25; ROHGE, 6, S. 94, 96.

645 Reich, Auswirkungen, S. 258.

Es fehlte dem ADHGB 1870 die Vorschrift, dass das eingezahlte Kapital der Gesellschaft dauernd zur Verfügung stehen musste. Zudem wurden keine hohen Anforderungen an den Nachweis der Einzahlung des Kapitals gestellt.[646] Handelsrichter konnten nach freiem Ermessen entscheiden, ob ein Nachweis zur Kapitaleinzahlung erbracht war. So genügte häufig der Beschluss der Gesellschaftsgründer in der Generalversammlung, dass sie eine ordnungsgemäße Gründung vorgenommen hätten.[647] Auf diese Weise wurde die gesetzlich geforderte Einzahlung von 10% häufig vorgetäuscht, indem die Gründer den Betrag bei Eintragung ins Handelsregister vorzeigten und gleich danach wieder mitnahmen.[648] Das Erfordernis der vollständigen Zeichnung sagte noch nichts darüber aus, ob das Grundkapital in Wahrheit aufgebracht wurde.[649]

Die Aktienrechtsnovelle von 1884 zielte grundsätzlich auf die Information und Publizität des Gesellschaftsvertrags (Statuts) für potentielle Aktionäre ab.[650] Demgemäß regelte Art. 209 I, dass der von den Gründern übernommene Aktienbetrag im Statut aufgeführt werden musste. Darüber hinaus war nach Art. 209 a Nr. 2 im Statut auch aufzunehmen, wenn Aktien für einen höheren als den Nominalwert ausgegeben wurden und wenn Aktien verschiedene Rechte verbrieften, Art. 209 Nr. 4. Die Ausgabe von Aktien unter dem Nennbetrag wurde durch Art. 209 a II ausgeschlossen.

Nach Art. 209 b I waren die Vorteile zu Gunsten einzelner Aktionäre offen zu legen. Ferner wurden Sacheinlagen im Statut detailliert nebst Gründererklärung, Art. 209 g, aufgenommen, Art. 209 b II. Nach Art. 209 b III musste schließlich der Gründungsaufwand angegeben werden. Wurden diese Aspekte nicht in das Statut mit aufgenommen, waren sie der Gesellschaft gegenüber unwirksam, Art. 209 b IV.

Sollten die Gründer nicht sämtliche Aktien selbst übernommen haben, so musste vor Errichtung der Gesellschaft die Zeichnung der Aktien sichergestellt werden, Art. 209 e I. Nach Art. 209 h fand eine Gründungsprüfung durch den Vorstand und den Aufsichtsrat statt, die unter anderem auch die Zeichnung und Einzahlung des Grundkapitals umfasste.

Art. 213 a stellte die ordnungsgemäße Gründung und Einzahlung des Kapitals mit einem Schadensersatzanspruch gegen die Gründer sicher. Ferner drohte Art. 249 a als Strafnorm Geld- oder Gefängnisstrafe für die Gründer, die Mitglieder des Vorstandes oder des Aufsichtsrats einer Aktiengesellschaft an.

646 Bayer, S. 724, Rn. 27.

647 Lieder, Rn. 62, 63.

648 Gutachten des ROHG, in Schubert/Hommelhoff, S. 161; Goldschmidt, S. 30; Behrend, S. 40 f.

649 Wiener, Band 24, S. 488.

650 Hofer, S. 404, Rn. 26.

Eine Grundkapitalerhöhung war nicht vor vollständiger Einzahlung des Grundkapitals gestattet, Art. 215 a I. Art. 219 II i.V.m. Art. 184 a III stellte klar, dass einem Gesellschafter die Einzahlung seines vollen Gesellschaftskapitalanteils nicht erlassen werden konnte, zuletzt mit der Rechtsfolge des Verlusts seiner Anteile. Auch bereits bestehende Gesellschaften durften nach § 5 die Zeichner von noch nicht vollständig eingezahlten Aktien nicht mehr von der weiteren Haftung ihrer Anteile befreien.

Insgesamt sicherte damit das Gesetz die Zuverlässigkeit der Informationen, woraus das Publikum, insbesondere potentielle Aktionäre, sich ihr eigenes Bild von der Gesellschaft bilden sollten.[651]

Die vollständige Einzahlung des Aktienkapitals wurde durch ein Haftungssystem mehrstufig abgesichert.[652] Interimsscheine durften nicht mehr auf den Inhaber ausgegeben werden, sondern mussten, um einer Liberierung entgegen zu treten, auf den Namen des Eigentümers ausgestellt werden.[653] Zunächst musste der aktuelle Inhaber der Aktie für die Vollzahlung der Aktie einstehen.[654] Darüber hinaus hafteten subsidiär die Zeichner und Zwischenerwerber der Aktien nach Art. 219, 184 b für zwei Jahre nach Eintragung der Übertragung des Anteilscheins ins Aktienbuch.

Ein Ziel der Abschaffung der Liberierung war die Bewahrung des Grundkapitals. Ein anderes war es, den Aktienspekulationen entgegen zu treten. Nicht zuletzt sollten damit Gründungen zu Zwecken der Agiotage vermieden werden.[655] Somit sollte die Verbindung des Aktionärs zur Gesellschaft gestärkt und eine aktive Teilnahme der Aktionäre an der Gesellschaft gefördert werden.[656]

Die Publizität über die Einzahlung und die Haftbarkeit der Aktionäre für die Volleinzahlung des Aktienkapitals waren im Aktienrecht von 1884 verankert. Infolgedessen sollte das Grundkapital, wie im Statut ausgewiesen, als Grundlage der Gesellschaft vorhanden sein. Dieses Kapital war nicht nur Basis für die (potentiellen) Aktionäre, sondern auch für die Begleichung der Forderungen von Gläubigern.

651 Hofer, S. 406, Rn. 29.
652 Ebd., S. 410, Rn. 35.
653 Begründung 1884, S. 256.
654 Ebd.
655 Ebd., S. 254, 259.
656 Hofer, S. 410, Rn. 35.

1. Einzahlung des Aktienkapitals vor der Aktienrechtsnovelle 1870

Die Einzahlungen des Aktienkapitals variierten bei der Gründung zwischen 10% und 40% bei den vor der Aktienrechtsnovelle 1870 gegründeten Banken.

40% sollten bei der Bayerischen Vereinsbank,[657] bei der Commerz- und Disconto-Bank in Hamburg,[658] bei der Darmstädter Bank für Handel und Industrie,[659] bei der Deutschen Bank[660] und bei der Niederösterreichischen Escompte-Gesellschaft[661] eingezahlt werden. Die Einzahlungsmodalitäten wurden bei den Banken in der jeweiligen Satzung näher geregelt.

Die Allgemeine Deutsche Creditanstalt[662] begab zunächst die Hälfte ihrer Aktien und galt als gegründet, wenn davon die Hälfte aufgebracht worden war. Im Ergebnis entsprach dies einer Einzahlung von 25% des gesamten Aktienkapitals. Nach § 7 des Statuts war die Einzahlung der ersten Hälfte des Aktienkapitals in 10%igen Raten zu erbringen, die erste Rate bei der Zeichnung der Aktien, die zweite einen und die dritte drei Monate nach Bestätigung des Statuts. Die folgenden Raten erfolgten nach Ermessen des Verwaltungsrats.

Die Bayerische Vereinsbank[663] emittierte anfangs 15.000 Aktien. Das entsprach 25% des ausgewiesenen Aktienkapitals. Eine weitere Emission von 25% durfte erst auf Anordnung des Verwaltungsrats erfolgen, wenn von der ersten Emission 40% eingezahlt waren. Emissionen darüber hinaus durften erst nach Volleinzahlung der ersten Kapitalhälfte und auf Antrag des Verwaltungsrates sowie Beschluss der Generalversammlung erfolgen.

Die Commerz- und Disconto-Bank in Hamburg[664] verlangte per Statut zunächst eine Einzahlung von 40% des gezeichneten Kapitals. Über weitere Einzahlungen, jeweils in Höhe von 20%, bestimmte der Verwaltungsrat. Nach der Einzahlung von 40% erfolgte eine Haftungsfreistellung der Aktionäre, die durch einen Generalversammlungsbeschluss aufgehoben werden konnte.

Bei der Credit- und Versicherungs-Bank in Lübeck[665] war der Nominalbetrag der Aktien in bar einzuzahlen. Raten wurden im Statut nicht festgelegt.

---

657 § 5 des Statuts.
658 § 6 des Statuts.
659 § 6 des Statuts.
660 § 9 des Statuts.
661 § 10 des Statuts.
662 §§ 5, 7 des Statuts.
663 §§ 5, 7 des Statuts.
664 §§ 6, 9 des Statuts.
665 § 3 des Statuts.

Auch die Discontocasse in Leipzig[666] forderte eine Bareinlage für Aktien bei der Annahme der Aktien.

Das Statut des Credit-Vereins für Handwerker in Magdeburg enthielt keine Informationen bezüglich der Einzahlung des Kapitals.

Die Darmstädter Bank für Handel und Industrie[667] galt als konstituiert, wenn 40% des Kapitals gezeichnet worden war. Bei Übernahme der Aktien musste jeder Aktionär 40% des Nominalwertes einzahlen. Die restlichen 60% Einzahlung wurden in Raten von der Verwaltung eingefordert.

Die Dessauer Credit-Anstalt für Industrie und Handel[668] bestimmte eine Einzahlung des Aktienkapitals in mindestens 10%igen Raten nach Verwaltungsratsbeschluss.

Bei der Deutschen Bank bestimmte das Statut,[669] dass binnen einen Jahres nach der Genehmigung mindestens 40% des Aktienkapitals eingezahlt sein mussten. Jedoch durfte die Bank ihre Geschäfte bereits bei Einzahlung von 20% des Aktienkapitals aufnehmen.

Die Hamburger Vereinsbank[670] verlangte bei der Zeichnung von Aktien eine Einzahlung in Höhe von 2% und bei der Zuteilung in Höhe von weiteren 8% des Aktiennominalwertes. Die folgenden Einzahlungen wurden in Raten in Höhe von 10% später von der Direktion gefordert.

Bei der Niederösterreichischen Escompte-Gesellschaft[671] wurde zunächst die Hälfte des Aktienkapitals emittiert, wobei die Einzahlung in monatlichen Raten erfolgte. Die erste Einzahlung betrug 40%, wobei 10% des Kapitals bei der Zeichnung der Aktien fällig wurden. Die weiteren Raten betrugen jeweils 20%. Die Ausgabe der anderen Hälfte des Kapitals wurde vom Verwaltungsrat beantragt und von der Generalversammlung nach Bedarf beschlossen.

Die Norddeutsche Bank in Hamburg[672] überließ die Einzahlung des Aktienkapitals der Entscheidung des Verwaltungsrates. Allerdings durfte sie ihre Geschäfte nicht beginnen, bevor 20% des Kapitals eingezahlt worden waren. § 9 des Statuts wies darauf hin, dass eine vollständige Einzahlung des Aktienkapitals zu erfolgen hatte.

Bei der K. K. Priviligierte Österreichische Credit-Anstalt für Handel und Gewerbe[673] wurden zunächst 30% des Aktienkapitals fällig, die in drei Raten à

666 § 2 des Statuts.
667 §§ 3, 6 des Statuts.
668 § 8 des Statuts.
669 §§ 9, 11 des Statuts.
670 4. des Status.
671 § 10 des Statuts.
672 §§ 5, 8, 9 des Statuts.
673 § 17 des Statuts.

10% gezahlt werden sollten. Für die restlichen 70% wurden die Einzahlungstermine vom Verwaltungsrat innerhalb der nächsten eineinhalb Jahre bestimmt.

Bei der Ravensberger Volksbank[674] musste mit Genehmigung des Statuts 20% des Aktienkapitals eingezahlt werden. Darüber hinaus waren innerhalb des ersten Geschäftsjahres weitere 20% einzuzahlen. Die ausstehenden Einzahlungen wurden vom Aufsichtsrat in Raten von 20% festgelegt.

Einen Sonderfall stellte der Danziger Sparkassen-Aktien-Verein[675] dar. Dieser wurde aus einem Aktienverein umgewandelt. Die damaligen Gründer hatten das Kapital vollständig eingezahlt. Deshalb fand sich bezüglich der Kapitaleinzahlung keine Regelung mehr im Statut. Es erfolgte jedoch eine Kapitalmehrung durch Reingewinnansammlung.

Auffällig ist, dass häufig nur ein Bruchteil des im Statut ausgewiesenen Kapitals ausgegeben wurde. Darüber hinaus lagen die Raten nach Gründung der Bank häufig im Ermessen des Verwaltungsrats oder der Direktion. Diese Raten betrugen lediglich 10 bis 20% des Nominalwerts der Aktien. Höhere Forderungen wären also kaum durchsetzbar gewesen. Überdies musste es Jahre gedauert haben, bis das Kapital, wenn überhaupt, vollständig eingezahlt worden war. Dies ist auch ein Hinweis auf das damals vorhandene Kapital bei den Aktionären.[676] Hingegen bestimmten wenige Statuten eine Frist zur Volleinzahlung des Kapitals oder verlangten die Zahlung in bar. Diese Regelungen wirkten darauf hin, dass das Kapital wirklich eingezahlt wurde und damit zumindest zum Einzahlungszeitpunkt in der Gesellschaft vorhanden war.

Im Banksektor hatte das Grundkapital bis 1870 noch keine ausreichende Garantiefunktion, weil nur in wenigen Banken entsprechende Regelungen in den Statuten aufgenommen waren. Bei der Mehrzahl der Banken war die Kapitaleinzahlung über Jahre verteilt und die Volleinzahlung nicht im Statut angelegt. Bösselmanns Aussage[677] der Garantiefunktion des Grundkapitals bei den Banken kann mit dem Statutenmaterial nicht belegt werden. Dadurch, dass der Staat diese Statuten genehmigte, waren auch die darin enthaltenen Kapitaleinzahlungspraktiken legitimiert. Das Hauptaugenmerk bei der Konzessionsvergabe bei Banken konnte nicht die Einzahlung des Kapitals gewesen sein.

Daraus folgt auch, dass der Gläubigerschutz bei der Errichtung dieser Gesellschaften nur eine untergeordnete Rolle spielte. Lediglich das nötige Kapital zur Geschäftsaufnahme wurde den Aktionären abverlangt.

---

674 §§ 5, 6 des Statuts.

675 Art. 6, 17 ff. des Statuts.

676 vgl. auch die Ausführungen zu Punkt III; Bösselmann, S. 131.

677 Bösselmann, S. 131.

Andererseits wurden die Gesellschaften nicht mit unnötigem Kapital aufgebläht. Problematisch erscheint indes, dass die Statuten ein anderes Kapital auswiesen als tatsächlich eingezahlt worden war. Statuten waren und sind öffentlich zugänglich und somit einerseits Basis für Anlageentscheidungen und andererseits für Geschäfte als Gläubiger mit dem betreffenden Unternehmen. Deswegen kann dem eingezahlten und/oder ausgewiesenen Kapital einer Bank in den Zeiten der Konzessionierung keine aufsichtsrechtliche Funktion beigemessen werden.

2. Exkurs: Schaaffhausen'scher Bankverein

Der *Schaaffhausen'sche Bankverein* ist nicht mit den übrigen hier untersuchten Aktiengesellschaften vergleichbar. Gerade bezüglich der Einzahlung des Kapitals enthielt das Statut Besonderheiten.

Abraham Schaaffhausen war der Begründer des 1791 gegründeten Handelshauses, welches neben Bankgeschäften auch Handels-, Speditions- und Immobiliengeschäfte betrieb.[678] Seinen Schwerpunkt auf das Bankgeschäft legte die Gesellschaft seit den 1830er Jahren. Sitz der Bank war Köln, was die große Bedeutung als Kreditgeber für die rheinische Industrie erklärte.[679]

Im Zusammenhang mit der politischen und wirtschaftlichen Krise des Jahres 1848 geriet die Bank in Liquiditätsnot, weil sie sich am Immobilienmarkt verspekuliert hatte.[680] Aufgrund ihrer gewichtigen Stellung als Finanzier der Industrie[681] entschlossen sich die Kölner Bankiers und Kaufleute, die Bank zu retten.[682] Dies wurde vom preußischen Staat unterstützt, indem der Umwandlung der Bank in eine Aktiengesellschaft zugestimmt wurde.[683] Damit war der *A. Schaaffhausen'sche Bankverein* „die erste deutsche und preußische Aktienbank ohne das Recht der Notenausgabe mit dem […] Ziel, Handel und Industrie zu fördern, sich an der Gründung von Industrieunternehmen zu beteiligen."[684]

Der Staat wandelte die Gesellschaft in eine Aktiengesellschaft um, um sie vor der Insolvenz zu retten. Die Aktien der Gesellschaft unterteilten sich in drei Kategorien. Kategorie A waren Aktien, die für die Gläubiger ausgegeben wurden. Sie erhielten für die Hälfte ihres Forderungswertes Aktien an der Gesellschaft, auf die eine feste Dividende in Höhe von 4,5% gezahlt wurde und suk-

678 Pohl, Konzentration, S. 53.

679 Burhop, S. 80.

680 Fuchs, S. 136.

681 Hansen, S. 538, Anm. 2.

682 Pohl, Konzentration, S. 55.

683 Pohl, Konzentration, S. 59; Burhop, S. 80; von Poschinger, Band 2, S. 236 ff.

684 Pohl, Konzentration, S. 51.

zessive nach Auslosung von 10% der Aktien pro Jahr getilgt wurden. Dafür gewährte der Staat den Gläubigern eine Staatsgarantie. Die andere Hälfte der Gläubigerforderungen wurde in Aktien der Kategorie B umgewandelt. Dies waren normale Inhaberaktien mit einer Dividendenzahlung, die der Rückzahlung und Dividendenzahlung der Aktien der Kategorie A vorausging. Diese Aktien erhielten maximal 4% Dividende, bis die Aktien der Kategorie A vollständig zurückgezahlt waren. Zudem gab es noch Aktien der Kategorie C, deren Dividendenzahlung nach der Dividendenzahlung der Aktien der Kategorien A und B erfolgte. Bis zur vollständigen Rückzahlung der Aktien der Kategorie A wurden maximal 2% aber mindestens 1% Dividende auf diese Aktien gezahlt, notfalls auch aus dem Kapital der Gesellschaft. Diese Aktien gehörten der Witwe Schaaffhausen, nach deren Tod die Mindestdividende auf zwei Drittel Prozent sank. Diese Aktien waren unübertragbar.[685]

Die Erhaltung der Gesellschaft stand also im Vordergrund. Daher ließ sich der Staat darauf ein, notfalls das Kapital der Gesellschaft teilweise an die ehemalige Eigentümerin der Bank, die Witwe Schaaffhausen, auszuzahlen. Ziel der Transaktion war es aber, die Gläubigerforderungen zu tilgen, zumindest hälftig und in der Folge eine ganz normale Aktiengesellschaft aufzubauen.

Eine Einzahlung des Kapitals war aufgrund der schon vorhandenen Gläubigerforderungen erlässlich. Problematisch erscheint auf der einen Seite die Staatsgarantie für die Aktionäre mit Aktien der Kategorie A, also für die ehemaligen Gläubiger. Neue Gläubiger der Gesellschaft hätten dadurch benachteiligt werden können; sie hatten eine solche Garantie nicht und konnten auch nicht wissen, wie es um das Unternehmen stand. Mit Hilfe dieser Garantie konnte die Bank aber gerettet werden.

Darüber hinaus hätte die Dividende der Aktien der Witwe Schaaffhausen mit ihrer Mindestdividende bei einem jährlichen Gewinn unter 9,5% (Dividende der Aktien Kategorie A 4,5% plus Dividende der Aktien Kategorie B 4% plus Dividende der Aktien Kategorie C 1%) das Kapital der Gesellschaft aufzehren können. Auch damit würde das Zugriffskapital für die Gläubiger gemindert. Das barg weiteres Risikopotential für neue Gläubiger.

Die Rettungsaktion glückte jedoch. Die Bilanzsumme der Bank stieg von 7,6 Millionen Taler im Mai 1848[686] auf 17,6 Millionen Taler 1869 an.[687] Auch die Dividende lag durchschnittlich zwischen 1848 und 1859 bei 6,25% jährlich, zwischen 1860 und 1869 bei 7,2% jährlich.[688] Die Bank beteiligte sich nach wie

685 §§ 6 ff. des Statuts.

686 Pohl, Konzentration S. 56.

687 Burhop, S. 80.

688 Burhop, S. 80; Riesser, Großbanken, S. 64.

vor aktiv an der Entwicklung des Ruhrgebiets. Zwischen 1852 und 1858 gründete sie zahlreiche Aktiengesellschaften bzw. wandelte bestehende Unternehmen in solche um.[689] Neben der Ausgabe von Aktien und Obligationen begab die Bank beträchtliche Kontokorrentkredite und Akzepte[690].[691] Bereits seit dem 1. Juli 1851 arbeitete die Bank wieder ohne Staatshilfen.[692]

3. Einzahlung des Aktienkapitals der Notenbanken

Die Statuten der Notenbanken lassen sich zum Teil wegen des nahezu wortgleichen Inhalts zusammen fassen.[693] Das Aktienkapital der betreffenden Banken[694] wurde in bar in Raten von 10% bis 25% je nach dem Bedürfnis der Bank verlangt. Diese Banken durften ihr Geschäft erst dann beginnen, wenn die Hälfte des Kapitals eingezahlt worden war.

Jedoch wurde bei der Gruppe der ansonsten fast wortgleichen Satzungen in puncto Einzahlung des Aktienkapitals abgewichen. Bei der *Danziger Privat-Aktienbank* erfolgte die Zahlung laut § 6 des Statuts in bar. Die erste Rate in Höhe von 50% war nach der landesherrlichen Bestätigung fällig, der Rest innerhalb eines Jahres in Raten von 10% bis 25%. Nach § 19 des Statuts durfte die Bank die Geschäfte erst beginnen, wenn die Hälfte des Kapitals eingezahlt worden war. Das war der Fall, wenn nach der landesherrlichen Bestätigung von allen Aktionären die erste Rate in die Gesellschaft eingebracht worden war.

Das Statut der *Magdeburger Privatbank* verlangte eine Sicherheitsleistung bei der Aktienzeichnung. Nach § 7 des Statuts musste der Zeichner 20% des Nominalwertes der gezeichneten Aktien in bar oder in Form von vom Staat ausgegebenen Wertpapieren einzahlen. Zusätzlich musste das Aktienkapital binnen eines Jahres ab der Bestätigung des Statuts eingezahlt sein, sonst wäre die Konzession erloschen.

Im Gegensatz zu den nur leicht abgewandelten Formen der Kapitaleinzahlung verlangte die *Bank des Berliner Kassen-Vereins* eine differenzierte Einzahlung. § 2 der Satzung sagte aus:

---

689 Burhop, S. 80; von Poschinger, Band 2, S. 238 f.; Riesser, Großbanken, S. 62 f.

690 Angenommene Wechsel.

691 Burhop, s. 80.

692 Hocker, S. 575.

693 vgl. oben Zirkularverfügung für Preußen 1845.

694 § 6 des Statuts der Dortmunder Privat-Aktienbank; § 4 des Statuts der Cölnische Privatbank; § 6 des Statuts der Provinzial-Actien-Bank des Großherzogthums Posen in Posen; § 6 des Statuts der Königsberger Privatbank; § 6 des Statuts der Hagener Privat-Aktienbank.

„Das erste Drittel muß in baarem Gelde, das zweite Drittel entweder in guten diskontirten Wechseln, oder auch in baarem Gelde, das letzte Drittel kann entweder in inländischen, auf jeden Inhaber lautenden Staats-, Kommunal- oder andern unter Autorität des Staats von Korporationen oder Gesellschaften ausgegebenen Papieren nach dem Berliner Börsenkurs des Tags der Einlieferung – oder in diskontirten Wechseln, oder endlich in baarem Gelde gezahlt werden."

Allerdings wäre die Konzession erloschen, sofern der volle Nominalbetrag des Aktienkapitals nicht binnen eines Jahres einbezahlt worden wäre.[695]

Die Banken aus nicht preußischen Gebieten gestalteten die Einzahlung des Aktienkapitals ohne Rücksicht auf die Zirkularverfügung.

Die Satzung der *Anhalt-Deßauischen Landesbank*[696] enthielt über die Einzahlung des Aktienkapitals kaum Regelungen. Es sollten nur Raten von maximal 10% eingezahlt werden. Näheres sollte der Verwaltungsrat bestimmen.

Die *Braunschweigische Bank*[697] ließ 10% des Nominalwertes der gezeichneten Aktien einzahlen. Die restlichen Raten mit maximaler Höhe von 10% je Rate bestimmte der Verwaltungsrat. Neue Aktien konnten nach Verwaltungsratsbeschluss bereits nach der Einzahlung von 50% des Nominalwertes ausgegeben werden.

Die *Bremer Bank*[698] bestand ebenfalls auf die Hinterlegung von 10% des Nominal-aktienwertes bei der Zeichnung. Das „provisorische Comite" bzw. später der Verwaltungsrat sollte die restliche Einzahlung festsetzen.

Gemäß § 3 des Statuts der *Darmstädter Bank für Süddeutschland* wurden als Gründungserfordernis zunächst lediglich 25% des ausgewiesenen Aktienkapitals emittiert. Die Aktionäre sollten die volle Aktiensumme nach Bestimmung des Verwaltungsrats einzahlen.[699] Zeichner hafteten bis 20% der von ihnen gezeichneten Nennbeträge.[700]

Bei der *Frankfurter Bank*[701] wurde zunächst nur die Hälfte des in der Satzung ausgewiesenen Kapitals emittiert. Die Verwaltung konnte die Ausführung des Unternehmens beschließen, wenn davon die Hälfte der Aktien gezeichnet wurden und 20% des Nominalbetrages der Emission eingezahlt wurden - im Ergebnis waren das 10% des ausgewiesenen Aktienkapitals. Die zweite Hälfte durfte erst emittiert werden, wenn die erste Hälfte des Kapitals vollständig eingezahlt worden war. Hierfür stellte der Verwaltungsrat einen Antrag an die Ge-

695 § 2 des Statuts.
696 § 12 des Statuts.
697 §§ 4, 6 des Statuts.
698 §§ 7, 8 des Statuts.
699 § 6 des Statuts.
700 § 7 des Statuts.
701 Art. 2, 6 des Statuts.

neralversammlung, die die Emission dann beschließen sollte. Schließlich bestimmte Art. 6 des Statuts die volle Einzahlung des Aktienkapitals.

Auch die *Geraer Bank*[702] gab zunächst nur die Hälfte ihres ausgewiesenen Aktienkapitals aus. Die andere Hälfte sollte bei erweitertem Geschäftsbetrieb und Barmittelerfordernis nach Generalversammlungsbeschluss sowie staatlicher Zustimmung emittiert werden. Nach § 10 des Statuts waren bei Zeichnung 10% des Kapitals einzuzahlen. Der Restbetrag war in Raten von maximal 10% nach Kapitalbedürfnis und Verfügung des Verwaltungsrats einzuzahlen.

Das Statut der *Privatbank zu Gotha* wies in Art. 4 nicht aus, welcher Teil des Kapitals emittiert werden sollte. Das „einzusetzende Comite" sollte beschließen, wie viele Aktien ausgegeben werden sollten. Wurde nicht das gesamte Kapital emittiert, sollte die Direktion mit Genehmigung des Verwaltungsrats über weitere Emissionen entscheiden. Mindestens 10% des Nominalwertes sollten bei Übernahme der Aktien gezahlt werden. Die Direktion beschloss weitere Teilzahlungen.

Die Gründung der *Hannoverschen Bank für Handel und Gewerbe*[703] erfolgte, wenn die Gesellschaft der Regierung die Zeichnung von mindestens zwei Millionen Talern angezeigt hatte; die Eröffnung der Bank bei Einzahlung von einer Million Taler. Nach § 6 des Statuts wurde das Kapital in Raten zu maximal 10% eingezahlt. Das „Comite" bzw. nach Gründung der Verwaltungsrat bestimmten die Einzahlungen.

Das Statut der *Leipziger Bank*[704] verlangte, dass die Aktionäre bei Zeichnung 25% des Nominalwertes der Aktien einzahlen. Der Rest wurde in Raten zu höchstens 25% vom Direktorium je nach Bedürfnis eingefordert.

Die *Lübecker Privatbank* forderte in § 5 des Statuts die vollständige Einzahlung des Aktienkapitals in bar.

Die *Luxemburger Internationale Bank*[705] galt als gegründet, wenn 25% des Aktienkapitals begeben und darauf 30% des Nominalbetrags eingezahlt worden waren. Die Verwaltung bestimmte die Einzahlungsraten und -fristen.

Die Gründung der *Mitteldeutschen Creditbank in Meiningen zur Förderung von Industrie und Handel*[706] erfolgte, nachdem die Hälfte der im Statut ausgewiesenen Aktien untergebracht und davon 20% Einzahlung nachgewiesen worden waren. Diese 20% des Nominalwertes waren drei Tage nach Zuteilung fällig. Die übrigen Raten und Modalitäten bestimmte die Verwaltung.

---

702 § 5 des Statuts.

703 § 5 des Statuts.

704 § 5 des Statuts.

705 §§ 3, 6 des Statuts.

706 §§ 4, 9 des Statuts.

Da die *Privilegierte Österreichische National-Bank* ihr Privileg nur verlängerte, war das Aktienkapital bereits gemäß § 1 des Statuts vollständig eingezahlt.

Die *Rostocker Bank*[707] verlangte höchstens Raten in Höhe von 25% des Nominalwertes je nach Bedarf der Bank. Bei der Zeichnung waren 25% des Nominalwertes einzuzahlen.

Jeder Aktionär der *Sächsischen Bank zu Dresden*[708] sollte den vollen Nominalwert seiner Aktien aufbringen und nach der Bestimmung des Verwaltungsrates einzahlen. Bereits die Zeichner hafteten bis zu einer Höhe von 40% des Nominalwertes der gezeichneten Aktien persönlich.

Bei der Zeichnung der Aktien der *Thüringischen Bank*[709] waren 10% des Nennwertes der gezeichneten Aktien in bar oder in Form von Inhaberwertpapieren, die mit einem Kursabschlag von 10% bewertet wurden, zu hinterlegen. Die Einzahlungen selbst bestimmte der Verwaltungsrat.

Es fällt auf, dass bei den vor der Aktienrechtsnovelle 1870 gegründeten Notenbanken die Einzahlung des Aktienkapitals strenger geregelt worden war als bei den Banken ohne Notenausgabeprivileg. Mehrmals wurde eine Bareinlage zumindest für einen Teilbetrag des Kapitals gefordert, die zum Teil auch schon bei der Zeichnung der Aktien fällig wurde. In einigen Satzungen findet sich zusätzlich die Anweisung, dass das Kapital vollständig bzw. konkretisiert binnen eines Jahres eingezahlt werden musste. Diese Regelung fehlte bei den Banken ohne Notenausgabeprivileg.

Allerdings ist auch zu beobachten, dass zunächst in den meisten Fällen eine Teileinzahlung des Aktienbetrages zur Gründung genügte und der Restbetrag in kleinen Raten nachgezahlt werden sollte. Dies entspricht wie oben bereits ausgeführt den damaligen Kapitalverhältnissen und führte möglicherweise zu langjährigen Zahlungen bis das volle Aktienkapital in die Gesellschaft gelangte.

Trotzdem waren die Notenbanken bezüglich der konkretisierten und strengeren Kapitaleinzahlungsregelungen und wegen der wahrscheinlicheren Volleinzahlung des Kapitals gläubigernäher. Die Notenausgabe war ein sensibler Geschäftsbereich, der mehr Schutz bedurfte, um seine Funktionstüchtigkeit zu erreichen oder zu erhalten und das Wirtschaftsleben nicht zu beeinträchtigen.

707 § 5 des Statuts.

708 §§ 5, 6 des Statuts.

709 § 4 des Statuts.

4. Einzahlung des Aktienkapitals nach der Aktienrechtsnovelle 1870

In der Aktienrechtsnovelle von 1870 wurden Regelungen aufgenommen, um eine „besondere Vorsorge wegen Gestaltung und Erhaltung des Grundkapitals“[710] zu gewährleisten, weil die Genehmigung des Staates wegfiel.[711] Nach Ansicht des Gesetzgebers machte das Kapital die Gesellschaft aus, und die Gläubiger vertrauten auf den Kapitalbestand mehr als allein auf die Gesellschafter. Aus diesem Grund sollte als Gründungsvoraussetzung die volle Zeichnung der Aktien und eine Teileinzahlung des Kapitals nachgewiesen werden sowie auf die dauernde Kapitalerhaltung geachtet werden.[712]

Nach Art. 209 b I 1 ADHGB 1870 mussten besondere Vorteile eines Aktionärs im Gesellschaftsvertrag angegeben werden. Hierzu zählte unter anderem, wenn Gründern, Vorständen oder zum Teil auch anderen Personen Aktien gewährt wurden, wobei gleichzeitig auf die Haftung dieser Einlagen verzichtet wurde.[713] Diese Regelung sollte dem Schutz der Mitaktionäre dienen.[714]

Allerdings verfehlten diese Schutzmechanismen häufig ihren Zweck, da spätere Zeichner bei einer üblichen Sukzessivgründung[715] die im Gesellschaftsvertrag festgelegten Sacheinlagen, Sachübernahmen oder Sondervorteile nicht einschätzen und nur schlecht bewerten konnten. Dessen ungeachtet, gab es keine effektive Kontrolle der Einhaltung der Normen und es fehlten zivilrechtliche Haftungsnormen, welche beispielsweise nicht sachgerechte Sacheinlagebestimmungen sanktionieren hätten können.[716]

---

710 Stenographische Berichte 1870, Anlage Nr. 158, Motive, S. 645, 655.

711 Ebd.

712 Ebd.

713 Bayer, S. 725, Rn. 29.

714 Ebd., Rn. 30.

715 Sukzessivgründung: Bei einer Sukzessivgründung erfolgte die Aktienausgabe nach und nach, d.h. es wurde zunächst nur ein Teil des Aktienkapitals begeben und später je nach Bedarf der Gesellschaft der Rest der Aktien emittiert. vgl. bspw. § 4 des Statuts der Commerz- und Disconto-Bank in Hamburg; §§ 4, 5 des Statuts der Allgemeinen Deutschen Creditanstalt; Art. 2 des Statuts der Frankfurter Bank; § 5 des Statuts der Geraer Bank; Art. 4 des Statuts der Privatbank zu Gotha; § 4 des Statuts der Hannoverschen Bank für Handel und Gewerbe; § 4 des Statuts der Lübecker Privatbank; §§ 3, 4 des Statuts der Luxemburger Internationalen Bank; §§ 5, 10 des Statuts der Niederösterreichischen Escompte-Gesellschaft; §§ 9, 11 des Statuts der K. K. Priviligierten Österreichischen Credit-Anstalt für Handel und Gewerbe; § 4 des Statuts der Rostocker Bank; § 5 des Statuts der Bayerischen Vereinsbank; § 3 des Statuts der Braunschweigischen Bank; § 4 des Statuts der Darmstädter Bank für Handel und Industrie.

716 Bayer, S. 725, Rn. 30.

Nach wie vor konnte ein Aktionär von seiner Einzahlung teilweise befreit werden.
Art. 222 I Nr. 2 ADHGB 1870 schrieb lediglich vor, dass eine Einzahlung in Höhe
von 40% des Nominalbetrags der gezeichneten Einlage geleistet werden musste. Eine Liberierung von den restlichen 60% wurde in der Praxis häufig vorgenommen,[717] so dass in den Gesellschaften möglicherweise weniger Kapital vorhanden war als in der Satzung ausgewiesen. Die Gläubiger und sonstige Außenstehende konnten aufgrund dessen die wirklich vorhandene Höhe des Kapitals von außerhalb nicht erkennen.[718] Zudem konnten die nicht voll eingezahlten Inhaberaktien an der Börse frei gehandelt werden.[719] Dies wurde im Nachhinein stark kritisiert und mit dem Gründerkrach in Verbindung gebracht.[720] In der 1884 folgenden Aktienrechtsnovelle wurde daher die Aktienliberierung verboten, Art. 219 II, 184-184c ADHGB 1884.[721]

Durch die Begrenzung der Einzahlungspflicht auf das Aktienkapital in Höhe von 40% war die Möglichkeit geschaffen, dass das Kapital bei Kapitalbedarf der Gesellschaft nicht voll eingezahlt werden musste, sondern stattdessen junge Aktien ausgegeben werden konnten.[722] Auch die Gelegenheit der Gründer ein Agio[723] bei der Ausgabe der Aktien zu gewinnen, wurde heftig kritisiert.[724] Dies führte zu einem Verbot der Erhöhung des Grundkapitals vor der Volleinzahlung des Aktienkapitals in Art. 215 a ADHGB 1884.

Nach Art. 217 I 1 ADHGB 1870 durften Aktieneinlagen nach wie vor nicht verzinst werden, mit Ausnahme der Zeit der Vorbereitung des Unternehmens

717 Auerbach, Actienwesen, S. 82; Bayer, S. 725, Rn. 31; Lieder, S. 347, Rn. 50; Siegfried, S. 49.

718 Lieder, Rn. 50; Bayer, S. 725, Rn. 31.

719 Lieder, Rn. 50.

720 Loewenfeld, Actien-Gesellschaften, S. 56 ff.; Goldschmidt, S. 34; Behrend, S. 52; Auerbach, Actienwesen, S. 82 ff.; Sonnemann, S. 228 f.; Zimmermann, S. 259, 276; Hecht, Reform, S. 7 f.; Strey, S. 341 ff.; a.A. Grünhut, S. 79, 86 f.; Wiener, Reform, S. 18 f.; Keyßner, Aktiengesellschaften, S. 102, Fn. 16; Hecht, Börsen- und Actienwesen, S. 143 mit zahlreichen Nachweisen auch zur Gegenauffassung; Siegfried, S. 49 f.; Hommelhoff, in Schubert/Hommelhoff, S. 53, 79; Denkschrift zum Antrag Preußens, Protokolle über die Verhandlungen des Bundesrats des Deutschen Reichs, Nr. 89/1876, in: Schubert/Hommelhoff, S. 133 ff.; Wolffson, S. 71, 83; Geiger, Reform, S. 1, 11 f.

721 Bayer, S. 725, Rn. 31; Lieder, S. 348, Rn. 50.

722 Lieder, S. 348, Rn. 51.

723 Aufgeld.

724 Goldschmidt, S. 31 f.; Auerbach, Actienwesen, S. 91 f.; Zimmermann, S. 259, 278; Loewenfeld, Actien-Gesellschaften, S. 60 f.; a.A. Behrend, S. 81; Geiger, Reform, 1, 12, 13 f.; Ladenburg, S. 187, 196; Keyßner, Aktiengesellschaften, S. 205.

(Abs. 2). Dividenden durften nach Art. 217 I 2 ADHGB 1870 nicht gezahlt werden, wenn die Einlagen durch Verluste nicht voll im Unternehmen vorhanden waren. Dies diente der Kapitalerhaltung.

Nach Art. 215 III ADHGB 1870 durfte die Gesellschaft explizit keine eigenen Aktien erwerben. Dies sollte die Spekulation mit den eigenen Aktien verhindern.[725] Die Motive der Aktienrechtsnovelle begründeten, dass ein Erwerb eigener Aktien nicht mit dem Wesen der Aktiengesellschaft übereinstimme. Eine Aktiengesellschaft könne nicht gleichzeitig eine eigene Rechtspersönlichkeit und Aktionär sein. Sowohl der Ankauf eigener Aktien als auch der Erwerb nur teilweise eingezahlter Aktien gleiche faktisch einer Rückzahlung an die Aktionäre.[726]

Aus Art. 240 I ADHGB 1870 ergab sich, dass der Vorstand einer Gesellschaft dazu verpflichtet war, eine Generalversammlung einzuberufen, wenn sich das Grundkapital halbiert hatte. Nach Abs. 2 musste bei Überschuldung Konkurs angemeldet werden.

Die Einzahlungsmodalitäten bei den Aktienbanken, die nach der Aktienrechtsnovelle 1870 gegründet worden waren, unterschieden sich trotz der geänderten Gesetzeslage auf den ersten Blick nicht sehr von denen, die zuvor gegründet worden waren.

Die *Dresdner Bank* beschrieb die Kapitaleinzahlung in § 7 des Statuts wie folgt:

> „Bei Constituierung der Gesellschaft sind 10 Procent des Nominalbetrages der Actien einzuzahlen. [...] Zur Einzahlung von 40 Proc. des Nominalbetrages der Actien sind die Zeichner unter allen Umständen verpflichtet, und können hiervon unter keiner Bedingung befreit werden. Nach Einzahlung von 40 Proc. sind die Zeichner von der Haftung für weitere Einzahlungen befreit und werden alsdann über die eingezahlten 40 Proc. auf Inhaber lautende Interimsscheine ausgestellt."

Hier zeigte sich die Anwendung der neuen gesetzlichen Regelungen. Eine 40%ige Einzahlung und die Haftung begrenzt auf diesen Kapitalanteil waren obligatorisch. Darüber hinaus hafteten die Aktionäre nicht und waren somit liberiert. Bei Gründung war die Einzahlung von 10% des Nominalbetrages fällig.

Nach § 7 des Statuts der *Deutschen Union Bank* waren vor der Eintragung ins Handelsregister 10% des Nominalwertes der Aktien einzuzahlen. Der nachfolgende Paragraph bestimmte, ähnlich dem Statut der *Dresdner Bank*, dass die Aktionäre unter keinen Umständen von der Zahlung in Höhe von 40% des Nominalwertes befreit werden konnten. Über diesen Wert hinaus konnte der Aufsichtsrat beschließen, dass die Zeichner nicht für weitere Einzahlungen hafteten.

---

725 Bayer, S. 726, Rn. 33.

726 Stenographische Berichte 1870, Anlage Nr. 158, Motive, S. 645, 658.

Die *Deutsche Union Bank* befreite also ihre Aktionäre nicht schon per Statut von der Volleinzahlungsverpflichtung.

Im Kontrast dazu verlangte die *Bergisch Märkische Bank*[727] die vollständige Einzahlung des Kapitals bzw. des höheren Kursbetrages bei der Emission.

In den Statuten der *Königsberger Vereins-Bank* und der *Lübecker Privatbank* finden sich keine Informationen bezüglich der Einzahlung des Aktienkapitals. Das liegt daran, dass es sich bei den ausgewerteten Statuten nicht um Gründungsstatuten, sondern um spätere handelte und das Aktienkapital folglich bereits eingezahlt worden war.

Auch das Statut der *Spar- und Darlehns-Bank in Altona* enthielt keine Angaben bezüglich der Kapitaleinzahlung.

Obwohl es sich bei der Satzung der *Norddeutschen Bank in Hamburg* nicht um eine Gründungssatzung handelte, enthielt das Statut Angaben zur Kapitaleinzahlung. Der Verwaltungsrat bestimmte Fristen und Beträge der Einzahlung und es wurde eine vollständige Kapitaleinbringung angeordnet.[728] Ebenso wurde im Statut von 1889 der *Deutschen Bank* verfahren. Die Einzahlung des Aktienkapitals wurde der Ausgestaltung des Aufsichtsrats überlassen.[729] Darüber hinaus durfte gem. § 9 des Statuts die Volleinzahlung nur verzinst werden, wenn genügend Reingewinn hierfür vorhanden war. Eine Verzinsung[730] des Aktienkapitals war grundsätzlich verboten, allerdings nur, wenn der Gesellschaft damit Kapital entzogen wurde, d.h. aus Gewinnen durfte auch das Aktienkapital verzinst werden.[731]

Im Unterschied zu den zuvor gegründeten Banken wurde eine Volleinzahlung selten im Statut verlangt. Gerade bei den zuvor gegründeten Notenbanken, aber auch bei den Aktienbanken ohne Notenausgabeprivileg war häufig der Hinweis zu finden, dass die Aktien voll eingezahlt werden sollten. Dies war zumindest das Ziel im Statut, auch wenn es wegen der kleinen Raten häufig lange dauerte, wenn überhaupt, bis die Aktien voll eingezahlt waren.

---

727 Art. 8 des Statuts.

728 §§ 5, 7 des Statuts.

729 § 9 des Statuts.

730 Der Unterschied zwischen Zins und Dividende ist heute dadurch gekennzeichnet, dass eine Verzinsung vom erzielten Gewinn unabhängig geschuldet wird. Ein Zinssatz muss nicht in einem fixen Prozentsatz vom zu verzinsenden Kapital angegeben, er kann vielmehr auch flexibel (floating rate) ausgestaltet sein. Eine Dividende kann nach § 60 II 1 AktG ebenfalls als bestimmter Anteil am eingesetzten Kapital festgelegt werden, der nur im Falle der Gewinnerzielung gezahlt wird. Baums, Zinsverbot, Fn. 16.

731 Renaud, 1875, S. 686; Baums, Zinsverbot, S. 3 f., 9, 14; Keyßner, Aktienzinsen, S. 105 f., 108 f.; Thöl, S. 505 f.

Insgesamt war die Einzahlung des vollen Aktienkapitals keine gesetzliche Gründungsvoraussetzung; es wurde entsprechend häufig von der Liberierungsmöglichkeit Gebrauch gemacht. Eine Kontrolle der Kapitaleinzahlung oder der Solidität des Unternehmens durch den Staat fand nicht statt.

IV. Bereithaltung des Reservefonds

Die Bereithaltung eines Reservefonds in einer Aktienbank könnte eine Art zusätzliche Rücklage für eine Gesellschaft darstellen, um ein solide aufgestelltes Unternehmen aufbauen zu können, das auch in schlechten Zeiten in der Lage ist, alle Gläubiger zu bedienen, ohne in den Konkurs zu geraten. Ein solcher Fonds könnte damit einen Gläubigerschutz gewährleisten, aber auch das Aktienkapital unterstützen.

Eine Reservebildung war allerdings nicht immer gesetzlicher Bestandteil des Gesellschaftsvertrags, des Statuts, bei Aktiengesellschaften. Im Gesetz über die Aktiengesellschaften von 1843 wurde von einer gesetzlichen Reserve noch nichts erwähnt. Später durften nach Art. 217 I ADHGB 1870 Dividenden aus dem Unternehmen nur nach Abzug des Reservekapitals, sofern im Gesellschaftsvertrag eines bedungen worden war, aus den reinen Überschüssen ausgezahlt werden. Ein Reservefonds war gesetzlich also nicht vorgeschrieben und somit allenfalls eine in den Statuten eigens auferlegte Pflicht der Gesellschaft.

Ein Reservefonds beinhaltete diejenigen Überschüsse der jeweiligen Gesellschaft, die nach der Ausschüttung der Gewinne im Unternehmen verblieben. Eine offene also sichtbare Reserve, das heißt eine in der Bilanz passivierte Reserve, blieb dem Gesellschaftszweck damit zur Verfügung.[732] Das Eigenkapital der Gesellschaft erhöhte sich dadurch, ohne dass das Grundkapital anstieg.[733]

Die ursprüngliche Absicht des Reservefonds war nicht die Beseitigung einer eventuellen Unterbilanz, sondern die Verzinsung[734] der Aktien sicher zu stellen, auch in Zeiten, in denen das Unternehmen Verluste machte. Gleichzeitig führte die Bildung eines Reservefonds dazu, dass den Gefahren von Ausschüttungen im Verlustfall entgegengewirkt wurde.[735]

Erstmals im ADHGB 1884 fanden sich Vorschriften bezüglich der Bildung eines gesetzlichen Reservefonds. Nach Art. 239 b ADHGB 1884 i.V.m. Art. 185 a bis c ADHGB 1884 musste zur Deckung eines Bilanzverlustes eine Reserve angelegt werden. In diesen Fonds mussten mindestens 5% des jährlichen Reingewinns eingezahlt werden bis die Gesamtsumme des Fonds mindestens 10%

732 Passow, S. 272.

733 Ebd.

734 vgl. oben.

735 Bösselmann, S. 133.

des Gesamtkapitals der Gesellschaft erreicht hatte. Höhere Beträge konnten im Statut festgelegt werden. Zusätzlich war der Gewinn bei der ersten oder weiteren Ausgabe von Aktien über den Nominalbetrag in diesen Fonds einzubringen.[736] Art. 185 c II ADHGB 1884 überließ die übrigen Ausgestaltungen der Reserve dem Gesellschaftsvertrag.

Indem Reserven ab 1884 „zur Deckung eines aus der Bilanz sich ergebenden Verlustes“[737] gebildet wurden, durften sie nicht mehr zu außerordentlichen Ausgaben verwendet oder an die Aktionäre – bis auf im Fall der Liquidation der Gesellschaft – verteilt werden.[738] „Die Bedeutung der gesetzlichen Reserve besteht also darin, daß das unverteilbare Reinvermögen der Aktienunternehmung dadurch erhöht wird. Darauf beschränkt sich aber auch seine Bedeutung.“[739]

Über die gesetzliche Reserve hinaus konnte eine freiwillige Reserve gebildet werden. Diese Reserve konnte entsprechend auch anderen Zwecken als dem Verlustausgleich zugeführt werden.[740]

Bei der Ermittlung des Jahresüberschusses kann es zu weiteren Reserven kommen, wenn die Bewertung der Aktiva zu niedrig oder die Bewertung der Passiva, insbesondere der Schulden des Unternehmens, zu hoch ausfallen. Diese Reserven werden stille Reserven genannt, weil ein Außenstehender diese nicht ohne Weiteres erkennen kann. Diese Art von Reserven kommt zwar auch den Gläubigern im Falle des Konkurses zu Gute, da diese dann durch die Verwertung der Gesellschaft zu Tage gefördert werden. Die Aktionäre können von diesen Reserven bei Veräußerung oder späterer „Richtigbewertung“ der Bilanzposten in Form von außerordentlichen Gewinnen profitieren.[741] Allerdings werden diese Reserven in der Regel nicht statutarisch erfasst[742] und werden daher an dieser Stelle nicht in die Betrachtung mit einbezogen.

In den untersuchten Satzungen war bereits vor einer gesetzlichen Regelung die Bildung eines Reservefonds enthalten. Dieser umfasste häufig zehn Prozent des Eigenkapitals und wurde je nach Satzung einer unterschiedlichen Verwendung und verschiedenen Zwecken zugeführt. Bis 1884 handelte es sich um eine freiwillige Reserve, so dass die Verwendung und der Zweck des Fonds frei blieben. Jedoch musste die Reserve bei Verwendung oftmals mit anschließenden

736 Dies entspricht dem Agio.
737 Art. 185 b I ADHGB 1884.
738 Passow, S. 274.
739 Ebd., S. 275.
740 Ebd., S. 275 f.
741 Ebd., S. 280.
742 Ein Gegenbeispiel hierfür sind festgelegte Abschreibungsbeträge, die über der tatsächlichen Wertminderung des abzuschreibenden Gegenstandes liegen.

Gewinnen wieder aufgefüllt[743] werden. Damit übereinstimmend hatte gemäß Art. 217 I 2 ADHGB 1870 auch nach Wegfall der Staatsgenehmigung die Dividendenzahlung zu entfallen, wenn der durch Verlust geminderte Gesamtbetrag der Einlagen noch nicht wieder aufgefüllt worden war. Dies galt jedoch nur, wenn die Gesellschaft freiwillig einen Reservefonds in ihrem Statut festgelegt hatte. Diese Regelung entsprach der bereits geübten Praxis der preußischen Genehmigungsbehörden.[744]

Damit konnten zehn Prozent des Grundkapitals - bzw. so hoch wie der Reservefonds im Konkreten sein musste - als zusätzliche Reserve die Gläubiger der Gesellschaft absichern. Allerdings müsste diese Reserve von ihrem Zweck her auch dahingehend bestimmt worden sein.

1. Bereithaltung des Reservefonds vor der Aktienrechtsnovelle 1870

Alle der hier ausgewerteten Statuten enthielten Regelungen zur Bildung einer Reserve. Diese sahen, weil sie freiwillig waren, unterschiedlich aus.

Der Reservefonds war nicht, wie das Wort Fonds vermuten ließe, eine abgeschlossene und separierte Geldmasse.[745] Es handelte sich vielmehr um einen Teil des Eigenkapitals, der oft nicht weiter separiert wurde.

Das Statut der *Deutschen Bank* bestimmte in § 41, dass 10% des Gewinns in den Reservefonds fließen sollten, bis dieser 10% des eingezahlten Kapitals erreicht hatte. Darüber hinaus war er nach § 43

> „lediglich zur Deckung ausserordentlicher Ausgaben und Verluste bestimmt. Ist er angegriffen worden, so muss er wiederum bis zu der Minimalhöhe von 10 Procent ergänzt werden. Über die Verwendung des Reservefonds entscheidet der Verwaltungsrath. Der Reservefond bildet einen Theil des Betriebsfonds der Gesellschaft und wird daher nicht getrennt verwaltet. Der Verwaltungsrath kann beschliessen, dass ein Theil der im Kontokorrent-Geschäft erworbenen Provisionen zur Bildung einer Spezialreserve abgesetzt wird. Aus dem Spezialreservefond sind dann die im Kontokorrentgeschäft vorkommenden Schäden zunächst zu decken."

An diesem Beispiel wird ersichtlich, dass einerseits eine Reserve aus den Gewinnen gebildet werden sollte, diese aber andererseits nicht nur zum Verlust-

743 Vgl. stellvertretend etwa: § 43 der Satzung der Deutsche Bank; § 14 der Satzung der Dresdner Bank; § 40 der Satzung der Königsberger-Vereinsbank; § 40 der Satzung der Deutsche Union Bank.

744 Lieder, S. 355, Rn. 65 mit Hinweis auf Stenographische Berichte 1870, Anlage Nr. 158, Motive, S. 645, 656 f., mit Hinweis auf die Zusammenstellung einiger bei Prüfung der Statuten von Actien-Gesellschaften angenommenen allgemeinen Grundsätzen, Nr. 44, Abdruck: Königlich Preußischer Staatsanzeiger 1856, Nr. 124, S. 994, 995.

745 Passow, S. 275.

ausgleich bestimmt wurde, sondern auch außerordentliche Ausgaben damit bestritten werden sollten. Im Konkreten hieß dies, dass der Verwaltungsrat der Bank die Hoheit über diesen Fonds inne hatte und bestimmen durfte, wofür dieser eingesetzt werden sollte. Damit handelte es sich nicht um eine Reserve, die dem Unternehmen erhalten bleiben sollte, um die Gläubiger und auch die Aktionäre in schlechten Zeiten zu schützen. Die erwähnte Spezialreserve diente ausschließlich dazu, Schäden aus dem Kontokorrentgeschäft, jedoch nur unter der Bestimmungshoheit des Verwaltungsrats, regulieren zu können.

Mit der Bildung des Reservefonds wurde unterschiedlich umgegangen. Es gab Banken wie den *A. Schaaffhausen'schen Bankverein*,[746] die den Reservefonds erst nach allen anderen Gewinnverwendungsarten bedienten. Das heißt, hier waren zunächst die Dividende der Aktionäre, die Tantiemen der Direktoren und des Verwaltungsrates vom Gewinn zu zahlen, ehe der Reservefonds bespart wurde. Einen Mittelweg fand diesbezüglich zum Beispiel die *Allgemeine Deutsche Creditanstalt*,[747] die nach Abzug einer fixen 4%igen Dividende 5% an den Reservefonds abgab. Art. 66 und 67 des Statuts der *Frankfurter Bank* hingegen bestimmten, dass zunächst der Reservefonds mit einem Viertel des Reingewinns bedient werden musste und danach erst der Gewinn als Dividende verteilt werden durfte. Die Banken räumten dem Reservefonds also unterschiedliche Prioritäten ein.

Auch die Höhe des anzusparenden Reservefonds variierte. Die *Commerz- und Disconto-Bank in Hamburg*[748] und die *Norddeutsche Bank in Hamburg*[749] verlangten in ihren Statuten eine Ansparung von 10% des Kapitals als Reservefonds. Der Beschluss über Beiträge darüber hinaus blieb der Generalversammlung überlassen. Ebenfalls 10% umfasste der Reservefonds der *Allgemeinen Deutschen Creditanstalt*[750].

Das Statut der *Bayerischen Vereinsbank*[751] bestimmte, dass 10% des Gewinns nach Abzug einer 4%igen Dividende an den Reservefonds gezahlt wurden. Der Reservefonds sollte insgesamt auf 10% des eingezahlten Kapitals anwachsen.

§ 40 des Statuts der *Bayerischen Vereinsbank*:

> „Ueber den Reservefond wird in den Büchern der Gesellschaft besondere Rechnung geführt; derselbe bildet übrigens einen Theil des wirkenden Gesellschaftskapitals und wird ohne besondere Zinsvergütung zum Geschäftsbetriebe mitverwendet.

746 Statut des Schaaffhausen'schen Bankvereins, § 52.
747 § 43 des Statuts.
748 § 27 des Statuts.
749 § 64 des Statuts.
750 § 43 des Statuts.
751 § 28 des Statuts.

Schließt ein Geschäftsjahr nach Aufzehrung des etwaigen Gewinnübertrags aus dem Vorjahre mit einem Verlust am Kapital der Gesellschaft ab, so wird dieser Verlust zunächst aus dem Reservefonds ersetzt und eine Dividende bis zu 4 Proc. nur insoweit gewährt, als die Hälfte des nach Deckung des Kapitalverlustes verbleibenden Reservefonds, hierzu ausreicht; andernfalls wird der ungedeckt bleibende Betrag des Defizits vorgetragen und es findet eine Dividendenvertheilung so lange nicht statt, bis das Stamm-Kapital der Gesellschaft wieder completirt ist."

Bei der *Credit- und Versicherungs-Bank in Lübeck*[752] wurden zunächst 4% des Gewinns in eine Dividende umgelegt und 10% in wohltätige oder gemeinnützige Anstalten eingelegt. Danach wurde die Tantieme des Verwaltungsrats in Abzug gebracht. Vom Rest gingen nochmals zwei Drittel an die Aktionäre als Dividende und das letzte Drittel an den Reservefonds, solange, bis dieser ein Drittel des Kapitalfonds erreicht hatte. Wenn der Reservefonds diese Summe erreicht hatte, fiel auch das restliche Drittel als Dividende an die Aktionäre. Sollte der Fonds wieder unter die Grenze von einem Drittel des Kapitalfonds gesunken sein, würde er wieder aufgefüllt.

§ 42 des Statuts der *Credit- und Versicherungs-Bank in Lübeck*:

„Alle Entschädigungen und Verluste werden zunächst aus den laufenden Betriebsgeldern und wenn solche diese übersteigen aus dem Reservefonds gedeckt; erst nach Erschöpfung des letztern darf das Grundkapital verwendet werden."

Der Reservefonds wurde in diesem Fall also als Letztes bedacht. Die aktuellen Erträge der Aktionäre standen im Vordergrund. Jedoch wurde auf der anderen Seite das Grundkapital solange geschützt, wie die Betriebsgelder und der Reservefonds dazu ausreichten, Verluste oder Entschädigungen aus den Bank- und Versicherungsgeschäften zu tilgen.

Die Aktionäre des *Credit-Vereins für Handwerker in Magdeburg*[753] bekamen für ihre Einlagen eine 3%ige Verzinsung. Davon wurde jedoch die Stadt Magdeburg als Anteilseignerin ausgeschlossen. Der übrige Gewinn wurde je zur Hälfte auf die Bildung eines Reservefonds und auf die Zahlung einer Dividende für die zinsberechtigten Aktionäre verteilt. Verluste der Kasse wurden zunächst aus dem Reservefonds gedeckt.

Der Danziger *Sparkassen-Aktien-Verein*[754] verteilte vom Gewinn maximal 4% als verhältnismäßige Dividende an die Anteilseigner. Art. 17 des Statuts: „Der verbleibende Ueberschuß des Reingewinns wird dem Grundkapital [...] zugerechnet." Sollte sich das Grundkapital verringern, bekamen die Aktionäre keine Dividende, solange bis das Grundkapital wieder auf die Ausgangssumme angewachsen war. Das „Reserve-Grundkapital" sollte auf 200.000 Taler an-

752 §§ 38 ff. des Statuts.

753 § 6 des Statuts.

754 Art. 17 ff. des Statuts.

wachsen. Zusammen mit dem Aktienkapital ergab dies 203.000 Taler. Wie bereits angemerkt, entsprang die Gesellschaft einem Verein, so dass sich hieraus das - im Vergleich zu den anderen Banken – geringe Aktienkapital erklären lässt. War das Grundkapital auf den Sollbetrag angewachsen, sollten die Überschüsse durch Generalversammlungsbeschluss nicht an die Aktionäre verteilt, sondern „ganz oder theilweise zu gemeinnützigen, öffentlichen Zwecken, die sie [die Generalversammlung] angiebt, verwendet werde[n]“.[755]

Die *Darmstädter Bank für Handel und Industrie*[756] zahlte 10% von dem 4% übersteigenden Reingewinn an den Reservefonds bis dieser 10% des Aktienkapitals erreicht hatte. Im Fall von Verlusten wurde der Reservefonds in Anspruch genommen und es entfiel die über 4% hinausgehende Dividende solange, bis der Fonds wieder auf seinen Ausgangswert angewachsen war. Allerdings wurde der Reservefonds dieser Bank 1860 durch Dividendenzahlungen fast vollständig aufgebraucht.[757]

Aus dem Gewinn der *Dessauer Credit-Anstalt für Industrie und Handel*[758] wurden zunächst 4% an die Aktionäre verteilt. Vom übrigen Gewinn wurden 5% bis 20% auf den Reservefonds eingezahlt. Dieser Fonds sollte auf 20% des Nominalwertes der Aktien anwachsen. Der Reservefonds wurde zu den statutenmäßigen Geschäften verwendet und nicht verzinst. Sollte die 4%ige Verzinsung an die Aktionäre durch den Reingewinn nicht gedeckt sein, wurde diese aus dem Reservefonds geleistet. Bei Minderung des Fonds wurde dieser wieder aufgefüllt.

Bei der *Discontocasse in Leipzig*[759] enthielt der Reingewinn bereits eine Verzinsung von Aktien. 36% des Reingewinns wurden sodann in den Reservefonds angelegt, der auf 10% des ausgewiesenen Aktienkapitals anwachsen sollte. Das Aktienkapital sollte im Verlustfall völlig ergänzt werden, bevor der Gewinn wieder verteilt werden durfte.

Der Reservefonds der *Hamburger Vereinsbank*[760] betrug lediglich 5% des im Statut ausgewiesenen Aktienkapitals. Über die Verwendung der Sparrate zu Gunsten des Reservefonds in Höhe von 10% beschloss die Generalversammlung, wenn der Fonds auf die volle Summe angestiegen war.

Die *Lübecker Credit- und Versicherungs-Bank*[761] bestimmte den Reservefonds in der Höhe von einem Drittel des Kapitalfonds.

755 Art. 18 des Statuts.
756 §§ 40, 43 des Statuts.
757 Tambert, S. 31, Fn. 41.
758 §§ 52 ff. des Statuts.
759 § 16 des Statuts.
760 26. i.V.m. 3. des Statuts.
761 § 38 des Statuts.

Der Reservefonds der *Niederösterreichischen Escompte-Gesellschaft*[762] teilte sich in zwei Fonds. Ein Fonds, der mit 5% des Reinertrages bespart wurde, war Eigentum der Gesellschaft. Ein besonderer Reservefonds, der mit 15% des Reinertrages bespart wurde, kam den „theilnehmenden Creditinhabern“ zu Gute. Eine Maximalhöhe für den Reservefonds wurde im Statut nicht angegeben. Aus § 12 des Statuts lässt sich die Verwendung der Reserve erschließen:

> „Der erste ist zur Bedeckung solcher Verluste der Gesellschaft bestimmt, welche nicht aus der Unterlassung der Erfüllung einer Verbindlichkeit der Creditinhaber herrühren;
>
> der letztere aber hat die Bestimmung, Zahlungsrückstände und Verluste zu bedecken, welche entstehen, wenn Creditinhaber ihre Verbindlichkeiten gegen die Gesellschaft am Verfallstage nicht erfüllen.“

§ 22 des Statuts der *K. K. Priviligierte Österreichische Credit-Anstalt für Handel und Gewerbe*[763] bestimmte, dass 5% bis 20% des Gewinns in den Reservefonds eingezahlt werden sollten, allerdings erst nach Abzug einer 5%igen Dividende. Der Fonds sollte auf 20% anwachsen. Das Statut legte aber auch dar, dass wenn der Gewinn in einem Jahr nicht ausreichte, die 5%ige Verzinsung des Aktienkapitals zu gewährleisten, der Fehlbetrag aus dem Reservefonds zugewiesen werden würde. Darüber hinaus wurde der Reservefonds für die statutenmäßigen Geschäfte verwendet.

Hier zeigt sich, dass es durchaus üblich war, eine Reserve zu bilden, um den Aktionären ihre Dividende beziehungsweise eine fixe Verzinsung des Aktienkapitals auch in Zeiten nicht ausreichender Gewinne ausschütten zu können.

Der Reservefonds der *Actien-Gesellschaft Ravensberger Volksbank*[764] sollte 20% des Aktienkapitals ausmachen. Eine Ansparung darüber hinaus war zwar nicht verpflichtend, aber erlaubt. Diese Gesellschaft hatte zusätzlich eine Sicherungsmaßnahme für die Begründung der Gesellschaft in § 32 ihres Statuts verankert. Der Aufsichtsrat sollte, bis der Reservefonds 10.000 Taler betrug, für alle Ausfälle bis zum Betrag von 10.000 Talern einstehen. Solawechsel stellten dies sicher.

Die *Vereinsbank in Hamburg*[765] zahlte 10% der Überschüsse aus der Jahresbilanz an den Reservefonds, nachdem 4% zuvor an die Aktionäre gingen. Der Reservefonds sollte auf 5% des ausgewiesenen Aktienkapitals anwachsen. Wenn diese Summe erreicht worden war, beschloss die Generalversammlung über die weitere Verwendung der freiwerdenden Überschüsse.

---

762 § 12 des Statuts.

763 §§ 56, 58 f. des Statuts.

764 § 28 des Statuts.

765 27. des Statuts.

Insgesamt ist deutlich zu erkennen, dass zwar grundsätzlich eine Reserve gebildet wurde, diese aber unterschiedlich ausgestaltet wurde. Zu bemerken ist zudem, dass ein solcher Fonds auf besondere Rechnung geführt wurde. Allerdings wurde die Verwendung des Fonds immer wieder als werbendes oder wirkendes Gesellschaftskapital beschrieben, beziehungsweise diese Gelder für die statutenmäßigen Geschäfte verwendet. Vordergründig sollte die Dividende oder die Zinszahlung[766] auf das Aktienkapital damit abgesichert werden.

Obwohl das Gesetz seit 1843 eine Zinszahlung auf das eingezahlte Aktienkapital auf die Vorbereitungszeit des Unternehmens beschränkte, ist zugleich auffällig, dass es in dieser Zeit üblich war, explizit eine Zinszahlung für das eingezahlte Aktienkapital per Statut zu gewähren. Bei einigen Banken indes wurde diese Verzinsung indirekt an die Aktionäre gestattet, indem sie in ihrem Statut eine fixe Dividendenzahlung aus den Gewinnen vorab festlegten. Wenn diese Dividendenzahlung nun aus dem Reservefonds auch in Zeiten nicht ausreichender Gewinne gezahlt werden sollte, dann handelte es sich de facto um eine versteckte Zinszahlung an die Aktionäre. Es erfolgte nämlich eine festgelegte Eigenkapitalauszahlung, was einer Zinszahlung gleichkommt, und nicht nur eine Auszahlung der aktuellen Gewinne, wie es der Dividende grundsätzlich eigen ist. Das Gesetz erlaubte Dividenden- jedoch keine Zinszahlungen. Allerdings war zur damaligen Zeit nach § 17 des Aktiengesetzes von 1843 nur das Grundkapital der Gesellschaft geschützt, was bedeutete, dass das Aktienkapital nicht ausgezahlt werden durfte. Die Reserve bildete zwar zusätzliches Eigenkapital der Gesellschaft, dieses entspricht aber nicht dem Grundkapital, so dass die Auszahlung aus dem Reservefonds nicht unter das Verbot des § 17 fiel.

Ab 1861 wurde in Art. 217 I ADHGB 1861 explizit die Verzinsung des Aktienkapitals ausgeschlossen – es durfte nur der reine Bilanzüberschuss an die Aktionäre verteilt werden. Eine Vorabverzinsung der Aktionäre war nicht mehr über den Reservefonds zugelassen.

2. Bereithaltung des Reservefonds der Notenbanken

Die Ausgestaltung des Reservefonds in den Statuten der Notenbanken war grundsätzlich der der Aktienbanken ohne Notenausgaberecht ähnlich.

§ 64 des Statuts der *Anhalt-Deßauischen Landesbank* bestimmte einerseits den Reservefonds zur Deckung außerordentlicher Verluste, andererseits, dass dieser höchstens 10% des Grundkapitals erreichen durfte. Nach § 65 des Statuts wurde der Reservefonds nicht gesondert angelegt und bildete einen Teil des werbenden Kapitals. Im Falle, dass der Reservefonds aufgrund von Verlusten

---

766 zur Problematik siehe vorn.

angegriffen worden wäre, entfiel jede Dividende über 5%, bis dieser wieder ergänzt worden war.

Nachdem bei der *Bank des Berliner Kassen-Vereins in Berlin*[767] eine Dividende von mehr als 5% auf den Nominalbetrag der Aktien ausgeschüttet und der Verwaltungsrat vergütet worden war, wurde der darüber hinausgehende Gewinn hälftig in einen Reservefonds gespart. Dieser Fonds sollte auf 15% des Nominalkapitals der Gesellschaft anwachsen. Über den Fonds war gesondert Buch zu führen. Allerdings durfte derselbe für alle Geschäfte der Bank verwendet werden. Wäre das Gesellschaftskapital gemindert worden und hätte der Reservefonds zur Wiederaufstockung nicht ausgereicht, durfte ein Gewinn in dem darauffolgenden Jahr nur zur Hälfte als Dividende ausgeschüttet werden. Die andere Hälfte diente der Wiederauffüllung des Kapitalstocks.

Bei der *Braunschweigischen Bank*[768] wurden auf den Reservefonds 10% des Reingewinns nach Abzug von 4% Verzinsung an die Aktionäre eingezahlt. Nach § 18 des Statuts sollte dieser Fonds außergewöhnliche Verluste decken. Darüber hinaus war über ihn in den Büchern der Bank Rechnung zu führen. Er bildete ohne abgesonderte Anlegung Teil des werbenden Kapitals. Der Reservefonds sollte 10% des Grundkapitals erreichen, diesen Betrag jedoch nicht überschreiten.

§ 77 des Statuts der *Bremer Bank* besagte, dass der Reingewinn zunächst als Dividende in Höhe von 4% der eingezahlten Aktienbeiträge an die Aktionäre verwendet werden sollte. Danach flossen 10% in den Reservefonds. Nach § 80 des Statuts war der Reservefonds dazu bestimmt, außergewöhnliche Verluste abzufangen, und nach § 81 des Statuts wurde dieser auf 10% des Aktienkapitals festgelegt. Wäre diese Summe erreicht worden, hätte der Verwaltungsrat bestimmen können, ob und wie viel aus dem Reingewinn dem Fonds zufließen sollte.

Bei der *Commerzbank in Lübeck*[769] ging ebenfalls zunächst eine ordentliche Dividende in Höhe von 4% an die Aktionäre. Danach wurden 10% an wohltätige bzw. gemeinnützige Anstalten und 15% als Tantieme an den Verwaltungsrat und die Beamten sowie 65% als weitere Dividende verteilt. Aus den letzten 10% wurde der Reservefonds bis zur Höhe von 10% des Grundkapitals gebildet. Erreichte dieser Fonds die Sollhöhe, wurde die 10%ige Sparrate an die Aktionäre als Dividende verteilt. Wäre der Fonds angegriffen worden, hätte er wieder aufgefüllt werden müssen. Nach § 32 des Statuts wurde die ordentliche Dividende

767 §§ 36 f., 64 f. des Statuts.

768 § 16 des Statuts.

769 § 31 des Statuts.

solange gezahlt wie zumindest der Reservefonds diese deckte. Hätte jedoch das Grundkapital angegriffen werden müssen, wurde jegliche Dividende ausgesetzt.

Nach Abzug der Verwaltungsratsvergütung wurden bei der *Cölnischen Privatbank,*[770] der *Königsberger Privatbank*[771] und der *Provinzial-Actien-Bank des Großherzogthums Posen in Posen*[772] 20% des Reingewinns auf den Reservefonds zurückgelegt. Der Reservefonds sollte insgesamt eine Höhe von 25% des eingezahlten Kapitals erreichen. Zweck des Fonds war es, eine Verringerung des Gesellschaftskapitals auszugleichen. Wenn der Reservefonds in Anspruch genommen wurde, musste er in den darauf folgenden Jahren wieder auf die Ausgangshöhe zurückgeführt werden, indem in der Folge 50% des Reingewinns nach Abzug der Verwaltungsratsvergütung auf diesen eingezahlt wurden. Der Reservefonds durfte nur als Stammkapitalergänzung und Bilanzverlustausgleich verwendet werden. § 45 des Statuts der *Dortmunder Privat-Aktienbank* enthielt die gleichen Regelungen, nur dass der Reservefonds lediglich 15% des Aktienkapitals betragen sollte.

Nach dem Statut der *Danziger Privat-Aktienbank*[773] wurden 20% des Reingewinns solange zurückgelegt, bis der Reservefonds 25% des ausgewiesenen Aktienkapitals erreicht hatte. Bei einer Minderung des Gesellschaftskapitals wurde dieses durch den Reservefonds und bei Bedarf zusätzlich durch künftige Reingewinne wieder aufgefüllt. War der Reservefonds angegriffen, musste dieser mit der Hälfte der künftigen Reingewinne wieder ergänzt werden. Er durfte ebenfalls nur als Stammkapitalergänzung und Bilanzverlustausgleich verwendet werden.

10% des Reingewinns nach Abzug von 4% zu Gunsten des Aktienkapitals der *Darmstädter Bank für Süd-Deutschland*[774] wurden zur Bildung des Reservefonds genutzt. Dieser sollte nach § 41 des Statuts 10% des Aktienkapitals betragen. § 44 des Statuts bestimmte den Fonds zum Verlustausgleich. Bei Inanspruchnahme desselben fiel jede Dividende so lange weg, bis der Fonds die Ausgangshöhe wieder erreicht hatte.

Besonders das Statut der *Frankfurter Bank*[775] enthielt detaillierte Ausführungen zum Reservefonds. Art. 66 des Statuts der *Frankfurter Bank*:

„Der Reservefonds wird durch folgende regelmäßige Einnahmen dotirt:

1) Von dem bei dem Jahres-Abschlusse sich ergebenden Reingewinne wird ein Viertel dem Reservefonds zugetheilt.

770 § 44 des Statuts.
771 § 44 des Statuts.
772 § 44 des Statuts.
773 § 44 des Statuts.
774 § 41 des Statuts.
775 Art. 66 des Statuts.

2) Wenn Actien-Emissionen zum Vortheil des Bank-Instituts gegen höhere Einzahlungen als der Nominalbetrag jeder Actie ist, erfolgen, so wird die hieraus nach Abzug aller Emissionskosten und Auslagen und der Nominalbeträge der so emittirten Actien sich darstellende Mehr-Einnahme dem Reservefond überwiesen.

3) Die Zinsen der Capital-Anlagen des Reservefonds fließen demselben gleichfalls zu.

Der Reservefonds soll allmählig bis auf den fünften Theil des Nominalbetrages der emittirten Actien anwachsen.

Ueber den Reservefond wird besondere Rechnung geführt. Die Verwaltung und nutzbare Anlegung desselben ist dem Verwaltungsrathe übertragen, und diese Capital-Anlagen werden, auch wenn sie in Werthpapieren geschehen, nicht in das im Art. 23 erwähnte Fünftel eingerechnet."

Nachdem der Reservefonds seine „Sollhöhe" erreicht hatte, wurde der gesamte jährliche Reingewinn sowie der Zinsertrag auf die Anlage des Reservefonds als Dividende verwendet. Art. 68 des Statuts besagte: „Der Reservefond ist zunächst zum Ersatz von Verlusten bestimmt." Er durfte in außerordentlichen Fällen auch zeitweise zur Ergänzung der Dividende benutzt werden, wenn er mindestens 5% des Kapitals betrug. Trotzdem durfte dazu nur der Anteil hälftig benutzt werden, der diese Fünfprozentgrenze überschritt. Dies musste der Verwaltungsrat beantragen und der größere Bankausschuss beschließen. Nachdem der Reservefonds beansprucht worden war, musste er wieder aufgefüllt werden.[776]

Darüber hinaus, erhielt der Reservefonds Zuschläge aus verfallenen Dividendenbeträgen, Art. 71 des Statuts, aus einbehaltenen Teilsummen von nicht fristgerecht einbezahlten Aktien, Art. 6 des Statuts, und aus Überschüssen aus dem Verkauf der Neuausgabe von erloschenen Aktienberechtigungen, Art. 6 des Statuts.

Diese Regelungen der *Frankfurter Bank* nahmen im Prinzip die gesetzlichen Regelungen von 1884 vorweg. Einerseits mussten nach Art. 66 Nr. 2 des Statuts auch Gewinne aus den Emissionen in den Reservefonds eingebracht werden, andererseits war in Art. 68 des Statuts explizit geregelt, dass die Reserve vordergründig zum Verlustausgleich verwendet werden sollte. Andere Verwendungen waren nach dem Statut nur sehr eingeschränkt zulässig.

Bei der *Geraer Bank*[777] und bei der *Privatbank zu Gotha*[778] wurden zunächst den Aktionären 4% als Dividende gezahlt. Übrig gebliebener Gewinn floss zu 10% in den Reservefonds. Die Reserve der *Geraer Bank*[779] sollte außergewöhnliche Verluste ausgleichen. Es war zwar besondere Rechnung über den Fonds zu

776 Art. 66 ff. des Statuts.
777 §§ 30, 33 des Statuts.
778 Art. 35 des Statuts.
779 § 33 des Statuts.

führen, jedoch bildete er das werbende Kapital mit, ohne die Gelder gesondert anzulegen. Der Reservefonds durfte maximal 10% des Grundkapitals ausmachen. Hingegen sollte der Fonds bei der *Privatbank zu Gotha* nach Art. 36 des Statuts nicht nur außergewöhnliche Verluste tilgen, sondern auch als Reserve zur Aufstockung der Dividende bis auf 4% fungieren. Wurde der Reservefonds angegriffen, mussten die darauf folgenden Einzahlungen verdoppelt, also auf 20% erhöht, werden. Die Besparung des Reservefonds entfiel dagegen, wenn dieser die maximalen 10% des Kapitals erreicht hatte.[780]

Nach Zahlung der Verwaltungsratstantiemen wurde der Reservefonds der *Hagener Privat-Aktienbank*[781] mit 20% des Reingewinns angespart bis dieser 15% des Kapitals erreicht hatte. Er diente dem Ausgleich eines verminderten Geschäftskapitals. Wurde der Reservefonds angegriffen, dann war er nach Abzug der Verwaltungsratsvergütung, mit der Hälfte des Reingewinns wieder anzusparen. Der Reservefonds durfte nur als Stammkapitalergänzung und Bilanzverlustausgleich verwendet werden. In dieser Weise wurde auch bei der *Magdeburger Privatbank*[782] verfahren, nur dass die Höhe des Reservefonds auf 25% festgelegt wurde. Der Fonds war dazu gedacht, Verluste auszugleichen. Es wurde über den Fonds Rechnung in den Büchern der Bank geführt, allerdings sollte er nicht gesondert angelegt werden und bildete Teil des Geschäftskapitals der Bank.

Bei der *Hannoverschen Bank für Handel und Gewerbe*[783] wurde der Reservefonds ebenfalls nach Abzug einer 4%igen Dividende mit 10% des Reingewinns angespart bis dieser 10% des Aktienkapitals erreicht hatte. Angelangt bei dieser Höhe war es der Generalversammlung überlassen, ob und wieviel in den Reservefonds gespart werden sollte. Dem Reservefonds flossen auch die Überschüsse aus dem Neuverkauf von Aktien wegen Nichteinzahlung erloschener Aktien zu.[784]

Das Statut der *Leipziger Bank*[785] verfügte, dass 25% des Nettogewinns an den Reservefonds gezahlt werden sollten. Dieser Fonds sollte 12,5% des Gesellschaftskapitals erreichen. Für ihn war besondere Rechnung zu führen, er musste jedoch nicht gesondert angelegt werden und bildete Teil des werbenden Vermögens der Bank. Im Falle des Rückgriffs auf den Reservefonds, musste dieser wieder aufgefüllt werden. Infolgedessen entfiel jede Gratifikation und Dividende zu Gunsten des Reservefonds.

---

780 Art. 36 des Statuts.

781 § 45 des Statuts.

782 §§ 56 f. des Statuts.

783 § 37 des Statuts.

784 § 7 des Statuts.

785 § 111 f. des Statuts.

Die *Lübecker Privatbank*[786] zahlte nach § 58 des Statuts zunächst 3% Zinsen für die baren Einschüsse der Aktionäre. Vom verbleibenden Reingewinn wurden 25% zur Bildung bzw. Erhaltung des Reservefonds einbehalten. Der Reservefonds sollte insgesamt 20% des Aktienkapitals erreichen. Danach wurde der Reingewinn vollständig verteilt. Im Falle, dass der Reservefonds angegriffen wurde, musste dieser wieder aufgefüllt werden. „Kommt der Reservefonds zur Vertheilung, so ist davon nur die an den Staat zu entrichtende Abgabe von 10% […], nicht aber eine Tantieme, in Abzug zu bringen.“[787]

Bei der *Luxemburger Internationalen Bank* wurden die Aktien, aber auch Teileinzahlungen (Interimsscheine), mit 4% nach § 10 des Statuts verzinst. Der Reservefonds wurde mit 10% des übrig bleibenden Reingewinns bis auf 10% des Aktienkapitals gebracht. § 44 des Statuts bestimmte den Reservefonds zur Ergänzung der festen Zinsen auf die Aktien, falls der Gewinn hierzu nicht hinreichen würde. Wurde der Fonds durch Verlust in Anspruch genommen, musste er in der Folgezeit wieder auf die Ausgangshöhe durch Wegfall jeglicher Dividenden bespart werden. Die Zinsen aus der Anlage des Fonds fielen diesem so lange zu, bis er die statutenmäßige Höhe erreicht hatte.[788]

Nach Abzug von 4% Zinsen auf das eingezahlte Kapital bestimmte § 49 des Statuts der *Mitteldeutschen Creditbank in Meiningen zur Förderung von Industrie und Handel*, dass 10% an den Reservefonds gezahlt werden. Gemäß § 50 musste bei Beanspruchung des Reservefonds derselbe wieder auf sein Ausgangsniveau zurückgeführt werden und es entfiel jegliche Auszahlung bis auf die 4%ige Zinszahlung.

Bei der *Privilegierten Österreichischen National-Bank* bestimmte nach § 9 des Statuts der Bankausschuss die Gewinnverteilung. Er beschloss demnach über die Höhe der Dividende. Der Rest sollte dann in den Reservefonds fließen. Nach § 10 des Statuts beschloss daraufhin die Bankdirektion, wie der Reservefonds gewinnbringend angelegt werden sollte.

Das Statut der *Rostocker Bank* verlangte in § 110, dass der Reservefonds mit 25% der Nettogewinne zu besparen war. Dieser Fonds sollte die Verzinsung des Aktienkapitals sicherstellen und etwaige Ausfälle decken. Insgesamt war Ziel des Fonds, eine Höhe von 15% des ausgewiesenen Aktienkapitals zu erreichen. In den Büchern der Bank musste über den Reservefonds gesondert Rechnung gelegt werden, jedoch war dieser nicht gesondert anzulegen und bildete einen Teil des werbenden Kapitals der Gesellschaft. Wurde die Sollhöhe des Fonds erreicht, wurde der gesamte Gewinn verteilt. Bei Inanspruchnahme fiel jede Di-

---

786 §§ 58 f. des Statuts.

787 § 59 des Statuts.

788 §§ 41, 44 des Statuts.

vidende so lange weg, bis der Fonds wieder die Ausgangssumme erreichte. Im Jahr der Inanspruchnahme des Reservefonds entfiel jede Gratifikation, inklusive der des Direktors.[789]

§ 37 des Statuts der *Sächsischen Bank zu Dresden* bestimmte, dass die Aktionäre zunächst 4% des Reingewinns erhielten. Danach wurde dem Reservefonds 15% des verbleibenden Reingewinns zugeschlagen. Nach § 40 des Statuts betrug die Sollhöhe des Fonds 10% des ausgewiesenen Kapitals. Er war zur Deckung von Verlusten geschaffen, wobei der Verwaltungsrat den Einsatz des Reservefonds in solch einem Fall beschließen konnte. Sobald der Fonds die volle Höhe erreicht hatte, wurde er nicht weiterhin bespart, sondern der freiwerdende Reingewinn wurde zu einer höheren Dividendenzahlung benutzt. Der Fonds musste aber stets auf 10% des Aktienkapitals gehalten werden und im Fall der Benutzung wieder angespart werden.[790]

Bei der *Thüringischen Bank*[791] erhielten die Aktionäre zunächst 4% des Reingewinns. Danach wurde der Reservefonds mit 10% des Gewinns und durch seine eigenen Zinsen aufgrund der Anlage angespart.

§ 26 des Statuts der *Thüringischen Bank*:

> „Sollte sich durch eine Jahresbilanz eine Verminderung des Gesellschaftskapitals herausstellen und der § 27 gedachte Reservefonds zur Deckung dieses Ausfalls nicht hinreichen, so darf von dem in den darauf folgenden Jahren erzielten reinen Gewinne, unbeschadet des den Mitgliedern der Direktion und des Verwaltungsrathes etwa gebührenden Antheiles, nur die Hälfte unter die Actionäre als Dividende vertheilt werden. Die andere Hälfte wird zur Ergänzung des Stammkapitals verwendet und diese Vorschrift so lange zur Ausführung gebracht, bis das Kapital seine ursprüngliche Höhe wieder erreicht hat."

Der Reservefonds war nach § 27 des Statuts dazu bestimmt, außergewöhnliche Verluste zu decken. Er sollte zwar in den Büchern der Bank abgesondert behandelt, jedoch nicht gesondert angelegt werden. Er bildete Teil des werbenden Kapitals.

Genauso wie bei den privaten Aktienbanken ohne Notenausgaberecht, zeigten die Statuten der Notenbanken die Tendenz, das Aktienkapital zu verzinsen. In einigen Satzungen wurde explizit von einer Verzinsung der Aktieneinlagen gesprochen, in anderen wurde eine fixe Dividende festgelegt. Trotz anderslautenden gesetzlichen Vorschriften wurden diese Banken konzessioniert und somit die Geschäftstätigkeit mit der jeweiligen Satzung zugelassen.

Darüber hinaus variierten die Höhe und die Ausgestaltung der einzelnen Reserven von Bank zu Bank. Anders als bei den sonstigen privaten Aktienbanken

789 § 112 des Statuts.

790 § 40 des Statuts.

791 § 24 des Statuts.

neigten die Regelungen in den Statuten der Notenbanken dazu, ausdrücklich die Verwendung der Reserve für (außerordentliche) Verluste der jeweiligen Gesellschaft anzuordnen. Weil gesetzlich zur Gründungszeit der hier betrachteten Institute noch nicht festgelegt, wiesen viele der Satzungen zulässigerweise auch andere Verwendungsmöglichkeiten der Reserve aus oder schrieben die Entscheidung darüber dem Verwaltungsrat bzw. dem Direktorium zu.

Teilweise nahmen die Notenbanksatzungen die gesetzlichen Regelungen von 1884 vorweg, obwohl noch keine gesetzliche Regelung zur Bildung eines Reservefonds bestand, weder im Aktiengesetz von 1843, noch in der für die Banken geltende Normativbestimmung von 1848.

Betrachtet man den Verlustausgleich als vorrangigen Zweck der Reserven, ergibt sich aus der Reservebildung eine Art früher Gläubiger- aber auch Aktionärsschutz. Die Reserven führen zu einer solideren Aufstellung des jeweiligen Unternehmens.

Darüber hinaus wurde in den meisten Satzungen eine Wiederbesparung der Reserve angeordnet, wenn diese in Anspruch genommen wurde. So kann von einem Erhalt des Kapitals, insbesondere des Reservekapitals, ausgegangen werden.

Doch wurden die Reserven nach wie vor zwar gesondert bilanziert, allerdings bildeten sie wie bei den zuvor betrachteten Aktienbanken in der Regel Teil des werbenden Gesellschaftskapitals, das grundsätzlich für alle gesetzlich und statutarisch zugelassenen Zwecke verwendet werden konnte. Dieser Gesichtspunkt hinderte einen effektiven Gläubigerschutz, denn im Ernstfall konnte diese Reserve aufgelöst und für alle möglichen Geschäfte benutzt werden. Dies bot im Falle eines bevorstehenden Konkurses eines Unternehmens vermutlich kein besonderes Rücklagenpolster.

3. Bereithaltung des Reservefonds nach der Aktienrechtsnovelle 1870

Wie gezeigt, änderte die Aktienrechtsnovelle von 1870 nichts an der Gesetzeslage über die Bildung einer Reserve. Nach wie vor war die Bildung eines Reservefonds keine gesetzliche Pflicht, höchstens eine statutenmäßige. Dies änderte sich aber 1884, so dass die ausgewerteten Satzungen der *Bergisch Märkischen Bank*, der *Deutschen Bank*, der *Königsberger Vereinsbank*, der *Lübecker Privatbank*, der *Norddeutschen Bank in Hamburg*, des *Schlesischen Bankvereins* und der *Spar- und Darlehns-Bank in Altona* mit Satzungsfassungen nach der Aktienrechtsnovelle 1884 der Pflicht zur Reservebildung unterlagen. Den anderen bis dahin gegründeten Banken stand dies noch frei.

Eine 4%ige Dividende des eingezahlten Aktienkapitals ging bei der *Deutschen Union Bank*[792] zunächst an die Aktionäre. Vom verbleibenden Überschuss wurden 5% an den Reservefonds gezahlt, bis dieser 10% des eingezahlten Kapitals erreicht hatte. Er wurde wie das Grundkapital für die statutenmäßigen Geschäfte verwendet. Die Generalversammlung konnte beschließen, den Fonds zur Deckung außergewöhnlicher Verluste zu verwenden.

Die *Dresdner Bank*[793] kürzte den Reingewinn um 5% als Dividende für das Aktienkapital der Aktionäre. Danach wurden zu Gunsten des Reservefonds mindestens 10% des verbleibenden Überschusses angespart, bis dieser Fonds 10% des Grundkapitals erreichte oder wieder erreicht hatte, wenn er zuvor angegriffen worden war. Der Reservefonds war laut § 15 des Statuts dazu gedacht, etwaige Unterbilanzen auszugleichen und wurde genauso wie das Grundkapital zu den statutenmäßigen Geschäften verwendet. Der Aufsichtsrat konnte der Generalversammlung antragen, einen Spezial-Reservefonds zu bilden.

Bei den Banken mit Statutenfassungen nach 1870 aber vor 1884 fällt im Gegensatz zu den zuvor gegründeten Banken, bzw. ausgewerteten Statutenfassungen, auf, dass zwar eine Bildung einer Reserve im Statut immer noch fest verankert war, allerdings die Einzahlung darauf in der Tendenz sinkt. Nunmehr wurden lediglich 5% des Reingewinns angespart. Die Gesamtsumme, die für den Reservefonds aufgebracht werden sollte, war nicht geringer als bei vielen Banken mit früheren Statuten, aber mit 10% des Aktienkapitals an der unteren Grenze.

Wie bei der Auswertung der Einzahlung des Aktienkapitals festgestellt, wurde zu dieser Zeit häufig nicht mehr die volle Summe des Aktienkapitals eingezahlt, sondern es fand eine Entbindung davon oder zumindest eine Haftungsfreistellung statt, wenn 40% des Kapitals eingezahlt waren. Damit betrug der Reservefonds, wenn voll bespart, effektiv nur ungefähr 4% des im Statut ausgewiesenen Aktienkapitals.

Die *Bergisch Märkische Bank* bildete nach Art. 47 des Statuts einen ordentlichen Reservefonds nach § 185 b HGB 1884. Dieser sollte 10% des Grundkapitals erreichen. In diesen Fonds wurden 5% des jährlichen Reingewinns und der Gewinn bei der Neuausgabe von Aktien, wenn ein höherer als der Nominalwert erzielt wurde, eingestellt. Über den ordentlichen Reservefonds hinaus wurde eine außerordentliche Reserve angelegt, die aufgefüllt wurde, nachdem der ordentliche Reservefonds seine Sollhöhe erreicht hatte. Ziel war es, 5% des Reingewinns nach Abzug einer 4%igen Dividende zu sparen. Dieser Fonds sollte dazu verwendet werden, die ordentliche Reserve bei Bedarf wieder aufzufül-

792 § 40 des Statuts.

793 §§ 14 f. des Statuts.

len und die Dividende auf 5% zu ergänzen, wenn der Reingewinn dazu nicht genügen würde. Auf Vorschlag des Verwaltungsrats konnte die Generalversammlung auch andere Zwecke für die außerordentliche Reserve beschließen. Wenn diese außerordentliche Reserve 10% des Grundkapitals betrug, entfiel die Sparrate auf sie.[794]

5% des Reingewinns der *Deutschen Bank*[795] gingen zunächst an den gesetzlichen Reservefonds, bis dieser 10% des Gesamtkapitals erreicht hatte. Darüber hinaus erhielt der Fonds die Beträge, die bei der Ausgabe von Aktien über dem Nominalwert erzielt wurden. Die Aktionäre erhielten 5% gewöhnliche Dividende auf das Aktienkapital. Darüber hinaus konnten sie eine „Superdividende“ erhalten, oder die Generalversammlung beschloss auf Vorschlag des Aufsichtsrats sowie der Direktion eine Verwendung als zusätzliche Reserve oder zu anderen Zwecken. Bei Inanspruchnahme des Reservefonds, musste dieser wieder auf 10% des Gesamtkapitals zurückgeführt werden. Über die Verwendung der ordentlichen Reserve, die einen Kapitalverlust ausgleichen sollte, und der außerordentlichen Reserve entschied der Aufsichtsrat. Der Reservefonds bildete einen Teil des Betriebsvermögens und wurde damit nicht getrennt verwaltet.

§ 43 des Statuts der *Deutschen Bank*:

> „Der Aufsichtsrath kann beschliessen, dass ein Theil der im Kontokorrent-Geschäft erworbenen Provisionen zur Bildung einer Special-Reserve abgesetzt wird. Aus diesem Special-Reservefonds sind dann die im Kontokorrent-Geschäft vorkommenden Schäden zunächst zu decken.“

Bei der *Königsberger Vereins-Bank*[796] sollten 5% des Reingewinns auf den Reservefonds eingezahlt werden, bis dieser 10% des Gesamtkapitals erreicht hatte. Darüber hinaus waren nach § 40 Nr. 2 des Statuts Beträge dem Reservefonds einzustellen, die bei „einer Erhöhung des Grundcapitals durch Ausgabe der Actien für einen höheren als den Nennbetrag über diesen und über den Betrag der durch die Ausgabe der Actien entstehenden Kosten hinaus erzielt“ wurden. Bei Inanspruchnahme des Reservefonds war dieser wieder bis auf 10% des Kapitals aufzufüllen. Der Fonds durfte nur zur Deckung von Verlusten verwendet werden. Er bildete Teil des Betriebsvermögens und wurde daher nicht getrennt verwaltet.

Der Reservefonds der *Lübecker Privatbank*[797] wurde auf ein Sechstel, also 16,7%, des Grundkapitals im Statut von 1886 festgestellt. Dieser sollte in der Folge von der Höhe her belassen werden. Im Falle der Inanspruchnahme des Reservefonds, waren 10% der Gewinne der darauf folgenden Jahre dazu zu ver-

794 Art. 47 des Statuts.

795 §§ 41-43 des Statuts 1886.

796 §§ 39 f. des Statuts.

797 § 27 des Statuts.

wenden, diesen wieder aufzufüllen. Wenn der Reservefonds sogar unter 10% des Grundkapitals fiel, mussten die Reingewinne zunächst vollständig bis zur Auffüllung des Fonds auf 10% des Grundkapitals verwendet werden. Es wurde zwar über den Fonds gesonderte Rechnung geführt, dieser jedoch zu allen statutenmäßigen Geschäften benutzt; mit der Einschränkung, dass aus dem Reservefonds keine Tantiemen gezahlt werden durften.

Die *Norddeutsche Bank in Hamburg*[798] wies einen Reservefonds und ein Delcredere-Konto auf. Der Reservefonds sollte 10%, das Delcredere-Konto 3,33% des Aktienkapitals betragen. Wenn diese Konten unter die vorgegebenen Marken sanken, sollten sie mit 5% des jährlichen Reingewinns aufgefüllt werden. Daneben sollte sich der Reservefonds durch seine eigenen Erträge wieder auffüllen. Nach § 45 des Statuts war der Reservefonds zur Auffüllung eines Aktienkapitalverlustes zu verwenden. Beabsichtigt war weiterhin, dass er angemessen sicher, nicht in Aktien der Gesellschaft, angelegt und getrennt verwaltet werden sollte. Das Delcredere-Konto war dazu bestimmt, Forderungsausfälle zu decken und wurde nach Beschluss des Verwaltungsrats verwendet.

Bei der *Spar- und Darlehns-Bank in Altona* hatten die Aktionäre eine Garantie für die Bank übernommen. Jedoch durfte diese Garantie nur dann in Anspruch genommen werden, wenn das Aktienkapital und der Reservefonds zur Deckung der Forderungen der Gläubiger nicht ausreichten.[799] Der Reservefonds wurde mit 10% des jährlichen Gewinns gebildet. Die Generalversammlung konnte jedoch auf Vorschlag des Verwaltungsrates zusätzlich eine außerordentliche Reserve mit Teilen des Gewinns, die ansonsten als Dividende an die Aktionäre fallen würden, bilden. Der ordentliche Reservefonds musste zinstragend angelegt und separat verwaltet werden. Zinsen des Fonds flossen diesem wieder zu.[800]

Grundsätzlich entsprachen die Satzungen der Banken mit Fassungen nach 1884 dem Aktienrecht von 1884 – zumindest bezüglich der Einzahlung und der Höhe der Reserven, die angelegt werden sollten.

Auffällig bei den späteren Satzungsfassungen ist, dass trotz anderslautender gesetzlicher Vorschrift nicht nur generell Verluste über den gesetzlichen Reservefonds abgesichert werden sollten, sondern auch andere Geschäfte. Ein solcher Beschluss oblag der Generalversammlung nach Vorschlag des Verwaltungsrats, des Aufsichtsrats oder des Direktoriums.

798 §§ 44-46 des Statuts.
799 § 3 des Statuts.
800 § 20 des Statuts.

Von der Möglichkeit einer über die gesetzliche Reserve hinausgehenden Reserve machten immerhin vier der hier ausgewerteten Banksatzungen[801] Gebrauch. Eine Bank,[802] die *Spar- und Darlehns-Bank in Altona*, bot den Gläubigern sogar eine Garantie der Gründer an.

Allerdings war die Verwaltung der Reserven nach wie vor verschieden geregelt. Teilweise sollte die Reserve getrennt vom restlichen Vermögen der Bank verwaltet werden, teilweise wurde sie als Bestandteil des Vermögens angesehen, weshalb keine getrennte Verwaltung stattfand.

Weiterhin wurden fixe Dividenden in den Statuten festgeschrieben, die durch die außerordentlichen Reserven auch für schlechte Zeiten gewährleistet werden sollten. Dies entsprach nach wie vor einer verbotenen Zinszahlung.

Insgesamt bleibt festzuhalten, dass die Satzungen zum Teil contra legem ihr eigenes Recht festlegten, so dass es auf die Durchsetzungskraft des Gesetzgebers ankam, ob das erlassene Recht auch angewandt wurde. Ein effektiver Gläubiger- und Aktionärsschutz durch die Reservebildung und –verwendung konnte demnach nur erreicht werden, wenn die Regelungen in den Satzungen nicht wie in denselben formuliert ausgeführt wurden, sondern nach Gesetzeswillen. Wurde die Reserve trotz anderslautender gesetzlicher Vorschrift für alle statutenmäßigen Geschäfte verwendet, ist davon auszugehen, dass im Ernstfall, dem Konkurs, dem Unternehmen keine Reserve zum Verlustausgleich zur Verfügung stand.

Daraus ist aber auch zu schließen, dass die Befolgung der gesetzlichen Vorschriften nicht stringent erfolgte und die jeweiligen Gesellschaften versuchten, sich nach ihrem eigenen Recht aufzustellen. Das führt zu der Frage, wie die Haftung der Gesellschaft bzw. der Gesellschafter geregelt war, wenn das Gesetz in puncto Reservefonds nicht eingehalten wurde. Art. 249 ADHGB 1884 gab hier eine generalklauselartige Strafbestimmung, wenn beispielsweise Vorstand und/oder Aufsichtsrat absichtlich zum Nachteil der Gesellschaft handelten. Darauf stand Geld- oder Gefängnisstrafe und/oder der Verlust der bürgerlichen Ehrenrechte. Darüber hinaus griff im Spezialfall Art. 249 b Ziff. 1 ADHGB 1884, wenn sie wissentlich in ihren Darstellungen, in ihren Übersichten über den Vermögensstand der Gesellschaft oder in den in der Generalversammlung gehaltenen Vorträgen den Stand der Verhältnisse der Gesellschaft unwahr darstellten oder verschleierten. Die Strafbestimmung des Art. 249 g II bezog sich lediglich auf Art. 185 c ADHGB 1884, die Veröffentlichung des Jahresabschlusses, so dass keine Ordnungsstrafe auf die ordnungsgemäße Bildung eines Reservefonds

801 vgl. oben: Deutsche Bank; Dresdner Bank; Norddeutsche Bank in Hamburg; Spar- und Darlehns-Bank in Altona.

802 vgl. oben.

zum Verlustausgleich nach Art. 185 b ADHGB 1884 stand. Infolgedessen konnte im konkreten Fall, wenn der Reservefonds nicht nur zum Ausgleich von Verlusten deklariert und benutzt worden war, sondern auch für jegliche statutengemäße Geschäfte verwendet wurde, lediglich auf die Generalklausel Art. 249 ADHGB 1884 zurückgegriffen werden. Hierbei musste die Absicht, für die Gesellschaft nachteilig zu handeln, nachgewiesen werden, was im Einzelfall durchaus schwierig gewesen sein dürfte. Damit war die Durchsetzung der gesetzlichen Regelungen zur Bildung einer Reserve nicht ausreichend gesichert, was einem effektiven Gläubigerschutz entgegen stand.

V. Auflagen der Konzessionen

Die Auflagen in den Konzessionsurkunden können nicht allein für sich betrachtet werden. Auflagen waren nur nötig, wo das Statut nicht dem Willen des Staates entsprach. Es kam nur zu geringfügigen Auflagen für die hier untersuchten Gesellschaften. Somit stimmten die Statuten mit dem Staatsbegehren überein.

Gerade bei den Banken behielt sich der Staat mittels der Konzessionsvergabe das Aufsichtsrecht vor. Ein Bankkommissar sollte überwachen, ob die Statuten befolgt wurden und den Weisungen des Staates entsprochen wurde.[803] Jedoch enthielten bereits die zur Genehmigung eingereichten Satzungen vielfach ein Oberaufsichtsrecht des Staates, so dass dieser den Gesellschaften bei der Konzessionsvergabe keine zusätzlichen Auflagen diesbezüglich erteilen musste.

Hatte sich der Staat an einem Unternehmen finanziell beteiligt, so erlaubte das Gesellschaftsstatut ihm eine weitgehende Kontrolle über den Geschäftsbetrieb oder teilweise auch die Ernennung der Direktoren.[804]

Laut Bösselmann[805] wurden die Konzessionen häufig nur unter bestimmten Bedingungen erteilt, die in der Bestätigungsurkunde enthalten waren. Gegenteiliges zeigten die vorgefundenen Konzessionsurkunden, die ohne nennenswerte Auflagen erteilt wurden. Nur zum Teil forderte der jeweilige Staat, dass die Satzung in einzelnen geringfügigen Punkten noch abgeändert werden musste.

Friedrich Wilhelm I bestimmte zum Beispiel bei der *Danziger Privat-Aktienbank* durch Unterzeichnung Folgendes: „Zu §. 39 des Statuts bestimme Ich, daß auch die außerordentlichen Generalversammlungen in Danzig stattzufinden haben.“[806]

803 Bösselmann, S. 117.

804 Ebd.

805 Ebd., S. 116.

806 Statut vom 16.3.1857.

Darüber hinaus behielt sich der Staat oftmals vor, die Konzession der Bank in besonderen Fällen wieder zurück zu nehmen. Musterhaft dazu war die Konzession der *Frankfurter Bank*[807], die bestimmte:

> „1) daß dem Senat die Zurücknahme gegenwärtiger Gestattungs-Urkunde und folgeweise die Auflösung der Actiengesellschaft – jedoch ohne Nachtheil der Rechte Dritter – für den Fall einer Verletzung oder Nichtvollziehung der Statuten oder der Bestimmungen gegenwärtiger Gestattungs-Urkunde, vorbehalten bleibt;
>
> 2) daß dem Senate ferner in allen Fällen, in welchen Zweifel über den Sinn oder die Absicht der Bestimmungen der Bank-Statuten und der Emissions-Bedingungen entstehen sollten, die Auslegung und Entscheidung allein zusteht;
>
> 3) daß gegenwärtige Gestattungs-Urkunde ihre Geltung verliert, wenn die Frankfurter Bank nicht bis zum 6. September 1854 in Wirksamkeit tritt, und
>
> 4) daß für die Unterzeichnung und Vertheilung der ersten 20,000 Actien zu 500 Gulden (Artikel 2 des Statuts) die beantragten in der Anlage II enthaltenen Grundsätze und Formen anzuwenden sind."

Der Senat sicherte sich dadurch bei der *Frankfurter Bank* ein tiefgreifendes Eingriffsrecht in den Geschäftsbetrieb der Bank. Wenn die Bank die Statuten oder die Bedingungen der Konzession nicht einhielt, konnte der Senat die Bank liquidieren. Des Weiteren wurde vorausgesetzt, dass die Aktien mindestens zur Hälfte gezeichnet wurden und das Mindestkapital (20.000 Aktien zu 500 Gulden) als Voraussetzung zur Gründung in der Bank rechtzeitig vorlag.[808]

Ein weiteres Beispiel war die *Darmstädter Bank in Süddeutschland*[809]. Bei dieser Bank behielt sich das Ministerium des Innern ebenfalls das Auslegungs- und Entscheidungsrecht vor, wenn Zweifel über den Sinn oder die Absicht der Statuten entstanden sein sollten. Zusätzlich war das Ministerium des Innern nach Art. 3

> „beauftragt, wegen Handhabung der Staatsaufsicht über die ‚Bank für Süddeutschland', über deren Geschäftsführung und über Beobachtung der Gesellschafts-Statuten die erforderlichen Anordnungen zu treffen und [...] [bestimmte] den Zeitpunkt [...], von welchem an die Bank in Wirksamkeit treten [...] [konnte]."[810]

Solche massiven Eingriffsrechte bedang sich der Staat bzw. die konzessionierende Stelle selten aus. Im Statut der Leipziger Bank wurde die Möglichkeit, die Konzession zurück zu nehmen festgehalten.[811] In den meisten Konzessions-

807 Statut vom 20.4.1854.

808 Konzession, Nr. 4 i.V.m. § 2 des Statuts.

809 Art. 2 der Konzession.

810 Statut vom 1.2.1856.

811 Statut Leipziger Bank,

urkunden wurden die Privilegien aufgezählt, oder die Bank lediglich konzessioniert.[812]

Im Ergebnis wurden in den hier untersuchten Konzessionen wenige Auflagen gestellt. Die Eingriffsrechte, die sich der Staat bisweilen ausbedang, waren in den Statuten der Banken, die vor der Aktienrechtsnovelle von 1870 gegründet wurden, oftmals ein Inhaltspunkt der Statuten. Dem Verhältnis zum Staat wurde zu allermeist ein ganzes Kapitel in den Statuten gewidmet, in dem die Aufsichts- und Kontrollbefugnisse des Staates im Einzelnen dargelegt wurden. Die konzessionierende Stelle hatte also in der Regel kein Bedürfnis, den Banken noch zusätzliche Auflagen zu stellen, zumal festzustellen ist, dass viele der Notenbanken, die um Mitte bis Ende der 1850er Jahre gegründet wurden, ein einheitliches Statut mit nur geringen, meist sprachlichen Abweichungen zur Konzession vorlegten.[813] Die Inhalte dieser Statuten waren klar definiert und ermöglichten dem Staat weitgehende Eingriffs- und Kontrollrechte. Aber auch die Banken mit individuellen Statuten berücksichtigten die Staatsinteressen, insbesondere die Eingriffs- und Kontrollrechte des Staates, ohne welche die jeweilige Landesregierung die Genehmigung versagt oder nur unter Auflagen erteilt hätte. Die Konzession an sich scheint daher bei Gesellschaften mit gut ausgearbeiteten Statuten überwiegend Formsache gewesen zu sein.

VI. Eingriffs- und Kontrollrechte des Staates

Keines der aktienrechtlichen Gesetze bestimmte explizit Eingriffs- und Kontrollrechte des Staates. Nach § 24 Aktiengesetz 1843 musste der Regierung lediglich die Bilanz mitgeteilt werden. Darüber hinaus verlangte § 1 Aktiengesetz 1843 die landesherrliche Bestätigung des Gesellschaftsvertrags (Statuts). Mit Hilfe dieser Konzessionspflicht ermöglichte sich der Staat, die Statuten nur zu genehmigen, wenn diese ihm auch Eingriffs- und Kontrollrechte an der Gesellschaft zubilligten. Dies belegen die ausgewerteten Statuten im Zeitraum vor 1870.

Eine Entscheidung des Oberappellationsgerichts Kassel von 1841 über die *Leih- und Commerzbank zu Cassel* beschrieb das Verhältnis der Gesellschaft zum staatlichen Eingriffs- bzw. Informationsrecht. Diese Bank beschloss eine

812 z.B. Statuten: Deutsche Bank; Schaaffhausen'scher Bankverein; Königsberger Privatbank; Leipziger Bank; Braunschweigische Bank; Danziger Privat-Aktienbank, Dortmunder Privat-Aktienbank.

813 Bank des Berliner Kassenvereins Berlin; Cölnische Privatbank; Danziger Privatbank; Dortmunder Privat-Aktienbank; Hagener Privat-Aktienbank; Königsberger Privatbank; Magdeburger Privatbank; Provinzial-Actien-Bank des Großherzogthums Posen.

sehr hohe Dividende für ihre Aktionäre.[814] Der zuständige Regierungskommissar verfügte mangels vorheriger Mitteilung durch die Bank dagegen die Vorlage der Akten und die Aussetzung des Dividendenbeschlusses. Daraufhin klagte die Direktion der Bank gegen diese Verfügung, weil der Beschluss über die Dividendenzahlung lediglich die Aktionäre betreffe und nicht eine Handlung, die das Staatswohl gefährde. Das Oberappellationsgericht verpflichtete daraufhin in seiner Entscheidung die Gesellschaft, die angeforderten Unterlagen zur Wahrnehmung des staatlichen Aufsichtsrechts vorzulegen. Allerdings entschied das Gericht auch, dass die Dividendenzahlung nicht auszusetzen war, weil ein solcher Beschluss der Gesellschaft innerhalb des erteilten Privilegs gefasst worden war und keiner staatlichen Genehmigung bedurfte.[815] Die Gesellschaften konnten im Konzessionssystem ab den 1840er Jahren also eigene Beschlüsse fassen, wenn ihnen ein Privileg dazu erteilt worden war.[816] Allerdings beeinflusste vor allem die preußische Regierung die gesamten unternehmerischen Tätigkeiten der Aktiengesellschaften durch ihre Beaufsichtigung als Ausfluss der Konzession.[817]

Nach Nr. 18 der Normativ-Bestimmung der Preußischen Regierung von 1848 für die Errichtung von Privatbanken mit Notenausgaberecht übte der Staat „das Oberaufsichtsrecht über die Privatbanken durch Commissarien nach Instruction, deren Inhalt den Bankvorständen mitgetheilt werden soll und für dieselben maßgebend ist.“[818] Damit wurden in Preußen die Eingriffs- und Kontrollrechte des Staates bei den Notenbanken nicht nur durch die Genehmigungspraxis in die Statuten aufgenommen, sondern normativ festgehalten.

Nach 1870 wurde die Konzessionspflicht aufgehoben und ein nach normativen Gesichtspunkten ausgestaltetes Gesetz verfasst. Nun hatte der Staat nicht mehr die Möglichkeit, sich über die Konzessionsvergabe in den Statuten Ein-

---

814 Schubel, Verbandssouveränität, S. 65.

815 Strippelmann, S. 262 ff.

816 Schubel, Verbandssouveränität, S. 65 f., bezieht sich auf Strippelmann, Neue Sammlung bemerkenswerther Entscheidungen des Ober-Appellations-Gerichts zu Cassel, Teil III/1 (1843), S. 262 ff.

817 Schubel, Verbandssouveränität, S. 256.

818 weiter hieß es in der Normativbestimmung: „Der Staat ist für die Operationen der Privatbanken nicht verantwortlich. – 19) Jede Privatbank hat allmonatlich eine Uebersicht der am letzten Tage des verflossenen Monats in derselben vorhanden gewesenen Activa und Passiva, insbesondere der Bestände in gemünztem Gold und Silber, Barren und Wechsel, ferner des Betrages der Forderungen aus Darlehen und aus laufender Rechnung, sowie der umlaufenden Banknoten bekannt zu machen. Jede Privatbank hat am Jahresschlusse einen, alle Zweige des Verkehrs umfassenden Geschäftsbericht für das abgelaufene Jahr zu veröffentlichen. Die Statuten haben die öffentlichen Blätter zu bezeichnen, in welchen diese Bekanntmachungen enthalten sein werden.“; abgedruckt bei Hübner, 1854, S. 30 ff.

griffs- und Kontrollrechte zu sichern. Dies hätte er nur durch eine gesetzliche Regelung tun können. Allerdings enthielten die Gesetze von 1870 und 1884 keine derartige Regelung, sondern allein solche zur Selbstüberprüfung der Gesellschaft.

Nach Art. 209 Nr. 7 ADHGB 1870 enthielt beispielsweise das Statut der Gesellschaft die Art und Weise wie die Bilanzprüfung erfolgen sollte. Dieser Artikel besagte, dass die Bilanz grundsätzlich überprüft werden musste, überließ aber die Ausgestaltung der Prüfung im Einzelnen den Gründern, die das Statut verfasst hatten.

Darüber hinaus überwachte der Aufsichtsrat nach Art. 225 a I ADHGB 1870 die Geschäftsführung der Gesellschaft in allen Zweigen der Verwaltung. Nach Abs. 2 hatte dieser auch die Jahresrechnungen, Bilanzen und Vorschläge zur Gewinnverteilung zu überprüfen und den Aktionären darüber in der jährlichen Generalversammlung Bericht zu erstatten. Ferner musste nach Art. 239 I ADHGB 1870 der Jahresabschluss öffentlich bekannt gemacht werden.

Art. 225 ADHGB 1884 enthielt später, was vorher in Art. 225 a I ADHGB 1870 geregelt war. Art. 239 b i.V.m. Art. 185 c I ADHGB 1884 bestimmten, dass der Jahresabschluss (Bilanz, Gewinn- und Verlustrechnung) veröffentlicht werden musste.

Es gab keine weiteren Gesetze, die Eingriffs- oder Aufsichtsrechte des Staates bei den Aktienbanken bestimmten. Nach Beendigung der Zeit der Konzessionsvergabe setzte der Gesetzgeber auf Publizität und interne Überprüfung durch den Aufsichtsrat. Ein eigenes Eingriffs- und Kontrollrecht hielt er somit für die Funktionsfähigkeit der Aktiengesellschaft und im Speziellen für die Banken mangels Sondergesetzgebung nicht für erforderlich.

Anders als bei den Privataktienbanken ohne Notenausgaberecht etablierte das Bankgesetz vom 14. März 1875[819] eine reichseinheitliche Aufsicht der Privatnotenbanken.[820] Nach § 48 des Bankgesetzes konnte der Reichskanzler jederzeit durch Kommissare die Bücher, Geschäftslokale und Kassenbestände der Privatnotenbanken einsehen lassen, um die gesetzestreue und statutenmäßige Ausgabe von Noten zu überprüfen.[821] Doch übernahmen die Einzelstaaten die konkrete Aufsicht der privaten Notenbanken gemäß Gründungskonzession des jeweiligen Instituts. Die Reichsaufsicht war eine Kontrollinstanz, vorrangig für „konkrete Vorschriften und Anforderungen des Bankgesetzes".[822]

819 RGBl 1875, S. 177 ff.
820 Ruland, S. 17; Beutler, S. 147.
821 § 48, RGBl. 1875, S. 192.
822 Ruland, S. 18.

In den Gründungszeitraum vor der Aktienrechtsnovelle 1870 fallen 20 der ausgewerteten Aktienbanken und weitere 26, denen das Notenausgabeprivileg von den Regierungen der Einzelstaaten erteilt wurde. Aufgrund des Notenausgabeprivilegs standen die letzteren per Statut unter besonderer einzelstaatlicher Aufsicht. Hinsichtlich der Eingriffs- und Kontrollrechte des Staates bei einer Aktienbank gingen die Anforderungen bei den Notenbanken über die bei den anderen Aktienbanken laut der Formulierungen in den Statuten hinaus.

In den späteren Statuten fanden sich keine Einsichts- und Kontrollrechte oder Oberaufsichtsrechte des Staates mehr.

1. Eingriffs- und Kontrollrechte vor der Aktienrechtsnovelle 1870

Das Eingriffs-, Kontroll- oder Oberaufsichtsrecht des Staates sah in der Zeit der Konzessionsvergabe grundsätzlich die Einsetzung eines Staatskommissars vor, der die jeweilige Bank in ihrer statutenmäßigen Ausführung der Geschäfte ständig überprüfen sollte. Darüber hinaus wurden weitergehende Eingriffsrechte des Staates in den Statuten geregelt. Damit war der Staat über die Geschäftstätigkeiten und sonstigen Handlungen der Banken gut informiert und könnte im Ernstfall frühzeitig einer Fehlsteuerung durch die Geschäftsführung der Bank entgegengewirkt haben.

Bereits in § 1 des Statuts der *Allgemeinen Deutschen Creditanstalt* wurde die Oberaufsicht des Staates festgehalten. Zur Begebung verzinslicher Inhaberschuldverschreibungen und zur Eröffnung weiterer Filialen benötigte die Gesellschaft die Genehmigung des Staates.[823]

§ 41 des Statuts der *Allgemeinen Deutschen Creditanstalt*:

> „Sollten Ende 1856 die Geschäfte der Anstalt noch nicht zu einer nennenswerthen Entwicklung gelangt sein, so dann die Veröffentlichung der zu diesem Zeitpunkte aufzustellenden Bilanz mit Genehmigung der Staatsregierung mit der nächstfolgenden verbunden werden. Außerdem sind:
>
> a) allmonatlich specielle Uebersichten des Verkehrs der Anstalt in in- und ausländischen Staatspapieren dem königlichen Commissar mitzutheilen;
> b) am Schlusse jeden Vierteljahres Ausweise zu veröffentlichen, deren Form von dem Verwaltungsrathe mit Genehmigung des königlichen Commissars (§ 48) festzustellen ist.“

§ 42:

> „Der königliche Commissar hat darüber zu wachen, daß die in die Bilanz aufgenommenen Werthsangaben der Effecten mit jenem Beschlusse übereinstimmen.“

823 §§ 18 f. des Statuts.

Darüber hinaus wurde im Statut die Oberaufsicht der Staatsregierung sehr detailliert ausformuliert. § 48 des Statuts der *Allgemeinen Deutschen Creditanstalt*:

„Die Staatsregierung übt das Recht der Oberaufsicht über die Anstalt (§ 1) in der Weise aus, daß sie mittelst eines Commissars vom Stande und von den Geschäften der Anstalt und ihren Zweiganstalten (§ 19) Kenntniß nimmt.

Zu diesem Zwecke ist der Commissar befugt:

a) jederzeit von dem Verwaltungsrathe jede beliebige Auskunft über den Stand oder den Betrieb der Geschäfte schriftlich oder mündlich zu erfordern;
b) den Vorsitzenden des Verwaltungsraths oder dessen Stellvertreter jederzeit zur Abhaltung einer Versammlung des Verwaltungsraths zu veranlassen;
c) jederzeit außerhalb der Geschäftsstunden selbst oder durch einen von ihm zuzuziehenden Sachverständigen im Locale der Anstalt, oder ihrer Zweiganstalten jeder Art, unter Zuziehung des vollziehenden Directors oder dessen Stellvertreters, oder eines anderen Mitgliedes des Verwaltungsraths, Einsicht von den Cassen, Büchern und Verhandlungen der Anstalt zu nehmen;
d) an den Sitzungen des Verwaltungsraths Theil zu nehmen (cf. § 36);
e) den Generalversammlungen, zu welchen er jedesmal einzuladen ist, beizuwohnen, und dabei besonders darauf zu achten, daß den zur Herbeiführung gültiger Beschlüsse bestehenden Vorschriften der Statuten gehörig nachgegangen werde;
f) die Ausführung von Beschlüssen, sowohl der Generalversammlung als der übrigen Vereinsorgane, welche den Statuten, Gesetzen oder sonst bestehenden Anordnungen oder dem allgemeinen Staatsinteresse zuwiderlaufen, ibs zur Entscheidung des Ministeriums des Innern, welche sofort einzuholen ist, zu suspendieren.

Die dem Commissar zu gewährende, von der Staatsregierung festzusetzende, Entschädigung und die sonstigen durch Ausübung der Staatsaufsicht erwachsenden Kosten hat die Anstalt zu tragen."

§ 49 des Statuts der Allgemeinen Deutschen Creditanstalt:

„Die Staatsregierung hat das Recht, die der Anstalt ertheilte Concession, wenn deren Gebahren zu ernsten Bedenken Veranlassung geben sollte, unter Bestimmung einer mit Rücksicht auf den jeweiligen Stand der Geschäfte zur Abwicklung der eingegangenen Verbindlichkeiten von ihr zu bemessenden Frist wieder aufzuheben, und ist sodann nach § 50 [Auflösung und Liquidation der Anstalt] zu verfahren."

Nach § 36 des Statuts des *Credit-Vereins für Handwerker in Magdeburg* war die königliche Regierung befugt, einen Kommissar zur Wahrung ihres Aufsichtsrechts einzusetzen. Dieser Kommissar durfte nicht nur den Vorstand, das Kuratorium und die Generalversammlung wirksam zusammenrufen sowie an deren Beratungen teilnehmen, „sondern auch jederzeit von den Büchern, Rechnungen, Registern und sonstigen Verhandlungen und Schriftstücken der Gesellschaft Einsicht nehmen."[824]

Die gleiche Regelung enthielt § 38 des Statuts des *Danziger Sparkassen-Aktien-Vereins*, nur dass es kein Kuratorium gab und der Kommissar zusätzlich Einsicht in die Kasse nehmen durfte.

Die großherzogliche Staatsregierung übte mittels Kommissare bei der *Darmstädter Bank für Handel und Industrie*[825] die fortwährende Aufsicht über die Beachtung der Statuten aus. Diese Kommissare bezogen von der Bank eine Besoldung, die die Regierung festlegte. Die Kommissare waren befugt, die Organe der Gesellschaft einzuberufen und in sämtliche Dokumente und Verhandlungen Einsicht zu nehmen. Darüber hinaus besaßen die Kommissare ein Einspruchsrecht gegen die Beschlüsse der Verwaltung und der Generalversammlung, durch die sie das Interesse des Staates oder des Publikums verletzt glaubten. Die Ausführung eines solchen Beschlusses wurde dann solange ausgesetzt, bis die großherzogliche Staatsregierung darüber entschieden hatte.

Eine ähnliche Regelung fand sich im Statut der *Dessauer Credit-Anstalt für Industrie und Handel*. Die Staatsverwaltung übte gemäß § 65 des Statuts die fortwährende Aufsicht über die Beachtung der Statuten und über die Grenzen des Geschäftsbetriebs durch einen Kommissar aus. Der Kommissar war befugt, die Organe der Gesellschaft einzuberufen und in sämtliche Dokumente Einsicht zu nehmen. Er durfte an allen Versammlungen, sofern er es für notwendig erachtete, teilnehmen; er musste dies jedoch an der Generalversammlung. Darüber hinaus stand dem Kommissar ein Einspruchsrecht gegen jeden Beschluss des Verwaltungsrates oder der Generalversammlung zu, „durch welchen er das Interesse des Staates oder die Statuten verletzt oder überschritten erachtet[e]".[826] Die Ausführung eines solchen Beschlusses wurde dann in einer höheren Instanz der Staatsverwaltung entschieden.[827] Staatliche Genehmigungen musste die Gesellschaft gemäß § 68 des Statuts beim Herzoglichen Staatsministerium nachsuchen.

Die Oberaufsicht des Staates erfolgte bei der *Discontocasse in Leipzig*[828] in den Direktorialversammlungen, zu denen Deputierte des Staates eingeladen werden mussten.

§ 49 des Statuts der *Deutschen Bank* bestimmte, dass die Königliche Verwaltungsbehörde einen Kommissar bestellen durfte, der

824 § 36 des Statuts des Credit-Vereins für Handwerker in Magdeburg.
825 §§ 51 f. des Statuts.
826 § 67 des Statuts.
827 § 67 des Statuts.
828 § 38 des Statuts.

„das Recht [hatte], den Verwaltungsrath, die Direction und die Generalversammlungen gültig zu berufen, ihren Berathungen beizuwohnen und jederzeit von den Büchern, Rechnungen und sonstigen Schriftstücken der Gesellschaft, sowie ihren Kassen und Anstalten Einsicht zu nehmen."

Auch im Statut der *Credit- und Versicherungs-Bank in Lübeck* war ein Oberaufsichtsrecht des Staates verankert. In § 45 des Statuts wurde die Einsetzung eines Kommissars bestimmt. Nach § 46 des Statuts unterlagen von der Bank ausgefertigte Bankscheine der Genehmigung des Senats. Ferner war der Jahresabschluss jährlich dem Senat vorzulegen.

Nach § 91 des Statuts der *Niederösterreichischen Escompte-Gesellschaft* wurde ein landesfürstlicher Kommissar bestellt. Seine Aufgabe bestand darin, darauf zu achten, dass die Gesellschaft die „Grenzen der ihr ertheilten Bewilligung und der genehmigten Statuten nicht überschreite". Aus diesem Grund durfte er die Geschäftstätigkeit, die Rechnungen und anderen Urkunden einsehen. Er war verpflichtet an der Generalversammlung teilzunehmen. Seine Rechte gingen so weit, dass

„ein vom landesfürstlichen Commissär sistirter Beschluß [...] nicht eher in Wirksamkeit gesetzt, und eine etwa schon in Uebung stehende, von ihm aber beanstandete Maßregel nicht eher wieder in Anwendung gebracht werden [durfte], bevor darüber die erforderliche höhere Entscheidung erfolgt ist."

Die *K. K. Priviligierte Österreichische Credit-Anstalt für Handel und Gewerbe* stand gemäß § 1 des Statuts unter dem Schutz und unter der Oberaufsicht der Staatsverwaltung. Die Staatsverwaltung musste nach § 52 des Statuts die Direktoren genehmigen. Sie setzte nach § 73 des Statuts einen landesfürstlichen Kommissar dazu ein, dass die Statuten von der Gesellschaft genau beachtet und dass die Grenzen des Geschäftsbetriebs eingehalten wurden. Der Kommissar war berechtigt, die Geschäftstätigkeit und die diesbezüglichen Rechnungen sowie Unterlagen einzusehen. Darüber hinaus durfte er, wenn er es für notwendig hielt, an allen Versammlungen teilnehmen. An der Generalversammlung musste er teilnehmen.

Die staatlichen Rechte gingen aber noch darüber hinaus. § 75 des Statuts der *K. K. Priviligierte Österreichische Credit-Anstalt für Handel und Gewerbe*:

„Dem landesfürstlichen Commissär steht die Befugniß zu, gegen jeden Beschluß des Verwaltungsrathes oder der Generalversammlung, durch welchen er das Interesse des Staates oder die Statuten verletzt oder überschritten erachtet, Einsprache zu thun.

Ueber die Ausführung eines solchen Beschlusses ist die höhere Entscheidung einzuholen, und es bleibt erstere aufgeschoben, bis diese Entscheidung erfolgt."

§ 76 des Statuts der K. K. Priviligierte Österreichische Credit-Anstalt für Handel und Gewerbe:

„In allen Gegenständen, bei welchen die Mitwirkung der Staatsverwaltung oder die Allerhöchste Genehmigung erforderlich ist, hat die Creditanstalt desfalls unmittelbar bei dem k. k. Finanzministerium einzuschreiten."

Beim *Schaaffhausen'schen Bankverein*[829] ernannte der Staat die Direktoren, bis die Aktien Typ A (vgl. oben) vollständig zurückgezahlt worden waren. Nach § 73 des Statuts ernannte der Staat zusätzlich einen Kommissar, um die „mehrseitigen Interessen des Staates an dem Gedeihen der Gesellschaft" wahren zu können. Der Kommissar hatte die Beziehungen der Gesellschaft zum Staat zu vermitteln. Aus diesem Grund war er befugt, von der Direktion jede schriftliche Auskunft zu verlangen. Er musste zu allen Geschäften des Administrationsrates und der Generalversammlung hinzugezogen werden. Der Kommissar konnte auch bei jedem Beschluss des Administrationsrates oder der Generalversammlung Einspruch einlegen, wenn er das Interesse des Staates oder des Publikums verletzt glaubte. In einem solchen Fall wurde die Ausführung des Beschlusses solange aufgeschoben, bis das Finanzministerium über diesen Dissens entschieden hatte. Das Einspruchsrecht des Kommissars galt nur bis zur Rückzahlung der Aktien des Typs A, d.h. der umgewandelten und zurückzuführenden Gläubigerforderungen. Dieses besonders tiefgreifende Eingriffs- und Oberaufsichtsrecht des Staates beruhte auf der bereits dargestellten Situation der Rettung des *Schaaffhausen'schen Bankvereins* durch Umwandlung in eine Aktiengesellschaft.

Im Gegensatz zu den Banken mit umfangreichen Mitsprache- und Oberaufsichtsrechten des jeweiligen Staates, gab es auch in dieser Zeit einige Banken, die dem Staat nur ein geringfügiges Eingriffs- und Aufsichtsrecht in ihrem Statut gewährten.

Eine Genehmigung des königlichen Staatsministeriums des Handels und der öffentlichen Arbeit musste bei der *Bayerischen Vereinsbank*[830] lediglich eingeholt werden, wenn die Gesamtsumme der umlaufenden Obligationen den siebenfachen Betrag des wirklich eingezahlten Aktienkapitals überschritt. Weitergehende Mitsprache- oder Aufsichtsrechte des Staates waren im Statut nicht ersichtlich.

In den Satzungen der *Commerz- und Disconto-Bank in Hamburg*, der *Hamburger Vereinsbank* und der *Norddeutschen Bank in Hamburg* fand sich kein Mitspracherecht des Staates. Das liegt daran, dass zur Gründung dieser Banken in Hamburg keine Konzession erforderlich war. Im Statut der in Bielefeld gegründeten *Actien-Gesellschaft Ravensberger Volksbank* fand sich ebenfalls kein solches.

829 § 21 des Statuts.

830 § 3 des Statuts.

Die Aufsichtsrechte der Aktienbanken ohne Notenausgabeprivileg waren sehr unterschiedlich ausgeprägt. Es gab Einzelstaaten wie Hamburg, in denen dem Staat aufgrund fehlenden Konzessionserfordernisses keinerlei Eingriffs- und Aufsichtsrechte gewährt wurden. Es gab aber auch Staaten wie Hessen, der von der *Darmstädter Bank für Handel und Industrie* mit sehr umfangreichen Eingriffs- und Oberaufsichtsrechten ausgestattet worden war. Bei dieser Bank hatte der Staat die maximale Aufsichtsmöglichkeit. Einerseits konnte er sich passiv informieren und andererseits aktiv in den Geschäftsbetrieb der Bank mit eingreifen. Die Aufsicht dieser Bank war sogar noch strenger ausgeprägt als bei einem Teil der Notenbanken.

Festzuhalten bleibt jedoch, dass die Aktienbanken in der Regel einer staatlichen Aufsicht, wenn auch sehr unterschiedlicher Natur, unterlagen. Eine staatliche oberaufsichtsfreie Errichtung von Banken blieb im Zeitraum bis 1870 die Ausnahme.

Durch sein Beobachtungsrecht hatte der Staat bei den konzessionspflichtigen Banken die Möglichkeit, die Bücher der Bank einzusehen und damit die Geschäftstätigkeit der Institute zu beobachten. Auch wenn er sich nicht explizit ein Mitsprache- oder Vetorecht im Statut ausbedungen hatte, war es ihm doch möglich, durch Konzessionsentzug oder dessen Androhung einzugreifen. Nach § 6 I Aktiengesetz von 1843 konnte einer Aktiengesellschaft die Konzession vom Landesherrn aus überwiegenden Gründen des Gemeinwohls entzogen werden. Bei einigen Banken hatte die Regierung zusätzliche Mitsprache- und Vetorechte, so dass diese im Ernstfall die Bank frühzeitig und ohne Konsequenzen wie z.B. den Konzessionsentzug auf die richtige Bahn lenken konnte.

2. Eingriffs- und Kontrollrechte des Staates bei den Notenbanken

a) Allgemeine Oberaufsicht des Staates

Die Oberaufsicht der betrachteten Notenbanken fußte auf der preußischen Normativ-Bestimmung von 1848, zumindest bei den in Preußen gegründeten Banken, andernfalls hätten diese Banken keine Genehmigung der Gründung erhalten.

Die Satzung der *Geraer Bank* dient hierfür als Musterbeispiel. In § 79 des Statuts der *Geraer Bank* war das Oberaufsichtsrecht der fürstlichen Staatsregierung wie folgt ausgestaltet:

> „Der Fürstlichen Staatsregierung steht das Oberaufsichtsrecht über die Bank zu. Sie ist kraft dessen berechtigt, durch einen bleibend hierzu zu ernennenden oder auch außerordentlich zu beauftragenden Commissarius von den Geschäften und dem

Stande der Bank durch Einsicht aller Bücher und Verhandlungen, nicht minder durch Revision der Kasse derselben, genaue Kenntniß zu nehmen, um sich zu überzeugen, daß von Seiten der Gesellschaftsorgane den Bestimmungen der Statuten überall nachgegangen werde und im Falle des Zuwiderhandelns nach Befinden einzuschreiten.

Die durch ihn veranstalteten Revisionen der Bank müssen so geschehen, daß der Geschäftsverkehr derselben dadurch nicht gestört wird. Daher dürfen auch die Bücher aus dem Lokale der Bank nicht entfernt werden.

Zur Erleichterung und Beschleunigung der Revisionen ist der Regierungscommissär berechtigt, sich dabei Hilfsbeamter zu bedienen."

Des Weiteren hatte der Kommissar der *Geraer Bank* das Recht, an den Versammlungen der Gesellschaftsorgane teilzunehmen, und die Protokolle derselben mussten ihm mitgeteilt werden. Ferner konnte er das Direktorium zu einer Sitzung zusammen berufen.

§ 80 des Statuts der *Geraer Bank*:

„Vermöge des ihm zustehenden Aufsichtsrechts kann der Regierungscommissär jeder Versammlung des Verwaltungsrathes und jeder Generalversammlung der Actionäre beiwohnen, daher er durch den Vorsitzenden des Verwaltungsrathes von jeder solchen Versammlung vorher in Kenntniß zu setzen ist.

Außerdem sind dem Regierungscommissär die bei den Versammlungen des Verwaltungsrathes und der Actionäre aufgenommenen Protokolle binnen 3 Tagen nach Abhaltung der Ersteren in Abschrift mitzutheilen.

Hat der Regierungscommissär der Direktion Eröffnung zu machen, oder von derselben Auskunft über Angelegenheiten der Bank zu verlangen, so steht ihm nicht minder das Recht zu, den Vorsitzenden derselben zur Berufung einer Direktorialsitzung zu veranlassen."

Dieses Beispiel zeigt die Ausgestaltung der Oberaufsicht bei einer Notenbank deutlich. Wie auch bei den Aktienbanken ohne Notenausgabeprivileg übte die Regierung die Oberaufsicht über die Bank mit Hilfe eines von ihr eingesetzten Kommissars aus, der Einsicht in die Dokumente der Gesellschaft nehmen und Kassenprüfungen durchführen durfte. Darüber hinaus stand das Eingreifen in die Geschäftstätigkeit bei Nichtbefolgen der Statuten in seinem Ermessen. Zusätzlich hatte er die Möglichkeit, auf kurzem Wege das Direktorium zur Korrektur von Beschlüssen oder Handlungen zu bewegen.

Ein Kommissar übte im Namen der herzoglichen Regierung auch bei der *Anhalt-Deßauischen Landesbank*[831] die Aufsicht über die Ausführung der genehmigten Statuten durch die Bankverwaltung aus. Des Weiteren konnte die Gesellschaft bei der Regierung besondere Schutzmaßnahmen nachfragen, die über den allgemeinen Schutzanspruch eines jeden „Untertans" hinausgingen. Sie

831 § 68 des Statuts.

musste sich hierfür jedoch gemäß § 69 ihres Statuts über die Kosten mit den Behörden einigen.

§ 20 des Statuts der *Bank des Berliner Kassen-Vereins* bestimmte einen Kommissar, der die Oberaufsicht des Staates übernahm. Diese Aufsicht erfolgte nach Instruktionen, die dem Bankvorstand mitgeteilt wurden und die maßgeblich für die Gesellschaft waren. Darüber hinaus durfte der Kommissar jederzeit Einsicht in die Dokumente der Gesellschaft nehmen. Jedoch zeigte sich der Staat nicht verantwortlich für die Geschäfte der Bank.

Eine staatliche Genehmigung musste die *Lübecker Credit- und Versicherungs-Bank* nach § 4 des Statuts einholen, wenn sie ihr Kapital erhöhen wollte. Darüber hinaus hatte der Senat zu Lübeck gemäß § 45 des Statuts die Oberaufsicht über die Bank. Er wachte mittels Kommissarien darüber, dass die Statuten genau befolgt wurden. Diesbezügliche Anordnungen waren dem Verwaltungsrat mitzuteilen.

Nach Art. 75 des Statuts der *Frankfurter Bank* stand diese unter staatlicher Aufsicht. Die Staatsbehörde konnte jederzeit durch die von ihr eingesetzten Kommissare Auskunft über den Geschäftsstand der Bank einholen. Auch durfte sie Einsicht in die Dokumente der Bank nehmen. Zusätzlich konnte ein Kommissar zu jeder Generalversammlung abgesandt werden. Darüber hinaus waren die vom Direktor beglaubigten jährlichen Rechnungsabschlüsse und Bilanzen der Staatsbehörde einzureichen. Die Staatsregierung behielt sich aber auch ein unverzinsliches Darlehen bis zu einer Million Gulden gegen Unterpfand vor, jedoch erst dann, wenn von der Bank Bankscheine auf den Inhaber lautend ausgegeben worden waren.

Das Recht zur staatlichen Oberaufsicht der Privatnotenbanken war in den Preußischen Satzungen entsprechend der Normativ-Bestimmung von 1848 ausgestaltet.[832] Der das Kreditinstitut privilegierende Staat, d.h. der Einzelstaat, in dem die Bank ihren Sitz hatte, stellte einen Kommissar zur Aufsicht der Bankgeschäfte und der Befolgung der Satzung bereit. Diesen Kommissar musste dann die jeweilige Bank bezahlen, wenn der Staat eine Bezahlung für diese Aufgabe als angemessen befand.

Die Aufsicht teilte sich in zwei Komponenten. Einerseits beobachtete der Staatskommissar die Statuten und deren Befolgung. Hierfür hatte er das volle Informationsrecht durch Einsicht in die Bücher und Schriften oder durch Teil-

---

832 § 20 des Statuts der Bank des Berliner Kassen-Vereins in Berlin; §§ 13 ff. des Statuts der Cölnische Privatbank; §§ 13 ff. des Statuts der Danziger Privat-Aktienbank; §§ 13 ff. des Statuts der Dortmunder Privat-Aktienbank; §§ 12 ff. des Statuts der Hagener Privat-Aktienbank; §§ 13 ff. des Statuts der Königsberger Privatbank; §§ 14 ff. des Statuts der Magdeburger Privatbank; §§ 12 ff. des Statuts der Provinzial-Actien-Bank des Großherzogthums Posen in Posen.

nahme an den für das jeweilige Kreditinstitut wichtigen Versammlungen des Direktoriums, des Verwaltungsrats und der Generalversammlung. Andererseits konnte der Kommissar direkt Einfluss auf die Entscheidungen in der Bank nehmen - eben durch die Möglichkeit der Teilnahme an den Sitzungen. Der Kommissar hatte zwar häufig kein Stimmrecht in den Gremien, er konnte aber durch eigene Beiträge Meinungen und Bedenken kundtun. Darüber hinaus verfügte der Kommissar teilweise über eine Art Vetorecht, wenn er die Satzung oder die staatlichen Grundsätze verletzt sah. In einem solchen Fall konnte die Entscheidung nicht direkt getroffen werden, sondern der Belang wurde der zuständigen staatlichen Stelle vorgetragen und später entschieden, wie damit umgegangen werden sollte. Infolgedessen hatte sich der privilegierende Staat ein passives und ein aktives Mitspracherecht bei den Banken über die Satzung ausbedungen.

Im Ganzen war in nahezu allen der hier ausgewerteten Notenbanksatzungen das Oberaufsichtsrecht des Staates verankert und sehr ähnlich ausgeprägt: Die Regierung hatte sich bei diesen Banken Eingriffe in den Geschäftsbetrieb ermöglicht. Wenn sie dies nicht direkt aus der Satzung folgend tun konnte, so doch durch Mitsprache in den Versammlungen der Organe und letztendlich durch drohenden oder sofortigen Entzug der Genehmigung.

b) Mitspracherechte hinsichtlich der Notenausgabe

Darüber hinaus bestimmten die Satzungen der Notenbanken Beschränkungen hinsichtlich der Notenausgabe. Hier zeigte sich neben der allgemeinen Aufsicht der Bank und deren Büchern eine spezielle Aufsicht. Es durfte je nach Privileg nur ein bestimmter Betrag an Noten ausgegeben werden. Dieser Betrag durfte in der Regel nicht das vorhandene Eigenkapital übersteigen und musste durch Barvermögen bzw. kurzfristig realisierbare Mitteln gedeckt sein.[833] Dies waren Liquiditäts- und Eigenkapitalanforderungen an die Banken.

833 § 5 des Statuts der Anhalt-Deßauischen Landesbank; § 11 des Statuts der Braunschweigischen Bank; § 74 des Statuts der Bremer Bank; § 15 Cölnische Privatbank; § 7 des Statuts der Commerzbank in Lübeck (aus Credit- und Versicherungsbank in Lübeck 1859 entstanden); § 15 Danziger Privat-Aktienbank; § 12 II Darmstädter Bank für Süd-Deutschland; § 14 des Statuts der Dortmunder Privat-Aktienbank; § 17 des Statuts der Geraer Bank; Art. 15 des Statuts der Privatbank zu Gotha; Konzession der Hagener Privat-Aktienbank; § 14 des Statuts der Hannoversche Bank für Handel und Gewerbe; § 15 des Statuts der Königsberger Privatbank; § 38 des Statuts der Leipziger Bank; § 25 des Statuts der Lübecker Privatbank; § 15 des Statuts der Luxemburger Internationale Bank; § 17 Magdeburger Privatbank; § 14 g des Statuts der Mitteldeutsche Creditbank in Meiningen zur Förderung von Industrie und Handel; § 14 f. des Statuts der Privilegierten Österreichischen National-Bank; § 15 Provinzial-Actien-Bank des Großherzogthums Posen in Posen; § 37 des Statuts der Rostocker Bank; § 11 I Sächsische Bank

Häufig kam hinzu, dass der staatlich bestimmte Kommissar beim Druck und bei der Ausfertigung der Noten zugegen sein und diese unterzeichnen bzw. stempeln musste.[834] Bei der Notenausgabe wurden also einerseits Vorschriften zur Sicherung der Rückzahlung der ausgegebenen Noten bestimmt und andererseits die Echtheit durch einen staatlichen Mitarbeiter, den Kommissar, garantiert.

Bei der bereits oben betrachteten *Geraer Bank* sah § 18 des Statuts folgende Bestimmungen bezüglich der Notenausgabe vor, anhand derer nochmals die eingangs beschriebenen Aufsichtsmaßnahmen nachvollzogen werden können.

§ 18 des Statuts der *Geraer Bank*:

> „Zur Ermöglichung und Beförderung der §. 17 erwähnten Geschäfte der Bank wird derselben von der fürstlichen Staatsregierung das Recht eingeräumt, unverzinsbare auf den Inhaber lautende, stempelfreie Banknoten auszugeben.
>
> Der Gesamtbetrag richtet sich insofern nach den Baarvorräten der Bank, als stets zwei Drittel des Betrags der in Umlauf befindlichen Banknoten durch baare Fonds repräsentirt sein müssen.
>
> Der Regierungskommissarius hat über das fortwährende Vorhandensein der zur Einlösung bestimmten baaren Fonds zu wachen und muß demselben zu diesem Zwecke jeder Zeit die Einsicht der Bestände und Bücher offen stehen.
>
> Außer diesen unmittelbar zur Einlösung bestimmten baaren Fonds muß stets der ganze Betrag der übrigen in Umlauf gesetzten Noten in leicht realisirbaren, d.h. solchen Valuten, welche spätestens binnen 3 Monaten eingezogen werden können, mit Ausschluß der eigenen Noten in der Bank vorräthig sein."

Das Statut der *Anhalt-Deßauischen Landesbank* bestimmte diesbezüglich in § 5, dass die auszuzahlenden Banknoten nicht das Aktienkapital und auch nicht die „realisierbaren Fonds", also die liquiden Mittel, übersteigen durften. Ein Viertel der in Umlauf befindlichen Noten musste immer in der Kasse der Bank vorrätig sein. Darüber hinaus fand nach § 67 des Statuts der Druck der Banknoten

> „unter Aufsicht des herzoglichen Regierungs-Kommissars oder dessen Substituten und eines Mitgliedes der Direktion oder des Verwaltungsrathes, nach Maßgabe des von dem herzoglichen Regierungs-Kommissar in Gemeinschaft mit der Direktion festgesetzten Reglements",
>
> statt.

---

zu Dresden; § 13 des Statuts der Thüringischen Bank. Die Regelungen zur Notenausgabe waren im Einzelnen sehr differenziert.

834 z.B. Statuten der folgenden Banken: § 67 des Statuts der Anhalt-Deßauische Landesbank; § 12 des Statuts der Bank des Berliner Kassen-Vereins in Berlin; Art. 10 des Statuts der Privatbank zu Gotha; § 16 des Statuts der Hagener Privat-Aktienbank; § 14 des Statuts der Hannoverschen Bank für Handel und Gewerbe; § 15 des Statuts der Königsberger Privatbank; § 38 des Statuts der Leipziger Bank.

Nach § 12 des Statuts der *Bank des Berliner Kassen-Vereins* war der Betrag der in Umlauf gebrachten Noten auf das nachgewiesene Stammkapital zu beschränken, wenn am Ende eines Geschäftsjahres sich eine Verminderung des Stammkapitals um mindestens ein Viertel ergab. Zudem durfte erst bei Volleinzahlung des Kapitals die volle Notenausgabe in Höhe von einer Million Talern, was der Höhe des Grundkapitals entsprach, stattfinden. Wurden die Geschäfte bereits nach Einzahlung der Hälfte des Kapitals begonnen, so durften auch nur Noten bis zur Höhe des eingezahlten Betrages ausgegeben werden.

Das Statut der *Frankfurter Bank* erlaubte es der Staatsregierung nach Art. 79, bei Ausgabe von Bankscheinen ein unverzinsliches Darlehen von der Bank zu erhalten. Grundsätzlich durfte die Bank nach Art. 27 ihres Statuts Bankscheine bis zum Doppelten des eingezahlten Grundkapitals ausgeben, „so lange nicht mehr als 10 Millionen Gulden des Grundkapitals einbezahlt sind“. Sollte mehr Grundkapital eingezahlt worden sein, war der Betrag der Bankscheine auf den einfachen Mehrbetrag an Grundkapital beschränkt. Nach Art. 28 des Statuts musste der Gesamtwert der im Umlauf befindlichen Bankscheine immer zum Drittel in barem Geld oder Silberbarren und der Rest in Gold, Wechseln oder Wertpapieren bei der Bank vorhanden sein. Allerdings hatte die Staatsregierung außer der „normalen“ Aufsicht, Art. 75 ff. des Statuts, keine weiteren Befugnisse hinsichtlich der Notenausgabe. Art. 75 a.E. des Statuts verdeutlichte aber, dass die Befolgung des Art. 28 des Statuts staatlich beaufsichtigt werden konnte. Die Sicherstellung der Liquidität der Bank für die ausgegebenen Banknoten wurde also gewährleistet. Dagegen oblag die Ausfertigung der Noten allein der Bank. Sie wurde allenfalls nach dem allgemeinen Aufsichtsrecht der Staatregierung kontrolliert und nicht explizit durch einen staatlichen Kommissar begleitet.

Im Verwaltungsrat der *Privatbank zu Gotha* gab es nach Art. 77 des Statuts zwei vom Staat ernannte Mitglieder. Im Gegensatz zur *Frankfurter Bank* wurde die Banknotenausgabe der *Privatbank zu Gotha* staatlich begleitet. Um die Banknotenausgabe zu kontrollieren und gegen Fälschung zu sichern, wurden nach Art. 10 des Statuts

> „die Form, die Art und Herstellung und der Aufbewahrung der Banknoten, sowie bei Vernichtung und Umtausch der unbrauchbar gewordenen zu beobachtende Verfahren durch den Verwaltungsrath nach Einholung gutachtlicher Vorschläge der Direktion festgesetzt. Die Bestimmungen unterl[a]gen der Genehmigung der Staatsregierung.“

Nach den Statuten der Cölnischen Privatbank,[835] Danziger Privat-Aktienbank,[836] Dortmunder Privat-Aktienbank,[837] der Hagener Privat-

835 §§ 15 ff. des Statuts.

836 §§ 15 ff. des Statuts.

837 §§ 16 ff. des Statuts.

Aktienbank,[838] der Königsberger Privatbank,[839] der Magdeburger Privatbank[840] und der Provinzial-Actien-Bank des Großherzogthums Posen in Posen[841] unterlagen die Form und die Ausfertigung der Noten der Genehmigung und Beaufsichtigung der Regierung. Verringerte sich das Stammkapital der Cölnischen Privatbank, der Danziger Privat-Aktienbank, der Dortmunder Privat-Aktienbank, der Hagener Privat-Aktienbank, der Magdeburger Privatbank oder der Provinzial-Actien-Bank des Großherzogthums Posen in Posen am Schluss eines Geschäftsjahres um mehr als die Hälfte seines Wertes, so musste die Summe der in Umlauf gebrachten Noten auf den Betrag des vorhandenen und nachgewiesenen Stammkapitals zurückgeführt werden. Für die ausgegebenen Noten mussten bei allen diesen Banken Deckungsmittel in gleicher Höhe vorhanden sein. Dafür waren die Direktion und der Verwaltungsrat verantwortlich. Zur Deckung waren im Statut ein Drittel bares Geld, ein Drittel diskontierte Wechsel und der Rest in Effekten vorgesehen. Diese Mittel waren unter besonderem Verschluss in einer Notenkasse zu lagern und durften von der Bank nicht anderweitig genutzt werden. Zusätzlich dienten alle Darlehnsforderungen gegen Unterpfand und die übrigen Aktiva zur Deckung der Noten.

Die Notenausgabe der Königsberger Privatbank war nach § 15 des Statuts auf das ausgewiesene Aktienkapital in Höhe von einer Million Taler beschränkt; ebenso bei der Magdeburger Privatbank[842] und bei der Provinzial-Actien-Bank des Großherzogthums Posen in Posen[843]. Die Notenausgabe bei der Hagener Privatbank[844] und bei der Dortmunder Privat-Aktienbank[845] war auf 500.000 Taler begrenzt, was der Hälfte des ausgewiesenen Grundkapitals entsprach.

Die Cölnische Privatbank und die Danziger Privat-Aktienbank durften jeweils nach § 15 des Statuts, wenn sie ihre Geschäfte begannen, nachdem mindestens die Hälfte des Grundkapitals eingezahlt worden war, auch nur in Höhe des bereits eingezahlten Grundkapitals Noten emittieren.

Die soeben beschriebenen Banken unterlagen der Preußischen Normativ-Bestimmung[846] für die Genehmigung von Notenbanken von 1848. Hierin heißt es in Nr. 8:

---

838 §§ 16 ff. des Statuts.
839 §§ 15 ff. des Statuts.
840 §§ 17 ff. des Statuts.
841 §§ 15 ff. des Statuts.
842 § 17 des Statuts.
843 § 15 des Statuts.
844 § 16 des Statuts.
845 § 16 des Statuts.
846 abgedruckt bei Hübner, 1854, S. 30 ff.

„Die Gesellschaft erhält das Recht, unverzinsliche Noten […] bis zu dem Betrage des Stammkapitals auszufertigen und in Umlauf zu setzen. Ergibt sich am Schlusse des Geschäftsjahres eine Verminderung des Stammkapitals um mehr als den vierten Theil, so ist die Summe der umlaufenden Noten wenigstens auf den als vorhanden nachgewiesenen Betrag des Stammkapitals zu beschränken."

und in Nr. 10:

„Von dem Betrage der umlaufenden Noten einer Privatbank muß wenigstens ein Dritttheil in baarem Gelde und wenigstens ein Dritttheil in discontirten Wechseln vorhanden sein. Außerdem aber dienen nicht nur sämmtliche, zum Stammkapital eingelegte Staats-, Communal- oder sonstige Papiere, sondern auch alle Darlehnsforderungen der Bank gegen Unterpfand zur Deckung der Noten. Die Vorstände der Privatbanken sind dafür verantwortlich, daß die Deckungsmittel für die umlaufenden Noten in dem vorbezeichneten Verhältnisse stets vorhanden sind."

Nr. 11:

„Außer dem Stammkapital haften auch sämmtliche übrige Aktiva einer Privatbank vorzugsweise für die Einlösung ihrer Noten."

Nr. 14:

„Die Form, der Inhalt und die Ausfertigung der Noten unterliegen der Genehmigung, resp. der Beaufsichtigung der Regierung. Die Noten sind der Stempelabgabe nicht unterworfen."

Bezüglich der Notenausgabe hielten sich die Privatnotenbanken an die Normativ-Bestimmung bei der Gestaltung ihrer Satzung. Andernfalls hätten sie keine Genehmigung der generell zurückhaltenden preußischen Regierung zu erwarten gehabt.

Nach § 11 des Statuts der *Braunschweigischen Bank* durfte der Gesamtbetrag der ausgegebenen Noten nicht das Aktienkapital übersteigen. Zur Einlösung der Noten musste stets der vierte Teil der ausgegebenen Noten in der Bank vorrätig sein. Neben diesen Barmitteln musste der gesamte Betrag der in Umlauf gebrachten Noten in leicht realisierbaren Mitteln, die spätestens innerhalb von drei Monaten fällig wurden, vorhanden sein. Nach § 14 des Statuts wurde vom Regierungskommissar zusammen mit der Direktion ein Reglement festgesetzt, das für den Druck der Banknoten die Aufsicht des Regierungskommissars oder seines Substituts und eines Mitgliedes des Verwaltungsrats oder des Direktoriums festlegte.

§ 74 des Statuts der *Bremer Bank* bestimmte, dass der Betrag der ausgegebenen Noten nicht das Aktienkapital inklusive dem Reservefonds übersteigen durfte. Darüber hinaus musste ein Drittel der ausgegebenen Noten in bar bzw. in Barren als Deckung vorhanden sein.

Die Ausgabe der Noten bei der *Commerzbank in Lübeck* war in § 7 Nr. 9 des Statuts auf das Grundkapital, maximal 2.400.000 Reichsmark, beschränkt. § 9 des Statuts der *Commerzbank in Lübeck*:

„Die Bank ist verpflichtet, für den Betrag ihrer im Umlauf befindlichen Banknoten jederzeit mindestens ein Drittel in coursfähigem Deutschen Gelde, Reichskassenscheinen oder in Gold in Barren oder ausländischen Münzen, das Pfund fein zu 1392 Mark gerechnet, und den Rest in discontirten Wechseln, welche eine Verfallzeit von höchstens drei Monaten haben aus welchen in der Regel drei, mindestens aber zwei als zahlungsfähig bekannte Verpflichtete haften, in ihren Cassen als Deckung bereit zu halten."

Nach § 37 des Statuts hatte der Senat von Lübeck die Oberaufsicht über die Notenausgabe. Diese führten Kommissarien unter Anwendung der dem Verwaltungsrat mitzuteilenden staatlichen Anordnungen aus. Die Form und der Inhalt der Banknoten bedurften der staatlichen Genehmigung. Ferner musste dem Senat nach § 36 des Statuts die Jahresrechnung und die Bilanz vorgelegt werden.

Der ausgegebene Notenbetrag der *Darmstädter Bank für Süddeutschland* durfte nach § 12 des Statuts maximal das Doppelte des eingezahlten Aktienkapitals ausmachen. Weitere Notenausgaben bedurften der Genehmigung der Großherzoglich Hessischen Staatsregierung. Ein Regierungskommissar, je ein Mitglied des Direktoriums und der Verwaltung beaufsichtigten den Abdruck und die Ausfertigung der Noten sowie den Umtausch von beschädigten Banknoten. Hierfür stellten die Verwaltung und der Regierungskommissar ein Reglement auf. Die Noten wurden vor der Emission vom Regierungskommissar unterschrieben und gestempelt.

§ 15 des Statuts der *Darmstädter Bank für Süddeutschland*:

„Der Total-Betrag der [...] auszugebenden Banknoten darf niemals den Betrag der vorhandenen, [...] discontirten oder gekauften Wechsel und der Baarvorräthe der Bank übersteigen. Zur Einlösung der Noten ist stets ein hierzu ausschließlich bestimmter Baarvorrath an geprägten Münzen, Gold- oder Silberbarren bereit zu halten, welcher mindestens einem Drittheil des Betrages sämmtlicher im Umlaufe befindlicher Noten gleich kommen muß."

Nach § 52 des Statuts war dem Regierungskommissar monatlich ein Bericht über die ausgegebenen und zurückgeflossenen Noten sowie über die Kassenbestände anzufertigen und öffentlich bekannt zu machen. Der Kommissar konnte die Kasse überprüfen.

Bei der *Lübecker Credit- und Versicherungs-Bank* unterlagen nach § 46 des Statuts die Form und der Inhalt der auszufertigenden Bankscheine der Genehmigung des Senats. Die Jahresrechnung und die Bilanz waren alljährlich dem Senat vorzulegen. Der ausgegebene Betrag der Bankscheine durfte das eingezahlte Grundkapital, maximal aber drei Millionen Taler Preußisch Courant, nach § 8 Nr. 3 des Statuts nicht übersteigen. Mindestens ein Drittel des ausgegebenen Betrags musste bei der Bank in bar vorhanden sein.

§ 14 des Statuts der *Hannoverschen Bank für Handel und Gewerbe* bestimmte, dass die Notenausgabe auf das eingezahlte Aktienkapital einschließlich

Reservefonds begrenzt war. Wieder musste zur Deckung der Noten ein Drittel der Mittel in barem Geld jederzeit zur Einlösung der Noten in der Bank vorrätig sein. Die restlichen zwei Drittel des Notenausgabeumfangs durften nur so angelegt werden, dass sie innerhalb von drei Monaten realisierbar waren. Nach § 14 des Statuts wurden die Noten unter Beaufsichtigung eines von der königlichen Regierung ernannten Beamten, je eines Mitglieds des Verwaltungsrats und der Direktion angefertigt oder umgetauscht. Hierfür galten die Regelungen des Regierungsreglements. Der Regierungskommissar unterzeichnete die Noten zur Bestätigung der statutengemäßen Ausgabe.

> „Nach Vollendung des Drucks w[u]rden die Platten in Gemäßheit der mit Zustimmung der königlichen Regierung von der Bankverwaltung getroffenen Sicherungsmaßregeln versiegelt deponiert."[847]

Dem Regierungskommissar war nach § 44 des Statuts monatlich ein summarischer Nachweis vorzulegen, aus dem die ausgegebenen und zurückgelieferten Noten sowie die baren Kassenbestände hervorgingen. Er durfte zudem Kassenrevisionen vornehmen. Auch bei der *Hannoverschen Bank* fand also eine umfangreiche Beaufsichtigung der Notenausgabe statt.

Nach § 38 des Statuts der *Leipziger Bank* war der Emissionsbetrag der Noten zwar nicht beschränkt, durfte aber nicht außer Verhältnis zu den baren Mitteln bzw. zu den Vorräten an Gold- oder Silberbarren stehen. Dieses Verhältnis durfte maximal drei zu zwei betragen. Die Ausgabe erfolgte unter „Mitvollziehung" des Regierungskommissars. Dieser Kommissar hatte auch darüber zu wachen, dass das Verhältnis der ausgegebenen Noten eingehalten wurde. Die Noten waren bis auf die laufend benötigten unter seinem Mitverschluss verwahrt.

Bei der *Lübecker Privatbank* durften nach § 25 des Statuts die Noten nicht das Doppelte des Aktienkapitals übersteigen. Ein Viertel der ausgegebenen Noten musste immer als Barmittel in der Bankkasse vorhanden sein. Für die Noten hafteten alle Aktiva der Bank nach § 26 des Statuts. Die Ausfertigung und Ausgabe der Banknoten vom Kommissarium, das der Senat ernannt hatte, wurde mit Hilfe eines Grundgesetzes überwacht, § 61 des Statuts. Die Abänderung dieses Grundgesetzes oder die Form und der Inhalt der auszufertigenden Banknoten unterlagen der Genehmigung des Senats.

Nach § 12 des Statuts der *Luxemburger Internationalen Bank* war der Betrag der ausgegebenen Noten auf den doppelten Betrag des eingezahlten Aktienkapitals der ersten Serie beschränkt. „Bei der Ausgabe weiterer Serien-Actien sollen die Banknoten-Emissionen in einfacher Progression ihren Fortgang neh-

847 § 14 a.E. des Statuts.

men.“[848] Jedoch durfte nach § 15 des Statuts der Gesamtbetrag der auszugebenden Banknoten nicht den Betrag der diskontierten oder gekauften Wechsel zuzüglich der Barmittel übersteigen. Mindestens ein Drittel der in Umlauf befindlichen Noten musste mit Barmitteln oder Gold- und Silberbarren gedeckt werden.

§ 14 des Statuts der *Luxemburger Internationalen Bank*:

> „Die auszugebenden Noten sind vor ihrer Emission durch einen Regierungs-Commissar mit Unterschrift oder Stempel zu versehen. Nach Vollendung des Abdruckes werden die Platten entweder zerstört oder nach den zwischen dem Regierungs-Commisssar und der Bank-Verwaltung zu verabredenden Cautelen versiegelt deponirt. Die Regierung hat das Recht, durch ihre Beamten auf Kosten der Bank die Anfertigung der Noten beaufsichtigen zu lassen.“

§ 14 g des Statuts gestattete es der *Mitteldeutschen Creditbank in Meiningen zur Förderung von Industrie und Handel* für ein Drittel des eingezahlten Aktienkapitals Bankscheine auf den Inhaber auszugeben. Der gesamte Betrag der ausgegebenen Bankscheine musste in bar bei der Bank vorrätig sein. Stattdessen konnte aber nach § 62 des Statuts auch nur ein Drittel der ausgegebenen Banknoten in baren Münzen, Gold- oder Silberbarren vorhanden und die restlichen zwei Drittel in eigenen Bankwechseln oder leicht realisierbaren Effekten verfügbar sein. „Die Form, der Inhalt und die Anfertigung der Bankscheine [unterlag] der Genehmigung und Beaufsichtigung der Herzoglichen Staatsregierung.“[849]

Nach § 15 des Statuts der *Privilegierten Österreichischen National-Bank* trug die Bankdirektion dafür Sorge, dass die vollständige Rückzahlung der Notenemissionen durch ein entsprechendes Verhältnis zum „Münzstand“ gewährleistet war. Dabei wurden jedoch nach §§ 30 f. des Statuts der Vorsitzende des Bankausschusses und sein Stellvertreter sowie die Direktoren vom Staat ernannt. Ein Hofkommissar hatte insbesondere die Aufgabe nach § 40 des Statuts darüber zu wachen, dass die Banknoten zu jeder Zeit voll gedeckt waren und dass § 15 des Statuts eingehalten wurde.

Bei der *Rostocker Bank* befasste sich § 37 des Statuts mit der Notenausgabe. Danach durften Noten nur in Höhe des Stammkapitals ausgegeben werden. Bei der Erhöhung des Stammkapitals von 500.000 Talern, welche für die Geschäftsaufnahme Voraussetzung waren, auf eine Million Taler, was dem im Statut ausgewiesenen Kapital entsprach, durften demgemäß mehr Noten ausgegeben werden. Bei weiteren Kapitalerhöhungen musste die Genehmigung des Staates bezüglich einer entsprechenden Erhöhung der Notenausgabe eingeholt werden. Ein Drittel des Betrages der Banknoten mussten diese in bar bzw. zum Teil in Gold-

---

848 § 12 a.E. des Statuts.

849 § 14 g des Statuts.

oder Silberbarren, ein Drittel in diskontierten Wechseln, ein Drittel in „[b]örsencourshabenden Staatsständischen und Communal-Papieren, deren Zinsen regelmäßig bezahlt werden, wohin auch Pfandbriefe der Mecklenburgischen Ritterschaft gehör[t]en“[850], decken. Neben dem Stammkapital hafteten sämtliche Aktiva für die ausgegebenen Noten.

§ 37 Nr. 6 des Statuts der *Rostocker Bank*:

> „Die Banknoten bedürfen der Mitvollziehung des Großherzoglichen Commissars. Derselbe ist dafür verantwortlich, daß obbemerktes Normalverhältniß der Fonds zu den ausgegebenen Banknoten nicht vermindert oder verändert werde, und daß letztere mit Ausnahme des Bedürfnisses für die currenten Ausgaben, unter seinen Mitverschluß genommen werden.“

Der Staatsbehörde war durch den eingesetzten Staatskommissar nach § 45 des Statuts halbjährlich Bericht zu erstatten, insbesondere über den Stand der Notenemissionen und der vorhandenen Deckungsmittel.

Die Konzession der *Sächsischen Bank zu Dresden*[851] enthielt das Notenausgaberecht für 25 Jahre, was der im Statut festgesetzten Dauer der Gesellschaft entsprach. Allerdings musste die Bank deshalb vierteljährlich Bankausweise veröffentlichen.

§ 11 b) des Statuts der *Sächsischen Bank zu Dresden*:

> „Der Gegenwerth der im Umlauf befindlichen Banknoten, sowie der jederzeit ohne vorherige Kündigung oder vor drei Monaten rückzahlbaren zinsbaren oder unzinsbaren Depositen muß stets mindestens zu einem Dritttheile in baarem Gelde, und zwar in groben Silbermünzen des 30-Talerfußes oder in Silberbarren vorhanden sein.
>
> Hiernächst kann höchstens ein Sechstheil des Gesammtbetrags durch auf Pfand in Werthpapieren […] beruhenden Lombardforderungen gedeckt werden, während der Rest durch Gold oder bankmäßige Wechsel [...], welche noch höchstens drei Monate zu laufen haben, zu decken ist. Außer den Beständen an baarem Gelde, Wechseln und Lombardforderungen haften für die Banknoten sämmtliche Activa der Bank.“

Auch die Ausgabe der Noten unterlag der Aufsicht, indem sie nach § 11 c des Statuts von zwei Direktoren zu unterzeichnen und vor der Emission mit dem Stempel des Regierungskommissars zu versehen waren. Weiter konnte die Regierung die Ausfertigung der Noten und die statutengemäße Deckung derselben sowie der Depositen auf Kosten der Bank beaufsichtigen lassen.

Ergab sich bei der *Thüringischen Bank*[852] am Jahresende eine Verminderung des eingezahlten Aktienkapitals, musste die Summe der in Umlauf gebrachten Noten auf das nachgewiesene Kapital beschränkt werden. Ein Viertel der umlau-

---

850 § 37 Nr. 4c des Statuts.

851 § 3 des Statuts i.V.m. Konzession.

852 § 16 des Statuts.

fenden Noten sollten bar und drei Viertel mit eigenen Wechseln oder leicht realisierbaren Effekten gedeckt sein. Die Anfertigung der Banknoten erfolgte nach § 20 des Statuts unter der Aufsicht eines von der Staatsregierung abgeordneten Beamten plus eines Mitglieds des Verwaltungsrats oder der Direktion nach dem Reglement, das von der Staatsregierung festgesetzt wurde. Der Regierungskommissar unterzeichnete die Noten zum Zeichen, dass die Emission den Statuten der Bank entsprach. Nach § 67 des Statuts hatte der Regierungskommissar unter anderem die Aufgaben, Kassenvisitationen durchzuführen, das Geschäftsreglement und dessen Abänderungen zu überprüfen sowie bei der Verwahrung der Druckplatten für die Noten mitzuwirken.

Die Beaufsichtigung der Notenbanken reichte in den meisten Fällen über die Beaufsichtigung der normalen Banken hinaus. Die Notenausgabe wurde gesondert staatlich beobachtet und begleitet. Die preußischen Banken hielten sich durchweg an die in Preußen geltende Normativbestimmung. Verglichen mit den anderen Banken zeigten die Statuten eine sehr streng geregelte Notenausgabe auf. Diese war immer betraglich beschränkt und musste in der Regel mindestens zum Teil (oft ein Drittel) durch Barvermögen gedeckt werden. Eine Beschränkung der Notenausgabe vom Betrag her führte einerseits zu einer steuerbaren im Umlauf befindlichen Noten-menge; andererseits – auf Ebene der Bank – war die Ausgabe der Noten hinsichtlich des eingezahlten Kapitals beschränkt. Auf diese Weise sicherte man die Eigenkapitalbasis der jeweiligen Bank ab.

Bezüglich der Deckung unterschieden sich jedoch die Satzungen. In den meisten Statuten wurde die Deckung exakt angesprochen und festgelegt. Einige Statuten trafen zu diesem Punkt jedoch nur vage Formulierungen. Trotzdem sorgten diese Anforderungen für eine gewisse, ausreichende Liquidität der Banken.

Insgesamt sorgte die Staatsregierung für die Überwachung der Ausgabe bzw. Ausfertigung der Noten und gewährleistete dadurch gemeinhin Sicherheit für die Echtheit der ausgegebenen Noten. Allerdings gab es auch einige, wenn auch wenige Banken, die diese Beaufsichtigung selbst durchführten.

Die Beaufsichtigung der Notenausgabe betraf also Vorschriften für vorliegendes Eigenkapital und Liquidität der Banken. Dies sind heute die maßgebenden Steuerungselemente der Bankenaufsicht.

3. Kontroll- und Aufsichtsrecht des Staates nach 1870

Mit Wegfall des Konzessionszwangs entfielen auch Kontroll- und Aufsichtsrechte des Staates in den Satzungen. Bei keiner der Banken, die nach der Aktienrechtsnovelle 1870 gegründet wurden, ist in den hier ausgewerteten Satzungen ein solches Recht des Staates zu finden. Ohne Konzessionszwang und ohne gesetzliche Regelung wurde also dem Staat kein Mitspracherecht zugebilligt.

Allerdings erkannte der Gesetzgeber der Aktienrechtsnovelle von 1870 eine Lücke im Schutz der Aktionäre und Gesellschaftsgläubiger nach Abschaffung des Konzessionssystems. Um diese zu schließen, wurden die Gründungsvorschriften erweitert; daneben die Organisation und Verwaltung der Aktiengesellschaft detailliert geregelt.[853] Die Gründungsvorschriften wurden bereits in den zurückliegenden Kapiteln betrachtet. Im Zusammenhang mit der Mitsprache des Staates stehen die geregelte Organisation und Verwaltung der Gesellschaft.

Ein von der Generalversammlung gewählter Aufsichtsrat sollte von nun an nicht mehr nur fakultativ gebildet werden, sondern wurde nach Art. 209 Nr. 6, Art. 210 a Nr. 3 ADHGB 1870 zu einem obligatorischen Gesellschaftsorgan. Dieser Aufsichtsrat hatte nach Art. 225 a I ADHGB 1870 die Geschäftsführung in allen Zweigen der Verwaltung zu überwachen. Zusätzlich war er berechtigt, sich über alle Angelegenheiten der Gesellschaft zu informieren sowie alle Bücher und Schriften der Gesellschaft einzusehen. Ferner war es ihm erlaubt, den Bestand der Gesellschaftskasse zu untersuchen. Auch die Jahresabschlüsse und die Vorschläge zur Gewinnverteilung waren gemäß Art. 225 a II ADHGB 1870 vom Aufsichtsrat zu überprüfen, ebenso der Generalversammlung jährlich darüber Bericht zu erstatten. Nach Art. 225 a III ADHGB 1870 hatte er die Generalversammlung einzuberufen, wenn es für das Interesse der Gesellschaft erforderlich war.

Art. 225 b ADHGB 1870 bestimmte eine persönliche und solidarische Haftung der Aufsichtsratsmitglieder für den Fall, dass die folgenden Überwachungspflichten nicht wahrgenommen wurden:

> „1) Einlagen an die Aktionaire zurückgezahlt, oder, der Bestimmung des Artikels 215. Absatz 3. entgegen, eigene Aktien der Gesellschaft erworben oder amortisirt worden sind;
>
> 2) Zinsen oder Dividenden gezahlt sind, welche nach Maaßgabe der Bestimmungen des Artikels 217. nicht gezahlt werden durften;
>
> 3) die Vertheilung des Gesellschaftsvermögens oder eine theilweise Zurückzahlung oder eine Herabsetzung des Grundkapitals ohne Beobachtung der gesetzlichen Bestimmungen (Art. 245. und 248.) erfolgt ist."

Eine starke Generalversammlung war anstelle der staatlichen Konzession und Oberaufsicht in den Augen des Gesetzgebers der Schutz vor Missbrauch und Übervorteilung der Aktionäre.[854] Von nun an stand das Selbstbeaufsichtigungsrecht der Aktionäre im Mittelpunkt. Die Aktionäre mussten mit Hilfe des

853 Lieder, S. 357, Rn. 69.
854 Ebd., Rn. 70.

Aufsichtsrates ihre Interessen ausschließlich selbst wahrnehmen.[855] Ziel des Gesetzgebers bei der Einrichtung eines obligatorischen Aufsichtsrates war, die fortlaufende Überwachung der Geschäftsführung im Interesse der Aktionäre zu gewährleisten.[856] Der Aufsichtsrat bildete somit das Bindeglied zwischen Vorstand und Generalversammlung.[857]

Aus diesen Überlegungen heraus übernahm der Aufsichtsrat die Funktion der Oberaufsicht des Staates. Die Aufgabe des Aufsichtsrats aus Art. 225 a ADHGB 1870 entsprach der der Oberaufsicht des Staates in Zeiten der Konzessionierung. Die Geschäftsführung sollte hinsichtlich der Verwaltung der Gesellschaft kontrolliert werden, und zwar bezogen auf die Einhaltung der Satzungsbestimmungen. Daraus folgt, dass, wenn das Mitsprache- bzw. Oberaufsichtsrecht des Staates als eine Art Aktionärs- und Gläubigerschutz aufgefasst wird, diese von nun an in Eigenregie durchgeführt wurden und allenfalls diese Aufsichtsmaßnahmen miteinander verglichen werden können.

Von diesem Prinzip wich auch der Gesetzgeber der Aktienrechtsnovelle von 1884 nicht ab. Er verfolgte das Konzept der Selbstbeaufsichtigung weiter,[858] denn nicht der Aufsichtsrat an sich war das Problem, sondern die Ausgestaltung desselben. Die Funktionen waren für den Gesetzgeber unklar abgegrenzt, die Pflichten mangelhaft bestimmt und die Verantwortlichkeit ungenügend.[859] Da das Publikum oder der Einzelne nicht in der Lage war, auf die Aktiengesellschaft eine ausreichende Einwirkung und Kontrolle derselben vorzunehmen, sollte der Staat nun per Gesetz Schutznormen aufstellen.[860]

Die Aufgaben des Aufsichtsrats wurden gestärkt.[861] Seine Hauptaufgabe wurde ausdrücklich die Beaufsichtigung der Geschäftsführung, gleichfalls war dem Aufsichtsrat aber nicht jegliche Beteiligung an der Verwaltung, schon wegen der Kenntnis der Vorgänge im Unternehmen, untersagt.[862] Aufsichtsrat und Verwaltungsrat sollten nicht als rechtlich selbständige Organe nebeneinander stehen. Allein dem Aufsichtsrat oblag die Kontrolle des Vorstandes.[863] Allerdings durften nach Art. 225 a ADHGB 1884 die Mitglieder des Aufsichtsrats nicht mehr zugleich Vorstandsmitglieder sein.

---

855 Stenographische Berichte 1870, Anlage Nr. 158, Motive, S. 655.
856 Lieder, S. 358, Rn. 71.
857 Ebd.
858 Art. 225 ADHGB 1884.
859 Stenographische Berichte 1884, Bd. 3, Begründung, S. 287.
860 Ebd., S. 244.
861 Ebd., S. 288 ff.
862 Ebd., S. 289.
863 Ebd., S. 289.

Die Aufgaben des Aufsichtsrates wurden in Art. 225 ADHGB 1884 in Grundzügen festgelegt.[864] Die konkrete Ausgestaltung der Befugnisse wurden nach Art. 225 III ADHGB 1884 dem Statut überlassen.

Art. 226 ADHGB 1884 erweiterte die Schadensersatzansprüche gegen den Aufsichtsrat auf die in Art. 225 ADHGB 1884 statuierten Pflichten. Darüber hinaus war der neue Haftungsmaßstab „die Sorgfalt eines ordentlichen Geschäftsmanns“ und nicht mehr nur „mit [...] Wissen und ohne [...] Einschreiten“ wie nach Art. 225 b ADHGB 1870. Mit dieser Verschärfung der Verantwortlichkeit sollte erreicht werden, dass die Mitglieder des Aufsichtsrates fähig waren, in diesem Entscheidungen zu treffen und die Geschäftsführung wirksam beaufsichtigen zu können.[865]

In den ausgewerteten Statuten herrschten trotz des gesetzlich verordneten Aufsichtsrates begriffliche Verschiedenheiten. Bei der einen Bank übernahm der „Aufsichtsrath“ die gesetzlich vorgeschriebene Aufsicht, bei anderen der „Verwaltungsrath“. In der Regel bildete der Verwaltungsrat zugleich den Aufsichtsrat.

Ein Beispiel für den Aufsichtsrat einer Bank mit eigenverantwortlicher Aufsicht, mit Satzung nach 1884, bot die *Lübecker Privatbank*.

§ 21 des Statuts der *Lübecker Privatbank*:

> „Der Aufsichtsrath hat die Mitglieder des Vorstandes, sowie die sonstigen Angestellten der Gesellschaft zu ernennen und zu entlassen, auch die Instruktionen derselben festzustellen, deren Innehaltung zu überwachen und die Gehalte der Beamten festzusetzen.“

§ 22 des Statuts der *Lübecker Privatbank*:

> „Der Aufsichtsrath überwacht die Geschäftsführung der Gesellschaft in allen Zweigen der Verwaltung; er kann sich von dem Gange der Angelegenheiten der Gesellschaft unterrichten, die Bücher und Schriften derselben jederzeit einsehen und den Bestand der Gesellschaftskasse untersuchen.
>
> Er hat die Jahresrechnungen, die Bilanzen und die Vorschläge zur Gewinn-Vertheilung zu prüfen und darüber alljährlich der Generalversammlung der Aktionäre Bericht zu erstatten. Er hat eine Generalversammlung zu berufen, wenn dies im Interesse der Gesellschaft erforderlich ist.“

Die Formulierung in § 22 des Statuts entsprach dem Wortlaut des ADHGB 1870 ohne Abweichung. Allerdings stammte das untersuchte Statut von 1886, so dass das ADHGB 1884 anwendbar gewesen wäre. Da die im ADHGB 1884 geregelten Pflichten des Aufsichtsrats über denen in der Novelle von 1870 hinaus gingen, griff bei den nicht im Statut erwähnten Befugnissen das Gesetz. Es ergab sich dadurch also kein Widerspruch.

---

864 Hofer, S. 409 Rn. 34.

865 Stenographische Berichte 1884, Bd. 3, Begründung, S. 291.

Auch das Statut der *Norddeutschen Bank in Hamburg* wurde nach 1884 aufgestellt.

§ 24 ihres Statuts besagte, dass dem Aufsichtsrat außer den in den Statuten erteilten Befugnissen die gesetzlichen Rechte und Pflichten zustehen. Eine solche Regelung entsprach Art. 225 III ADHGB, der ausdrücklich eine Befugnisregelung, die über die gesetzlichen Rechte und Pflichten hinaus ging, im Gesellschaftsvertrag zuließ.

Der Verwaltungsrat der Gesellschaft bildete nach § 24 des Statuts den Aufsichtsrat der Gesellschaft. Ihm standen nach § 25 des Statuts der *Norddeutschen Bank in Hamburg* folgende Befugnisse per Statut zu:

> „Der Verwaltungsrath hat insbesondere:
> a) die Directoren, Procuristen, oberen Beamten und den Rechtsconsulenten zu wählen, und die Contracte mit denselben abzuschliessen;
> b) den Beamten oder deren Angehörigen etwa zu bewilligende Gratificationen und ausserordentliche Unterstützungen zu genehmigen;
> c) das Reglement für den Geschäftsbetrieb der Bank festzustellen;
> d) den Geschäftsbetrieb der Bank und namentlich die Beobachtung des Geschäftsreglements zu überwachen, und zu diesem Zweck von Zeit zu Zeit geeignete Revisionen vorzunehmen."

Die Überwachung des Geschäftsbetriebs stand danach dem Verwaltungsrat zu und nicht ausdrücklich, wie es das Gesetz verlangte, dem Aufsichtsrat. Das Gesetz erlaubte aber weiterhin, dass der Aufsichtsrat auch Verwaltungsaufgaben übernahm, so dass eine Trennung von Verwaltungsrat und Aufsichtsrat schlecht möglich war. Somit handelte es sich im Statut der *Norddeutschen Bank in Hamburg* vermutlich lediglich um begriffliche Unschärfen.

Auch das Statut der *Spar- und Darlehns-Bank in Altona* war am ADHGB 1884 zu messen, weil die Errichtung 1886 erfolgte. Nach § 14 des Statuts[866] hat-

---

866 § 14 des Statuts der Spar- und Darlehns-Bank in Altona: „Der Aufsichtsrath wählt alljährlich einen Vorsitzenden und einen stellvertretenden Vorsitzenden, sowie den Schriftführer, und bestimmt selbst seine Geschäftsordnung. Er hat die gesammte Geschäftsführung des Vorstandes zu überwachen und die oberste Leitung der Bankangelegenheiten.

Insbesondere hat er:

1) über die eingegangenen Darlehnsgesuche und Creditbewilligungen,

2) über den An- und Verkauf von Immobilien und Werthpapieren,

3) über die Zusammenberufung der General-Versammlung und die Tagesordnung für dieselbe zu entscheiden;

4) die Mitglieder des Vorstandes sowie einen etwaigen Procuristen anzustellen,

5) die ihm von dem Vorstande vorzulegende Bilanz und Gewinn- und Verlustrechnung nebst Vorschlägen über die Gewinnvertheilung zu prüfen und mit seinen Bemerkungen der General-Versammlung vorzulegen,

te der Aufsichtsrat einerseits die Geschäftsführung des Vorstands zu überwachen, aber andererseits auch die oberste Leitung der Bankangelegenheiten inne. Wenn der Aufsichtsrat die Leitungsfunktion und die Überwachungsfunktion zugleich übernahm, konnte er in Interessenskonflikte geraten.

Günstige Geschäfte aus Sicht der Geschäftsleitung einer Aktiengesellschaft müssen nicht unbedingt günstig für die Aktionäre und schon gar nicht für die Gläubiger der Gesellschaft sein. Ein angestellter Aufsichtsrat verliert im Rahmen seiner Geschäftsführungstätigkeit nichts und kann damit ein erhöhtes Risiko eingehen. Die Aktionäre dagegen könnten auf diese Weise ihre Einlagen verlieren und die Gläubiger ihre Forderungen, wenn sich das eingegangene Risiko des Geschäfts realisieren würde. Da der Aufsichtsrat gleichzeitig die Überwachungsfunktion inne hatte, entfiel die Überwachung der von ihm getätigten Geschäfte. Eine ersatzweise Überwachung durch die Generalversammlung wäre in den meisten Fällen zu spät gekommen, denn diese fand zumeist nur einmal jährlich statt. Der Gesetzgeber wollte ausdrücklich durch Einsatz des Aufsichtsrats eine laufende Überwachung der Geschäftstätigkeit des Vorstands erreichen.[867]

Die Regelung des Statuts der *Spar- und Darlehns-Bank in Altona* entsprach dieser Zielsetzung des Gesetzes somit nicht. Auch die Ausformulierung des Art. 225 III ADHGB 1884, die eine gesellschaftsvertragliche Ausgestaltung der Befugnisse des Aufsichtsrats ermöglichte, kann aufgrund der Intention des Gesetzgebers nicht dahingehend ausgelegt werden, dass dem Aufsichtsrat die Entscheidungsbefugnis über das allgemeine Bankgeschäft zustand. Die oberste Leitung der Bankangelegenheiten war Aufgabe des Vorstands, Art. 227, 230 ADHGB 1884. § 14 des Statuts verletzte daher das Aktiengesetz von 1884.

Im Gegensatz dazu stand das Statut der *Deutschen Bank* von 1890. § 22 des Statuts regelte, dass der Aufsichtsrat die Rechte und Pflichten aus Art. 225 ADHGB 1884 zu erfüllen hatte. Zusätzlich wies § 28 des Statuts dem Aufsichtsrat einen Rechts- und Pflichtenkreis zu. Er hatte sowohl die Ausführung des Statuts und der Geschäftsordnung durch die Direktion zu überwachen, als auch deren Tätigkeiten zu kontrollieren. Darüber hinaus sollte der Aufsichtsrat die von der Direktion angefertigte Jahresrechnung, Inventur und Bilanz prüfen, woraus ein Vorschlag über die Höhe der Dividende für die Generalversammlung abgeleitet werden sollte. In den anschließenden Absätzen formulierte § 28 des Statuts zusätzliche Befugnisse des Aufsichtsrats wie folgt:

---

6) durch 2 seiner Mitglieder resp. durch 1 derselben und einen von der General-Versammlung zu wählenden Aktionär event. unter Zuziehung eines von der Gesellschaft zu bezahlenden Revisors die erforderlichen Revisionen vorzunehmen. Bei Beschlüssen über die Gegenstände unter 1-3, sowie über die Anstellung von Procuristen haben die Mitglieder des Vorstandes mitzuberathen und mitzustimmen."

867 Stenographische Berichte 1884, Bd. 3, Begründung, S 286 f.

„Der Aufsichtsrat beschliesst über die Ankäufe von Grundstücken zu Geschäftslokalitäten der Centralverwaltung sowie der Zweigniederlassungen, über die Errichtung von Filialen, Agenturen und Zweigniederlassungen und deshalb abzuschließende Verträge. Er kann durch die Geschäftsordnung bestimmen, welche Geschäftsgebiete die Bank zu kultivieren hat, welche Geschäftsabschlüsse und Creditgewährungen seiner vorgängigen oder nachträglichen Genehmigung bedürfen.

Er wählt jährlich aus seiner Mitte eine Revisions-Commission, die nach den näheren Bestimmungen der Geschäftsordnung das Rechnungswesen der Gesellschaft zu prüfen hat, und welcher die Vornahme periodischer Revisionen der Kasse und Bestände sowie die specielle Prüfung der Inventuren und Bilanzen obliegt.

Der Aufsichtsrath ist ferner befugt, aus seiner Mitte einzelne Mitglieder oder Ausschüsse auf bestimmte oder unbestimmte Zeit zur Ausführung von Aufträgen zu delegieren.

Als ständige Vertretung des Aufsichtsraths behufs fortlaufender Ueberwachung der Geschäftsführung fungiren der Direction gegenüber der Vorsitzende und in dessen Behinderung sein Stellvertreter.

Im Fall Zweigniederlassungen, Agenturen oder Kommanditen an anderen Plätzen errichtet werden, bleibt es vorbehalten, an diesen Plätzen Ausschussräthe zu konstituieren."

Im Unterschied zur *Spar- und Darlehns-Bank in Altona* enthielt das Statut der *Deutschen Bank* Befugnisse, die seiner Überwachungsfunktion gerecht wurden. Der Aufsichtsrat sollte nicht die Geschäftsleitung bzw. –führung in einzelnen Gebieten übernehmen, sondern diese überprüfen. Um diese Überprüfung möglichst praktikabel zu gestalten und frühzeitig ansetzen zu können, war der Aufsichtsrat dazu ermächtigt, über gewichtige Entscheidungen, die die Bank als solche betrafen, zu beschließen. Er durfte der Bank zusätzlich zum Statut eine Geschäftsordnung geben, in der detailliert die Grundsätze der Geschäftstätigkeit niedergelegt werden sollten, und somit die Richtung der Geschäfte der Bank bestimmt werden konnte. Dies war aber nicht mit der Leitung bzw. Führung der Geschäfte gleichzusetzen.

Die übrigen Befugnisse regelten die Organisation des Aufsichtsrats, welche im Gesetz nicht vorgeschrieben, aber nach Art. 225 III ADHGB 1884 zulässig waren.

Eine Aufsicht der *Bergisch Märkischen Bank*[868] war durch den Verwaltungsrat vorgesehen. Der Aufsichtsrat wurde vom Verwaltungsrat – nach dem Handelsgesetzbuch 1884 - gebildet. Art. 30 des Statuts der *Bergisch Märkischen Bank* regelte diese wie folgt:

„Der Verwaltungsrath übt die allgemeine Aufsicht über die Geschäftsführung aus. Zu diesem Zwecke ist derselbe berechtigt, durch den Präsidenten oder andere abzuordnende Mitglieder Einsicht von allen Schriften und Verwaltungsgegenständen so-

868 Art. 21 des Statuts.

wohl der Hauptniederlassung wie auch der Zweigniederlassungen, Kommanditen ec. zu nehmen, auch ordentliche und außerordentliche Kassen-Revisionen abzuhalten, oder diese Revisionen bei den Zweiganstalten durch die Direktion der Gesellschaft abhalten zu lassen. Er ist befugt, zur Abstellung einer fehlerhaften Verwaltung die erforderliche Anordnung zu treffen."

Nach Art. 30 des Statuts übte der Verwaltungsrat die allgemeine Aufsicht über die Geschäftsführung aus. Er war befugt, Einsicht in alle Unterlagen der Gesellschaft zu nehmen und Kassenrevisionen durchzuführen. Darüber hinaus war er befugt, erforderliche Anordnungen zu treffen, um eine fehlerhafte Verwaltung zu korrigieren.

Es fand also eine Vermischung der Aufgaben des Verwaltungsrats mit denen des Aufsichtsrats statt. Zwar stand dem Verwaltungsrat bzw. Aufsichtsrat nicht die oberste Leitung der Geschäfte zu, allerdings war der Verwaltungsrat gleich dem Aufsichtsrat. Im Statut der *Bergisch Märkischen Bank* wurde aber die Aufgabe der Aufsicht der Geschäftsführung derart betont, dass durch die Vermischung der Funktionen die Aufsicht der Gesellschaft nicht gefährdet erscheint. Zudem ermöglichte das Gesetz explizit, dass der Aufsichtsrat auch Verwaltungstätigkeiten übernehmen durfte, um nahe am bzw. im Unternehmen zu sein und die Entscheidungen des Vorstandes besser verstehen sowie bewerten zu können. Dergestalt stellte sich der Gesetzgeber eine effektive Aufsicht vor.[869] Ein Gesetzesverstoß lag hier durch Vermischung der Aufgaben also nicht vor.

Die *Deutsche Union Bank* wurde bereits 1871 gegründet und unterlag damit dem ADHGB von 1870. Nach § 21 ihres Statuts war die Funktion des Aufsichtsrats, „insbesondere die jährlichen Rechnungsabschlüsse, Bilanzen und die Vorschläge zur Gewinnvertheilung, sowie die Geschäftsberichte des Vorstandes zu prüfen und darüber alljährlich an die Generalversammlung zu berichten." Darüber hinaus ernannte und entließ der Aufsichtsrat sowohl die Mitglieder des Vorstandes, als auch die sonstigen Angestellten der Gesellschaft. Mindestens zwei Mal jährlich sollte der Aufsichtsrat Kassen- und Bestandsrevisionen vornehmen.

Allerdings wurde in § 18 des Statuts der Aufsichtsrat, wie bei der *Bergisch Märkischen Bank*, mit dem Verwaltungsrat gleichgestellt; das heißt, es gab nur ein Gremium. Die Pflichten des Aufsichtsrats bestimmten sich nach dem Allgemeinen Deutschen Handelsgesetzbuch und dem Bundesgesetz vom 11. Juli 1870. Er wurde von der Generalversammlung gewählt.

Da der Verwaltungsrat in der Regel die Geschäfte der Gesellschaft führte,[870] konnte es wie oben beschrieben zu Interessenkonflikten kommen. Allerdings

869 vgl. Ausführungen oben.

870 Z.B. Satzungen: § 34 Allgemeine Deutsche Creditanstalt; § 11 Bayerische Vereinsbank; § 20 Braunschweigische Bank; § 21 Cölnische Privatbank; § 21 der Commerz- und Dis-

kannte das ADHGB von 1870 noch kein Verbot der Vermischung der Funktionen, so dass diese Regelung im Statut nicht gegen das Gesetz verstieß.

Auch die *Dresdner Bank*, 1872 gegründet, unterlag dem ADHGB 1870. In der Satzung hieß es in § 24, dass der Aufsichtsrat die Geschäftsführung der Direktion nach der Maßgabe des Art. 225 a ADHGB 1870 zu überwachen habe. Darüber hinaus wurde in § 23 des Statuts indirekt geregelt, dass der Aufsichtsrat über die Anstellung oder Entlassung der Direktoren und über die Genehmigung der Errichtung oder Aufhebung von Filialen, Agenturen oder Zweigniederlassungen entscheidet, indem in diesen Fällen eine Beschlussfähigkeit des Aufsichtsrats, die bei zwei Dritteln der Stimmen aller Aufsichtsratsmitglieder lag, verlangt wurde.

Demgegenüber regelte das Statut der *Königsberger Vereins-Bank* von 1871 die Befugnisse des Aufsichtsrates sehr detailliert in § 18:

> „Dem Aufsichtsrath liegt die oberste Leitung und die specielle Beaufsichtigung des gesamten Geschäftsbetriebes ob.
>
> Er hat alle Rechte und Obliegenheiten, welche die Gesetze dem Aufsichtsrath einer Actien-Gesellschaft beilegen, vertritt die Gesellschaft dem Vorstande gegenüber, überwacht die Geschäftsführung des Vorstandes und ist überhaupt befugt, nach seinem Ermessen alle ihm für die Gesellschaft und deren Geschäftsbetrieb zweckmässig scheinenden Einrichtungen und Bestimmungen zu treffen und ausführen zu lassen, mit alleiniger Ausnahme derjenigen Angelegenheiten, welche nach den Festsetzungen dieses Statuts oder zufolge unabänderlicher gesetzlicher Bestimmung von der Generalversammlung erledigt werden müssen. […].“[871]

---

conto-Bank in Hamburg; § 21 Danziger Privat-Aktienbank; § 12 Darmstädter Bank für Handel und Industrie; § 17 Darmstädter Bank für Süd-Deutschland; § 40 Dessauer Credit-Anstalt für Industrie und Handel; § 22 Dortmunder Privat-Aktienbank; § 22 Hagener Privat-Aktienbank; § 17 Hannoversche Bank für Handel und Gewerbe; § 21 Königsberger Privatbank; § 9, § 20 Lübecker Credit- und Versicherungs-Bank; § 17 Luxemburger Internationale Bank; § 35 Magdeburger Privatbank; § 17 Mitteldeutsche Creditbank in Meiningen zur Förderung von Industrie und Handel; § 37 Niederösterreichische Escompte-Gesellschaft; § 42 K. K. Priviligierte Österreichische Credit-Anstalt für Handel und Gewerbe; § 21 Provinzial-Actien-Bank des Großherzogthums Posen in Posen; § 77 Rostocker Bank; § 29 Thüringische Bank.

871 weiter: „Dem Aufsichtsrath liegen demnach, ausser den bereits erwähnten, besonders folgende Geschäfte ob:
Die Feststellungen der Zahl und die Wahl der für die Gesellschaft anzustellenden Vorstandsmitglieder (Directoren und stellvertretende Directoren), sonstigen Beamten und Geschäftsgehilfen, sowie die Bestellung von Procuristen und Handlungsbevollmächtigten, die Bestimmung ihrer Anstellungsbedingungen, insbesondere ihrer Besoldung und Abschliessung der Anstellungsverträge mit ihnen;
die Ertheilung der Geschäftsordnung für die Vorstandsmitglieder und übrigen Beamten;
die Bestellung von Stellvertretern für Vorstandsmitglieder;

Auch bei der *Königsberger Vereinsbank* oblag dem Aufsichtsrat die oberste Leitung zugleich mit der Beaufsichtigung des Geschäftsbetriebes. Wie bereits dargestellt, war diese Vermischung der Befugnisse nach dem ADHGB 1870 erlaubt.

Die Formulierungen der Befugnisse des Aufsichtsrates erinnern an die Oberaufsicht des Staates vor 1870. Der Aufsichtsrat übernahm jetzt die Funktionen, die zuvor dem Staat oblagen (vgl. oben). Er überwachte beispielsweise die Einhaltung des Statuts und hatte Einsichtsrechte in alle Unterlagen der Bank. Trotzdem war und ist der Aufsichtsrat ein Organ der Gesellschaft. Von staatlichen Eingriffs- und Aufsichtsrechten kann hier nicht gesprochen werden. Der Staat konnte die Gesellschaft von außen allenfalls mit Gesetzesänderungen beeinflussen, aber nicht direkt eingreifen, falls die Geschäftstätigkeit des Unternehmens nicht den Zielstellungen des Staates entsprach. Abänderungen des Aktienrechts fanden aber statt. Der Aufsichtsrat wurde in der 1884er Aktienrechtsnovelle viel detaillierter geregelt als zuvor in der Novelle von 1870. Hier wurde zwar ein Aufsichtsrat festgeschrieben, jedoch mit sehr allgemein gehaltenen Befugnissen, Art. 225 a Aktiengesetz 1870. Im Aktiengesetz 1884 wurden zusätzlich in Art. 226 Tatbestände erfasst, die der Aufsichtsrat ahnden musste. Art. 225 a ADHGB 1884 beschäftigte sich mit Interessenkonflikten der Aufsichtsratsmitglieder, die entsprechend ausgeschlossen werden mussten. Hier wurde versucht, dem Aktienschwindel, der nach der 1870er Novelle auftrat, Einhalt zu gebieten.

In der Gesamtschau ist zu bemerken, dass in der Hauptsache die Interessenkonflikte des gebildeten obligatorischen Aufsichtsrats eine effektive Aufsicht der Gesellschaft verhinderten. Einerseits waren die Aufgaben des Verwaltungsrats mit denen des Aufsichtsrats vermischt, andererseits überwachte der Aufsichtsrat nicht nur, sondern leitete auch die Geschäfte. Darüber hinaus konnte ein hausinterner Aufsichtsrat nicht vollständig neutral die Geschäfte oder die

---

die allmonatlich ordentlich und alljährlich wenigstens einmal ausserordentlich abzuhaltenden Revisionen der Kasse und aller Bestände der Gesellschaft durch die dazu abzuordnenden Mitglieder des Aufsichtsraths, welche über jede Revision einen schriftlichen Bericht abzufassen haben;
die Prüfung der Jahres- (Gewinn- und Verlust-) Rechnungen und der Bilanz;
die Vorbereitung aller Vorlagen für die Generalversammlung;
die Bewilligung von Vergütungen und Unterstützungen an Beamte der Gesellschaft, deren Familie und Hinterbliebene und an andere Personen, welche im Interesse der Gesellschaft Dienste leisten oder für dieselbe sonst wie thätig sind;
die Ausführung der Beschlüsse der Generalversammlung;
die Vertretung der Gesellschaft in deren Prozessen mit den Vorstandsmitgliedern der Gesellschaft.“

Geschäftstätigkeit der jeweiligen Bank beurteilen. Er stand aufgrund seiner Zusammensetzung auf der Seite der Aktionäre und nicht auf der der Gläubiger oder des allgemeinen Publikums. Eine staatliche Aufsicht betrachtet darüber hinaus auch die Zusammenhänge des zu überwachenden Unternehmens im Wirtschaftsgefüge und nicht nur den Gedeih und Verderb eines einzelnen Unternehmens. Ein Ersatz für die Oberaufsicht des Staates konnte auf diese Weise nicht geschaffen werden.

VII.Bezugsrecht der Gründer oder der Zeichner

Das Bezugsrecht der Gründer oder der Zeichner steht stellvertretend für die Diskussion von etlichen möglicherweise gewährten Gründervorteilen, weil dieses aus den hier betrachteten Satzungen, entgegen anderen Gründervorteilen wie Ausschließlichkeitsverträgen[872], hervorgeht. Gründervorteile waren auch nach der Aktienrechtsnovelle von 1884 nicht grundsätzlich verboten,[873] mussten aber im Gesellschaftsvertrag wegen Art. 209 b ADHGB 1884 festgehalten werden. Sie wurden damit für Außenstehende ersichtlich und transparent.

Grundsätzlich soll ein Bezugsrecht den Altaktionären bei einer Kapitalerhöhung den relativen Anteil am Grundkapital der Gesellschaft erhalten und damit den Einfluss in der Hauptversammlung der Aktiengesellschaft sichern.[874] Ein Bezugsrecht für die Altaktionäre ist heute in § 186 I AktG geregelt. Es soll dem Aktionär ein Verwässerungsschutz gewährleistet werden.

Im 19. Jahrhundert wurde den Gründern und den Altaktionären häufig ein Bezugsrecht junger Aktien[875] zum Nennwert gewährt. Die Aktienausgabe unter pari war nach dem ADHGB 1870 nicht ausdrücklich verboten.[876] Es gehörte zur Befugnis junge Aktien zu pari zu zeichnen oft nicht mehr, als Erstzeichner zu sein. Der aktuelle Besitz der Aktien bei Ausgabe der neuen Aktien war nicht von Belang.[877]

Auch wenn die Erstemission der Aktien nicht voll eingezahlt worden war, konnte eine Gesellschaft trotzdem ihr Kapital erhöhen, indem sie erneut Aktien

872 vgl. Passow, S. 107 ff.; Banken haben sich z.B. oft bei der Beteiligung an Gründungen eine exklusive Bankverbindung zu ihnen ausbedungen, Passow, S. 118.

873 Stenographische Berichte 1884, Begründung, Bd. 3, S. 263 f.

874 z.B. Tiedtke, S. 179.

875 Aktien, die bei einer Kapitalerhöhung neu emittiert werden.

876 Bayer, S. 724, Rn. 27; für Zulässigkeit daher: Wiener, Reform, S. 25 ff., Lasker, Stenographische Berichte, S. 214 ff.; a.A. Behrend, S. 59, 62 f.; Goldschmidt, Reform, S. 31 f.; Nissen ZHR 21, 100, 108; Hecht, Börsen- und Actienwesen, S. 144; vgl. zur Problematik auch die Begründung zur Aktienrechtsnovelle 1884, bei Schubert/Hommelhoff, Hundert Jahre modernes Aktienrecht 1985, S. 387, 455; Lieder, Rn. 46.

877 Auerbach, Actienwesen, S. 91.

ausgab. Im Statut erschien die Summe des gesamten ausgegebenen Kapitals, wobei die wirklich eingezahlten Anteile dort nicht erschienen. Außenstehende - wie potentielle Aktienkäufer, Gläubiger oder das allgemeine Publikum - konnten sich deshalb kein Bild von der Kapitalausstattung des Unternehmens machen. Die Börsenkurse der Aktie waren damit reine Spekulation über die Solidität des Unternehmens und bildeten nicht den realen Wert der Gesellschaft ab.

Bestand bei einer Gesellschaft allein das Bedürfnis nach höherem Kapital, dann hätte oft die Volleinzahlung des noch ausstehenden Aktienkapitals genügt; eine Neuausgabe von Aktien wäre überflüssig gewesen. Deswegen musste die Ausgabe junger Aktien anders motiviert gewesen sein. Ausschlaggebend für die Inanspruchnahme des Bezugsrechts durch die Gründer war die Aussicht auf einen Gewinn, auch wenn das vorhandene Aktienkapital nur zum Mindestbetrag von 40% eingezahlt worden war. Ob der Geschäftsbetrieb eine Erhöhung des Aktienkapitals erforderte, war für die Entscheidung über die Ausgabe der neuen Aktien irrelevant.[878] Stand das Bezugsrecht nur den Gründern zu, wurden alle anderen Aktionäre und eventuell die Gesellschaft benachteiligt.[879]

Das ADHGB von 1870 verlangte schließlich in Art. 221 Nr. 1, dass eine Neuausgabe von Aktien erst erfolgen durfte, wenn das ausstehende Kapital voll eingezahlt war. Zuvor musste eine Kapitalerhöhung als Satzungsänderung konzessioniert werden. Preußen war skeptisch gegenüber einer Ausdehnung der Aktiengesellschaften und ließ daher nur unbedingt notwendige Kapitalerhöhungen zu.[880]

Diese Art der Kapitalerhöhungen führte dazu, dass sich mit einem geringen Anfangskapital leicht hohe Gewinne erwirtschaften lassen konnten. Die Aktien erzielten infolge dieser Gewinnerwartung ein Aufgeld zum Nennwert, das die Gründer selbst behalten wollten. Sie übten deshalb ihr Bezugsrecht aus und erwarben Aktien zum Nennwert.[881] Kurze Zeit später konnten sie diese beispielsweise an der Börse mit Gewinnen wieder veräußern.

Die Zusicherung eines Bezugsrechts für die Gründer führte nach der Gesetzesbegründung zur Aktienrechtsnovelle von 1884 „zu den gröbsten Mißbräuchen".[882] Dadurch wurde die „ruhige wirthschaftliche Entwicklung der Gesellschaft"[883] gehindert. Die Entscheidung über die Ausdehnung der Gesellschaft wurde damit nach den Interessen der bevorzugten Gesellschafter getroffen. Diese Gesellschafter machten bei Gewinnaussichten Gebrauch von ihren Bezugs-

878 Auerbach, Actienwesen, S. 91; Passow, S. 116.
879 Passow, S. 116.
880 Bösselmann, S. 133, 138.
881 Ebd., S. 129.
882 Stenographische Berichte 1884, Bd. 3, Begründung, S. 264.
883 Ebd.

rechten und versuchten folglich, den Kurs der Aktien künstlich zu erhöhen und den Geschäftsumfang der Gesellschaft über das wirtschaftlich gerechtfertigte Maß hinaus auszudehnen. Das durch die Kapitalerhöhung zugeführte Kapital war damit nicht nutzbar und führte zu ungerechtfertigten Spekulationen. Dies hinderte die Gesellschaft zugleich bei einem späteren wirklich vorhandenen Kapitalbedürfnis, neue Aktien zu begeben.[884] Aus diesem Grund wurde die Entscheidung über eine Grundkapitalerhöhung nach Art. 215 a II ADHGB 1884 der Generalversammlung überlassen und somit die „egoistische Ausbeutung erschwert".[885] Nach Art. 215 a IV ADHGB 1884 war schließlich eine Zusicherung von Bezugsrechten vor dem Beschluss der Erhöhung des Grundkapitals der Gesellschaft gegenüber unwirksam. Darunter fiel auch die Festlegung von Kapitalerhöhungen in den Statuten, denn das Statut enthielt keinen Beschluss über die Erhöhung des Grundkapitals. Den Gründern früher gewährte Rechte blieben jedoch bestehen.[886]

Eine derartige Bevorzugung der Gründer führte möglicherweise nicht nur zur nutzlosen Kapitalüberschwemmung der Gesellschaft, sondern auch zu einer noch vergrößerten Uneinschätzbarkeit des vorhandenen und eingezahlten Kapitals in der Gesellschaft. Wenn das Bezugsrecht zusätzlich noch zu einem Preis unter dem Ausgabewert der Aktien ermöglicht wurde, dann wurde dem Unternehmen bereits bei der Ausgabe der neuen Aktien Aktienkapital entzogen. Es wurde also mehr Aktienkapital im Statut ausgewiesen als in die Gesellschaft eingezahlt wurde. Dies konnte zu Unterkapitalisierungen führen.

Außenstehende - wie potentielle Aktionäre, Gläubiger und das gesamte Publikum - konnten die Solidität des Unternehmens aber auch die einer Kapitalerhöhung nicht mehr einschätzen und waren somit potentiell gefährdet, ihre Einlagen in Form von Eigen- oder Fremdkapital in das Unternehmen zu verlieren.

1. Bezugsrecht vor der Aktienrechtsnovelle 1870

Die Banken mit Gründungsdatum vor der Aktienrechtsnovelle von 1870 legten ausschließlich ein Bezugsrecht für Gründer oder Erstaktionäre in ihren Statuten fest. Allerdings waren diese Bezugsrechte leicht unterschiedlich ausgestaltet. So durften nach § 4 des Statuts der *Deutschen Bank* die ersten Zeichner die Aktien späterer Emissionen zu pari übernehmen. Dagegen hatten sowohl die Inhaber der Aktien erster Emission der *Commerz- und Disconto-Bank in Hamburg*, als

884 Stenographische Berichte 1884, Bd. 3, Begründung, S. 264.
885 Ebd.
886 Passow, S. 117.

auch die Gründer bei der Neuausgabe von Aktien das Recht, die neuen Aktien je hälftig zum Parikurs übernehmen.[887]

§ 5 des Statuts der *Allgemeinen Deutsche Creditanstalt* bestimmte, dass keinesfalls Aktien unter pari ausgegeben werden durften. Bei einer Kapitalerhöhung bzw. bei der Ausgabe der zweiten Tranche des im Statut vermerkten Aktienkapitals, hatten die Gründer und der Staat die Möglichkeit, einen Teil der Aktien zu pari zu erwerben. Es blieb dem Verwaltungsrat überlassen, Vorteile für die verbleibenden zwei Drittel der Neuemission für die Altaktionäre zu bestimmen.[888]

Die jeweiligen Aktienbesitzer der *Bayerischen Vereinsbank*[889] hatten zu drei Fünfteln, die Gründer zu zwei Fünfteln das Vorzugsrecht bei der Neuemission von Aktien zum Nennwert.

Aktionäre der *Credit- und Versicherungs-Bank in Lübeck*[890] hatten bei der Neuausgabe von Aktien das Vorzugsrecht, im Verhältnis ihrer Aktien neue Aktien zu erwerben.

Das Bezugsrecht für Gründer und für die Regierung bei der *Darmstädter Bank für Handel und Industrie* war in § 4 des Statuts folgendermaßen ausgestaltet:

> Bei der Emission der zweiten Serie ist der Großherzoglich Hessischen Regierung und den in §. 1 genannten Gründern das Vorzugsrecht vorbehalten, die zu emittirenden Actien zum Nominalwerth zu übernehmen […]."

Das ursprüngliche Stammkapital der *Dessauer Credit-Anstalt für Industrie und Handel* konnte nach § 4 des Statuts nach Beschluss der Generalversammlung und Genehmigung der Staatsregierung erhöht werden. In einem solchen Fall blieb dem Herzog die Übernahme von einem Viertel der neuen Aktien vorbehalten. Darüber hinaus konnten die noch lebenden ersten Erwerber der Konzession ein Viertel der neuen Aktien übernehmen. Die zweite Hälfte der Aktien wurde den Altaktionären zur Übernahme al pari überlassen.

Bei der Ausgabe neuer Aktien der *Hamburger Vereinsbank*[891] blieb dem Vorstand ein Viertel der Aktien auf deren Verlangen reserviert. Darüber hinaus konnte die Generalversammlung über die bevorzugte Vergabe an Altaktionäre entscheiden.

Die *Lübecker Credit- und Versicherungs-Bank*[892] gewährte den Altaktionären ein Vorzugsrecht bei der Neuausgabe von Aktien im Verhältnis ihrer Aktien.

---

887 § 5 des Statuts.
888 § 6 des Statuts.
889 § 5 des Statuts.
890 § 5 des Statuts.
891 § 7 des Statuts.
892 § 5 des Statuts.

Nach § 11 des Statuts der *Niederösterreichischen Escompte-Gesellschaft* hatten die Erstaktionäre bei der Neuemission von Aktien das Recht, neue Aktien zum Nennwert zu erwerben. Späteren Aktionären stand nur noch das Recht zu, neue Aktien im Verhältnis zum bisherigen Aktienbesitz zu erlangen.

In § 4 des Statuts der *Norddeutschen Bank in Hamburg* wurde die Neuausgabe von Aktien geregelt. Danach erhielten die Altaktionäre die Möglichkeit, die neuen Aktien im Verhältnis der Zahl ihrer Aktien zu erwerben.

Bei der *K. K. Priviligierten Österreichische Credit-Anstalt für Handel und Gewerbe*[893] besaßen die Begründer der Gesellschaft das Vorrecht, ein Drittel und die übrigen Aktionäre zwei Drittel der Neuemission zu übernehmen. Nach § 10 des Statuts fand eine Aktienausgabe nicht unter dem Nennwert statt.

Insgesamt verankerten zwar alle Banken ein grundsätzliches Bezugsrecht in ihren Satzungen, jedoch wurden nicht immer nur die Gründer bedacht. Bezüglich des Bezugsrechts der Gründer sind obige Kritikpunkte anzuführen. Ansonsten handelte es sich um einen grundsätzlichen Verwässerungsschutz der Aktien.

Bei einigen Banken sagte das Statut aus, dass keine Aktienausgabe unter pari erfolgen durfte. Dies konnte der Kapitalausbeutung der Gesellschaft entgegen gehalten werden. Jedoch bestimmten nicht alle Statuten ein Verbot der Ausgabe von Aktien unter pari – allerdings ein Bezugsrecht zum Nennwert, so dass davon ausgegangen werden kann, dass eine Ausgabe der Aktien unter diesem Wert nicht bereits im Statut geplant war.

Vermutlich löste das Bezugsrecht der Gründer bei den vor 1870 gegründeten Gesellschaften keine Spekulation aus. Einerseits mussten Kapitalerhöhungen als Satzungsänderungen staatlich genehmigt werden, andererseits enthielten die wenigsten Statuten ausschließlich Bezugsrechte für Gründer und keines ein ausdrückliches Bezugsrecht unter pari.

2. Bezugsrecht bei den Notenbanken

Im Gegensatz zu den Aktienbanken ohne Notenausgabeprivileg fand sich ein Bezugsrecht für Gründer oder Altaktionäre nicht in jedem der Notenbankenstatuten. Auch die Normativbestimmung von 1848 für Preußens Notenbanken enthielt keine Regelung bezüglich einer Beschränkung des Bezugsrechts bei der Neuemission von Aktien, so dass in diesem Punkt kein Unterschied zu den Banken ohne Notenausgabeprivileg vorlag.

§ 6 des Statuts der *Bremer Bank* bestimmte, dass bei Neuemissionen die Altaktionäre im Verhältnis zu ihrem Aktienbesitz ein Bezugsrecht für die neuen

893 § 11 des Statuts.

Aktien zum Nominalwert erhalten sollten. Dieses Vorrecht sollte im jeweiligen Fall näher bestimmt werden.

§ 4 des Statuts der *Commerzbank in Lübeck* bevorrechtigte Altaktionäre zum Bezug neuer Aktien al pari im Verhältnis zu ihrem Aktienbesitz.

Die *Darmstädter Bank für Süddeutschland* enthielt im Statut detaillierte und betraglich fixierte Angaben über die Emission von neuen Aktien. § 4 des Statuts der *Darmstädter Bank für Süddeutschland*:

> „Im Falle einer solchen Erhöhung ist der Großherzoglich Hessischen Staats-Regierung, der Hessischen Ludwigs-Eisenbahn-Gesellschaft und den im §. 1 genannten Gründern das Vorzugsrecht vorzubehalten, die zu emittirenden Actien, und zwar:
>
> a) der Großherzoglich-Hessischen Staats-Regierung 12,000 Actien im Betrage von drei Millionen Gulden,
> b) der Hessischen Ludwigs-Eisenbahn-Gesellschaft 16,000 Actien im Betrage von vier Millionen Gulden und
> c) den im §. 1 genannten Gründern 52,000 Actien im Betrage von dreizehn Millionen Gulden,
>
> zum Nominal-Werthe zu übernehmen.“

Bei der Ausgabe der zweiten Tranche der Aktien hatten die Aktionäre der *Frankfurter Bank* nach Art. 2 des Statuts das Vorrecht zum Erwerb dieser neuen Aktien im Verhältnis zu den von ihnen besessenen Aktien. Nach Art. 3 des Statuts hatten die Aktionäre jedoch bei weiteren Emissionen kein Vorrecht auf den Erwerb neuer Aktien.

§ 8 des Statuts der *Geraer Bank* bevorrechtigte die Inhaber der Aktien erster Emission zum Kauf bei der Emission der zweiten Hälfte des im Statut ausgewiesenen Aktienkapitals. In § 4 des Statuts der *Hannoverschen Bank für Handel und Gewerbe* war Gleiches geregelt.

Die Altaktionäre der *Lübecker Privatbank* waren bei Neuemissionen im Verhältnis der Zahl ihrer Aktien zum Erwerb der neuen Aktien zum Nominalwert nach § 4 des Statuts berechtigt. Wurden bei der neuen Emission Aktien nicht von bereits vorhandenen Aktionären übernommen, wurden diese vom Direktorium bestens, aber nicht unter pari verkauft.

Nach § 4 des Statuts der *Luxemburger Internationalen Bank* konnten die Gründer die Aktien zu pari übernehmen. Ihnen blieb überlassen, den anfangs noch nicht emittierten Aktienanteil, zu begeben. Die jeweiligen Aktionäre besaßen ein Bezugsrecht über die Hälfte des Aktienkapitals, das in drei weiteren Serien ausgegeben werden sollte, jeweils zum Nominalwert. Die andere Hälfte und die nicht von den Aktionären übernommenen Aktien bei den Neuemissionen standen den Gründern zum Nominalwert zu.

Fünf von acht Millionen Talern Aktienkapital waren bei der *Mitteldeutschen Creditbank in Meiningen zur Förderung von Industrie und Handel*[894] bis zur Konstituierung der Bank den Gründern zum Nominalwert vorbehalten. Darin eingeschlossen waren Aktien im Wert von 300.000 Talern, die der Sächsischen Staatsregierung zum Nennwert reserviert waren. Die Regierung musste innerhalb von drei Monaten nach Konstituierung ihren Anteil akzeptieren und die daraus entstehende Verbindlichkeit erfüllen. Wenn diese daran kein Interesse hatte, fielen die Aktien wieder der Gesellschaft zur freien Verfügung zu. Bei einer notwendig werdenden oder erscheinenden Neuemission von Aktien hatten nach § 5 des Statuts die bereits vorhandenen Aktionäre ein Bezugsrecht al pari für die Hälfte der Emissionssumme, jeder nach dem Verhältnis seines Aktienbesitzes. Den Gründern stand die andere Hälfte zum Nennwert zu erwerben zu. „Die Herzoglich Sächsische Staatsregierung kann aber zunächst die Abgabe von 300,000 Talern in Actien zu dem Nominalwerth beanspruchen."[895] Bei einer dritten Emission zu Gunsten der Aktionäre hatten die Gründer kein Vorrecht auf den Erwerb von Aktien mehr.[896]

Im Grundsatz lassen sich keine Unterschiede in der Bestimmung des Bezugsrechts zwischen Notenbanken und Nicht-Notenbanken erkennen. Beide Arten von Banken gewährten häufig den Gründern ein Bezugsrecht. Einige der Banken schlossen den Bezug von Aktien unter pari aus. Allerdings erscheinen die Regelungen bei den Notenbanken bezüglich des Bezugsrechts zum Teil detaillierter. Was bei den Aktienbanken ohne Notenausgabeprivileg oftmals in einem Satz formuliert war, legten die Statuten der Notenbanken ausführlich dar.

Allerdings war auch hier erkennbar, dass Aktien generell nicht unter pari durch das Bezugsrecht den Gründern oder Altaktionären zukommen sollten. Die meisten Banken knüpften das Bezugsrecht an den Aktienbesitz für Altaktionäre, lediglich bezüglich der Gründerbevorteilung wurde der Aktienbesitz nicht zur Bedingung gemacht. Indes gewährten nicht alle Notenbanken den Gründern ein Bezugsrecht. Die Mehrheit der Notenbanken ermöglichte jedoch Altaktionären mit Aktienbesitz ein Bezugsrecht zum Nominalwert der neu ausgegebenen Aktien. Auffallend war zudem, dass zum Beispiel bei der *Mitteldeutschen Creditbank in Meiningen* die Gründer zum Bezug junger Aktien bevorrechtigt waren, aber dies nur für die ersten beiden Emissionen, danach erlosch das Bezugsrecht der Gründer, und es blieb lediglich eines für Altaktionäre bestehen.

Es ist zusätzlich auf die Ausführungen zu den Aktienbanken ohne Notenausgaberecht zu verweisen.

---

894 § 5 ff. des Statuts.

895 § 5 des Statuts.

896 § 7 des Statuts.

3. Bezugsrecht nach der Aktienrechtsnovelle 1870

Nach wie vor wurde in den späteren Satzungen ein Bezugsrecht für die Zeichner oder Aktionäre festgelegt. Allerdings beschränkte sich dieses Recht auf den Bezug von Aktien zum Nominalwert und nicht, wie es das Gesetz auch zugelassen hätte, auf einen niedrigeren Wert. Dadurch, dass die ersten Zeichner begünstigt wurden, könnte hier ein Gründervorteil gewährt worden sein.

Die Zeichner und deren Rechtsnachfolger der Aktien der *Deutschen Union Bank* hatten nach § 6 des Statuts bei jeder Neuemission ein Anrecht auf die Hälfte der neuen Aktien im Verhältnis ihrer Zeichnungen. Die andere Hälfte der neuen Aktien wurden den übrigen Aktionären nach dem Verhältnis ihres Aktienbesitzes al pari angeboten.

Bei der *Dresdner Bank* wurde in § 5 des Statuts ein Verwässerungsschutz von Altaktionären aufgenommen. Die Zeichner oder deren Rechtsnachfolger hatten bei einer Neuemission das Recht, die Hälfte der neuen Aktien zum Nominalwert zuzüglich „des durch den Reservefond repräsentierten Mehrwerthes derselben" zu erwerben. Die Modalitäten der Geltendmachung dieses Bezugsrechts sollte der Aufsichtsrat bestimmen.

Die Statuten der *Dresdner Bank* und der *Deutschen Union Bank*, die nach dem Aktienrecht 1870 aufgestellt worden waren, enthielten ein Bezugsrecht für die Zeichner und deren Rechtsnachfolger. Dabei besagten sie nicht, dass diejenigen, die das Bezugsrecht geltend machen wollten, auch Aktionäre der Gesellschaft sein mussten. Allerdings kann davon ausgegangen werden, denn der Rechtsnachfolger des Zeichners sollte die Aktie im Besitz haben und in dem Moment, in dem es einen Rechtsnachfolger gab, wäre der Zeichner nicht mehr zum Bezug berechtigt. Das Bezugsrecht bestand also mit Bindung an den Aktienbesitz.

Nach Art. 6 des Statuts der *Bergisch Märkischen Bank* waren bei jeder Grundkapitalerhöhung die ersten Aktienzeichner, falls diese noch Aktionäre der Bank waren, bevorrechtigt, die Hälfte der Aktien zum Ausgabekurs zu übernehmen. Die andere Hälfte der Aktien konnten die übrigen Aktionäre nach dem Verhältnis ihres Aktienbesitzes zum Ausgabekurs übernehmen. Die Generalversammlung beschloss einen Mindestausgabekurs, der jedoch bei der tatsächlichen Ausgabe übertroffen werden konnte.

Eine Erhöhung des Grundkapitals und damit einhergehend die Ausgabe neuer Aktien erfolgte bei der *Deutschen Bank* gemäß § 4 des Statuts nach den vom Aufsichtsrat festzulegenden Modalitäten. Dabei durften einzelne Aktionäre oder die ersten Zeichner nicht bevorzugt behandelt werden.

Fand bei der *Norddeutschen Bank in Hamburg* eine Neuausgabe von Aktien statt, waren nach § 4 des Statuts die Altaktionäre berechtigt, im Verhältnis ihres Aktienbesitzes neue Aktien zu übernehmen.

Bei den Statuten, die nach 1884 aufgestellt worden waren, fällt auf, dass die ersten Zeichner nicht durch ein Bezugsrecht begünstigt wurden. Es wurde vielmehr darauf geachtet, dass das Bezugsrecht auch an den Aktienbesitz gekoppelt war. Dies war nach dem Aktienrecht 1884 gewollt und in den Statuten umgesetzt worden.

Das Bezugsrecht betraf nach 1870 häufig nur die Hälfte des neu ausgegebenen Aktienkapitals. Oftmals wurden die ersten Zeichner bevorrechtigt, neue Aktien zum Nennwert zu erwerben. Der Erwerb unter dem Nennwert wurde nicht in den Satzungen festgelegt. Problematischer erscheint die Bevorrechtigung der Erstzeichner der Aktien, denn diese mussten zum Zeitpunkt der Aktienneuemission nicht mehr Aktionäre sein. Wenn die Begünstigung an den Aktienbesitz geknüpft war, wie zumeist geschehen, handelte es sich um einen nicht zu beanstandenden Verwässerungsschutz der Aktionäre. In den übrigen Fällen verbleibt das Vorrecht zweifelhaft.

Nach 1870 war in der Regel davon auszugehen, dass das Bezugsrecht an den Aktienbesitz und nicht willkürlich an die Erstzeichner oder die Gründer gebunden war. Die Gründer konnten sich nicht, obwohl sie keine Anteile mehr an der Gesellschaft besaßen, ein Einflussrecht auf die Gesellschaft sichern und mit ihren Bezugsrechten spekulieren.

Im Zusammenhang damit, dass die Aktien seit der Aktienrechtsnovelle von 1870 erst neu ausgegeben werden durften, wenn die vorherige Emission voll eingezahlt war, konnten nun Außenstehende davon ausgehen, dass zumindest das in der Satzung ausgewiesene Grundkapital vollständig in die Gesellschaft gelangt war. Damit war die Basis für die Bewertung der Gesellschaft zumindest teilweise gesichert.

Insgesamt wurde das Bezugsrecht immer mehr zum Verwässerungsschutz für die Aktionäre und war kein direktes Einflussmittel auf die Gesellschaft mehr. Für das Publikum, potentielle Aktionäre und Gläubiger wurde die Emission von neuen Aktien immer transparenter und einschätzbarer. Es brauchte nach 1884 keine Instanz mehr, um die Ausgabe von jungen Aktien in puncto Aktionärs- und Gläubigerschutz zu überwachen oder zu beaufsichtigen. Die gesetzlichen Normen ersetzten in diesem Bereich vollständig die staatliche Aufsicht hinsichtlich der Ausgabe eines Bezugsrechts.

I. Schlussfolgerungen – Überprüfung der Hypothesen[897]

Hypothese a):

Mitte bis Ende des 19. Jahrhunderts gab es kein gesetzliches Aufsichtsrecht, das die Aktienbanken reglementierte. Dennoch übte der Staat vor 1870 eine Art Bankenaufsichtsrecht zum Gläubigerschutz mittels Konzession aus. Die Konzession gab dem Staat in der Regel Aufsichts- und Eingriffsbefugnisse im Unternehmen.

Das ALR, das durch das Aktiengesetz 1843 zum Teil abgelöst wurde, beinhaltete eine Art Aufsichtsrecht für die mit Privileg ausgestatteten Korporationen. Eine Haftungsbeschränkung innerhalb der Gesellschaft konnte nur kraft Privileg erworben werden. Aktiengesellschaften konnten aber auch ohne Privileg und damit ohne staatliche Genehmigung gegründet werden, wurden dann als Sozietäten betrachtet, für die keine staatliche Kontroll- und Eingriffsrechte galten. Ein umfassendes gesetzliches Aufsichtsrecht für Aktienbanken existierte noch nicht.

Die Konzessionsvergabe, für alle Aktiengesellschaften zwingend vorgeschrieben seit dem Aktiengesetz 1843, erfolgte durch die jeweilige Staatsregierung des Staates, in dessen Gebiet die zuzulassende Bank gegründet wurde. Die Gesetzgebung in den Staaten war unterschiedlich, vor allem bezüglich der Liberalität bei der Genehmigung von Bankgründungen. Der preußische Staat war zunächst hinsichtlich der Konzessionsvergabe sehr restriktiv und der Gründung von Aktiengesellschaften gegenüber skeptisch eingestellt. Erst als es unabdingbar wurde, wurden mehr Banken genehmigt.

In Preußen galt seit 1845 für die Genehmigung von Gesellschaften eine verwaltungsinterne Zirkularverfügung, die regelte, dass der Zweck eines Unternehmens vom Förder- und Gemeinnützigkeitsgedanken getragen und zudem für die Verwirklichung des Projekts eine Finanzierung durch mehrere Aktionäre notwendig sein sollte. Die untersuchten Satzungen entsprachen dieser Zielsetzung. Satzungen aus anderen Gebieten Deutschlands unterlagen dieser Zirkularverfügung nicht, zum Teil auch keiner staatlichen Genehmigung und verfolgten deswegen nicht unbedingt Förder- und Gemeinnützigkeitszwecksetzungen.

Darüber hinaus gab die preußische Regierung eine Art Mustersatzung für die Notenbanken vor, indem 1848 eine Normativ-Bestimmung für die Errich-

897 Sich in diesem Kapitel wiederholende Sachverhalte, die im vorangegangenen Text – hauptsächlich in Kapitel E und F – bereits belegt wurden, werden in der Zusammenfassung und Schlussfolgerung nicht nochmals belegt. Hier ist auf die Ausführungen in der vorangegangenen Arbeit zu verweisen. Dies gilt nicht für erstmals verwendete Sachverhalte.

tung von Privatbanken mit Notenausgaberecht erlassen wurde. Den Notenbanken blieb danach nur wenig Spielraum für die Ausgestaltung ihrer Statuten. In ihnen wurde u.a. der Wirkungskreis der Gesellschaften festgelegt. Der Staat konnte also mit Hilfe der Konzessionsvergabepraxis den Inhalt der Statuten, damit die Geschäftstätigkeit der jeweiligen Bank bestimmen und eigene Ziele verfolgen. Mit dem Förder- und Gemeinnützigkeitsgedanken wollte der Staat vorrangig die Wirtschaft vor unsoliden Unternehmen schützen. Damit einher ging eine Art Gläubigerschutz. Außenstehende konnten sich auf die Konzession, somit auf die Überprüfung des Unternehmens in Bezug auf die Gemeinnützigkeit, verlassen und waren dadurch geschützt.

Hingegen war der Publikums- und Gläubigerschutz hinsichtlich des eingezahlten Kapitals in der jeweiligen Bank fragwürdig. Der Staat konzessionierte die Institute auch ohne eine vollständige Kapitaleinzahlung. Lediglich das zur Geschäftsaufnahme nötigste Kapital wurde in die Gesellschaften eingezahlt, ohne dass sich Außenstehende auf das ausgewiesene Kapital im Statut verlassen konnten. Der Staat legitimierte diese Kapitaleinzahlungspraktiken durch die Genehmigung der Statuten. Damit konnte dem in der Satzung ausgewiesenen Kapital wegen möglicher Abweichungen vom eingezahlten Kapital keine aufsichtsrechtliche Funktion beigemessen werden.

Die Kapitaleinzahlungsregelungen der Notenbanken mit Gründungsdatum *vor 1870* waren detaillierter und strenger als die der Aktienbanken ohne Notenausgaberecht in dieser Zeit. Häufig wurden eine Bareinlage und die vollständige Einzahlung des Kapitals verlangt. Zusätzlich gab es teilweise eine festgelegte Frist von einem Jahr, bis zu der die vollständige Einzahlung des Aktienkapitals erfolgen sollte. Allerdings gingen die Satzungen größtenteils von kleinen Einzahlungsraten aus, welche eine vollständige Einzahlung auf Jahre verzögern konnten. Trotzdem wirkten die Bestimmungen der Statuten der Notenbanken insgesamt für Gläubiger günstiger.

Die Konzessionsurkunde an sich enthielt selten Auflagen, die dem Staat Eingriffs- oder Aufsichtsrechte einräumten. Allerdings war dies auch nicht erforderlich, denn die Satzungen enthielten in dieser Zeit vielmals ein eigenes Kapitel über die Oberaufsicht des Staates. Auflagen betrafen in der Regel kleinere Abänderungen der Satzungen. Ohne dieses Oberaufsichtsrecht hätten die Regierungen die zur Konzession eingereichten Satzungen nicht genehmigt.

Grundsätzlich hingen das Mitspracherecht und damit das Aufsichtsrecht des Staates mit der Konzession zusammen. Aus der Konzession selbst waren sie jedoch nicht herzuleiten, sondern aus der Genehmigungspraxis und somit aus den vorgelegten Statuten der Gesellschaften.

Die untersuchten Statuten von *vor 1870* enthielten durchweg ein Oberaufsichtsrecht des Staates, abgesehen von Ausnahmen wie die der in Hamburg gegründeten Gesellschaften, die ohne Genehmigung gegründet werden durften. Die Regierungen übten dieses Oberaufsichtsrecht mit Hilfe der Einsetzung eines Staatskommissars aus, dem weitreichende Befugnisse zugesprochen wurden. Die Aufsicht spaltete sich in ein passives Informationsrecht und ein aktives Eingriffsrecht in den Geschäftsbetrieb oder in die Entscheidungen der Gremien der Banken. In manchen Satzungen fehlte ein aktives Eingriffsrecht des Staates. Der Staat konnte aber auch in diesem Fall in die Geschicke der Gesellschaft eingreifen, zumindest indirekt, weil es ihm möglich war, jederzeit die Konzession zu entziehen.

Zum allgemeinen Oberaufsichtsrecht des Staates kam bei den Notenbanken ein spezielles Aufsichtsrecht über die geordnete Notenausgabe hinzu. Bereits die allgemeine Oberaufsicht der preußischen Notenbanken war weitgehend vereinheitlicht durch die Normativ-Bestimmung von 1848 zur Ausgestaltung der Statuten. Diese Bestimmung gewährte dem Staat die passive und aktive Aufsicht über die Notenbanken.

Bezüglich der Notenausgabe bestimmte die jeweilige Regierung Eigenkapital- sowie Liquiditätserfordernisse. Zunächst wurde der Maximalbetrag der Noten, die die Banken ausgeben durften, in der Regel in Höhe des Aktienkapitals, bestimmt. Damit war die Notenausgabe am Eigenkapital der ausgebenden Gesellschaft orientiert. Darüber hinaus musste ein Teil des Wertes der ausgegebenen Noten, zumeist ein Drittel, in der jeweiligen Bank in bar hinterlegt werden. Schließlich durfte der gesamte Notengegenwert häufig die Anlagen der Bank mit dreimonatiger Kündigungsfrist nicht übersteigen. Damit wurde die Rückzahlung der Noten gewährleistet und die Liquidität der Notenbank festgeschrieben.

Über die Kontrolle dieser formalen Erfordernisse der Banken hinsichtlich der Notenausgabe hinaus übernahm der Staat vielmals die Kontrolle und Gewährleistung der Echtheit der Noten, indem der Staatskommissar die Anfertigung und den Verschluss der Noten beaufsichtigte sowie die ausgefertigten Noten unterschrieb.

Die Konzessionierung ermöglichte dem Staat also die Aufsicht und Mitsprache in den Banken, die gleichzeitig sowohl die Aktionäre als auch die Gläubiger schützen konnte. Die Intention der Staaten war ein funktionierendes Wirtschaftssystem, das eine gewisse Solidität der Unternehmen erforderte. Unabhängig davon, inwiefern der Staat Aktionärs- und/oder Gläubigerschutzziele intendierte, gewährleistete die Aufsicht funktionierende Unternehmen und damit einhergehend den Schutz von Aktionären, Gläubigern und dem sonstigen Publikum der Banken.

Hypothese b):

Die Aktiengesetzgebung von 1870 führte zum Wegfall von Konzessionen. Regelungen, die in den Konzessionen enthalten waren, wurden hiernach nicht mehr in die privatautonomen Banksatzungen aufgenommen. Nach Wegfall des Konzessionszwangs 1870 hatte der Staat keine Aufsichts- und Eingriffsbefugnisse bei den Banken mehr.

Die Konzessionspflicht entfiel im Norddeutschen Bund *ab 1870* und reichseinheitlich *ab 1871*. Allerdings gab es zuvor bereits Einzelstaaten, die von einer Konzessionierung zunächst gewohnheitsrechtlich und später partikulargesetzlich absahen. In diesen Gebieten stand der jeweiligen Staatsregierung bereits *vor 1870* keine Oberaufsicht über die Banken und damit kein Mitsprache- oder Aufsichtsrecht zu. Die Kontrolle über die Banken erfolgte in diesen Staaten mit Hilfe einer normativ ausgestalteten Gesetzgebung, die die Banken vorwiegend über Form- und Publizitätsvorschriften regulierte. Doch auch *nach 1870* blieb es in einigen Staaten bei einer Genehmigungspflicht wegen des Unternehmensgegenstandes. Gründungsort und Gründungszeit waren daher wichtig in der Betrachtung einer staatlichen Aufsicht.

In der Zeit *nach 1870* waren die Formulierungen des Gründungszwecks bei den Banken frei von Anforderungen. Teilweise wurde der Zweck möglichst weit gewählt, um breit am Markt agieren zu können. Teilweise beschränkten sich die Banken aber auf das originäre Bankgeschäft. Früher zählten noch Aspekte der Förderung und der Gemeinnützigkeit bei der Errichtung einer Bank, später vorrangig Gewinnstreben oder Spekulationsabsichten. Damit war einerseits eine erweiterte Möglichkeit geschaffen, Innovationen zu etablieren, andererseits eine unkontrollierte bzw. gegebenenfalls unkontrollierbare Ausweitung des Wirtschaftssystems ermöglicht.

Die zuvor in den Statuten verankerte Oberaufsicht und das damit einhergehende Mitspracherecht entfielen mit dem Wegfall des Konzessionserfordernisses. Die Gesellschaften unterwarfen sich nicht freiwillig einer staatlichen Kontrolle. Stattdessen versuchte der Staat durch die normative Ausgestaltung, einen gewissen Kontrollstandard beizubehalten, um die Aktionäre und Gläubiger der Gesellschaft zu schützen. Der Aufsichtsrat wurde *ab 1870* vom freiwilligen zum obligatorischen Organ der Gesellschaft, der die Überwachungsfunktion des Staates übernehmen sollte.

Allerdings wurde in der Aktienrechtsnovelle von 1870 übersehen, dass sich durch Überlagerungen von Aufgaben und Mandaten Interessenskonflikte ergeben konnten, die einer effektiven Aufsicht entgegenstanden. Häufig waren Mitglieder des Aufsichtsrats gleichzeitig Mitglieder des Verwaltungsrats oder des Vorstands und übernahmen geschäftsführende Tätigkeiten. Eine gleichzeitige Kontrolle der eigenen Tätigkeiten war nur schlecht möglich.

Diese Interessenskonflikte nahm der Gesetzgeber von 1884 zum Anlass, diese zumindest zum Teil auszuschließen. Aufsichtsratsmitglieder durften nun nicht mehr gleichzeitig Mitglieder des Vorstandes sein, wohl aber im Verwaltungsrat mitwirken. Das Engagement im Verwaltungsrat sah der Gesetzgeber positiv, denn dadurch sei eine gewisse Nähe zur Geschäftstätigkeit der Gesellschaft gewährleistet gewesen, welche die Bewertung der Leitungsentscheidungen erleichtern und verbessern sollte. Im Rahmen einer effektiven Kontrolle und Aufsicht des Unternehmens ist diese Vermischung der Aufgaben aber immer noch kritisch zu betrachten. Ein Aufsichtsrat kann nur unabhängig prüfen und agieren, wenn er nicht in die Geschäftstätigkeit des Unternehmens mit eingebunden ist, und diese anhand der Unterlagen sowie Gesprächen mit den jeweiligen Akteuren neutral bewerten kann. Die vormalige Oberaufsicht des Staates, zumeist ausgeführt durch Staatskommissare, war unabhängig. Eine interne Aufsicht durch einen Aufsichtsrat kann nicht unabhängig und neutral sein, auch wenn interne Verflechtungen der Mitglieder nicht berücksichtigt werden.

Im Ergebnis verlor der Staat 1870 seine Eingriffsrechte und damit seine Einflussrechte in die Gesellschaften. Ihm blieb lediglich die Möglichkeit, durch Gesetzesänderungen auf die Unternehmen Einfluss zu nehmen.

Hypothese c):

Durch Teileinzahlung des Aktienkapitals zeigte sich eine Unterkapitalisierung, was den Gläubigerschutz negativ beeinflusste.

Häufig wurden *vor 1870* lediglich zwischen 10% und 40% des Aktienkapitals in die Banken bei ihrer Gründung eingezahlt. Weitergehende Einzahlungen erfolgten in kleinen Raten, die die Volleinzahlung, wenn überhaupt, erst mehrere Jahre nach der Gründung der Bank ermöglichten. Zusätzlich waren in dieser Zeit Bareinzahlungen, mit Ausnahme bei den Notenbanken, rar, so dass das Grundkapital noch keine Garantiefunktion haben konnte.

Darüber hinaus war es möglich, neue Aktien auszugeben, ohne die bereits emittierten Aktien zur Volleinzahlung zu bringen. Dies forderte Spekulationen heraus, denn Außenstehende konnten nicht mehr vollends einsehen, wieviel Kapital im Unternehmen wirklich vorhanden war. Einerseits konnten auf diese Weise Unterkapitalisierungen verschleiert werden, andererseits fehlte die Transparenz im Unternehmen, die Außenstehende als mögliche Verhandlungs- und Vertragspartner schützen konnte.

Nach 1870 durften Aktien erst ausgegeben werden, wenn die Voremission vollständig in die Gesellschaft eingezahlt worden war. Damit konnte zum einen davon ausgegangen werden, dass Unternehmen, die neue Aktien begaben, einen wirklichen Kapitalbedarf hatten; zum anderen, dass deren Kapital zuvor vollständig eingezahlt worden war. Das bot eine gewisse Sicherheit und Transparenz nach außen.

Hypothese d):

Eine Aktienemission an Gründer unter pari führte häufig zur Unterkapitalisierung der Gesellschaft. Darüber hinaus wurde das Eigenkapital entsprechend dem Gesetz und der Satzung nur teilweise eingezahlt. Somit war die Unterkapitalisierung bereits in der Satzung angelegt und wirkte sich negativ auf den Gläubigerschutz aus.

Das Bezugsrecht der Gründer war ein Gründervorteil, der zu keiner Zeit verboten war, jedoch *nach 1884* als solcher aus den Satzungen der Gesellschaft hervorgehen musste.

Ein Bezugsrecht soll grundsätzlich bei der Ausgabe von jungen Aktien den Altaktionären einen Verwässerungsschutz bieten, d.h. den Anteil an der Gesellschaft sichern, den der jeweilige Aktionär zuvor an der Gesellschaft hielt und damit ein gleichbleibendes Einflussrecht in der Gesellschaft ermöglichen.

Allerdings war lange Zeit für den Erhalt des Bezugsrechts nicht der Besitz von Aktien ausschlaggebend, sondern die Eigenschaft, Erstzeichner oder Gründer der Gesellschaft zu sein. Damit war dieses Recht kein Verwässerungsschutz, sondern Spekulationsware. Die Gründer nahmen ihr Bezugsrecht in Anspruch, um die neu erworbenen Aktien mit Aufgeld kurze Zeit später wieder an der Börse zu verkaufen.

Darüber hinaus konnte, obwohl die zuerst emittierten Aktien noch nicht voll eingezahlt waren, eine erneute Ausgabe von jungen Aktien erfolgen. Die wahre Kapitalausstattung des Unternehmens blieb damit unklar und wich von der im Statut angegebenen häufig wesentlich ab. Gläubiger oder sonstige Außenstehende der Gesellschaft konnten sich also kein Bild von der Kapitalausstattung des Unternehmens machen. Sie konnten nur schwer beurteilen, ob das Unternehmen mit ausreichendem Kapital ausgestattet oder unterkapitalisiert war.

Die Volleinzahlung des ausstehenden Kapitals vor der Neuausgabe von Aktien verlangte erstmals Art. 221 Nr. 1 ADHGB 1870. Vor dieser Zeit mussten die Staaten aber zumeist die Kapitalerhöhungen als Satzungsänderungen genehmigen. Preußen hielt sich diesbezüglich zurück und erlaubte nur unbedingt notwendige Kapitalerhöhungen.

Wegen der Aktienliberierung bei Einzahlung von 40% des Aktienkapitals zusammen mit dem Gründervorzugsrecht wurden Entscheidungen über die Notwendigkeit einer Kapitalerhöhung nicht an dem Geschäftsbetrieb ausgerichtet, sondern durch die bevorzugten Gründer bestimmt und damit an den Gewinnaussichten bei der Ausgabe von neuen Aktien orientiert. *Seit 1884* wurde daher diese Entscheidung den Gründern oder der Geschäftsleitung abgenommen und der Generalversammlung übertragen (Art. 215 a II ADHGB 1884).

Neben der Überschwemmung mit überflüssigem Kapital aufgrund immer wiederkehrender Ausgaben von neuen Aktien, konnte es durch die Bezugsrechtsregeln zur Unterkapitalisierung von Unternehmen kommen. Denn, wenn die Aktien zwar ausgegeben, aber nicht voll eingezahlt wurden (*vor 1870*), fehlte dem Unternehmen unter Umständen nötiges Kapital. Eine Einschätzung des Unternehmenswertes von außen war daher insgesamt schwierig. Potentielle Aktionäre oder Gläubiger waren damit einer erhöhten Ausfallgefahr der Gesellschaft ausgesetzt.

Die untersuchten Satzungen zeigten einige der negativen Auswirkungen des Bezugsrechts jedoch nicht. Zu keiner Zeit wurde bei den bearbeiteten Banken die Ausgabe von Aktien unter pari erlaubt. Bezugsrechte wurden ausschließlich zum Nennwert gewährt. Darüber hinaus ermöglichten die Satzungen selten, ohne Aktienbesitz neue Aktien bevorrechtigt zu beziehen. Dieses Privileg kam höchstens den Gründern zu Gute, allerdings dies auch nur bei wenigen Banken. Die meisten Banken knüpften das Bezugsrecht bereits *vor 1870* an den Aktienbesitz. Zudem mussten Kapitalerhöhungen *vor 1870* staatlich genehmigt werden, daher lag es an der Genehmigungsbehörde, ob Gründern ohne eigenen Aktienbesitz ein solches Bezugsrecht gewährt werden konnte. Zu keiner Zeit war es also der Gesellschaft selbst überlassen, ob sie das Bezugsrecht an den Aktienbesitz knüpft oder nicht. Zunächst hatte der Staat die Entscheidungsmacht, dann verlangte das Gesetz eine Anknüpfung des Bezugsrechts an den Aktienbesitz.

Das Bezugsrecht bot den Altaktionären immer mehr einen Verwässerungsschutz und kein direktes Einflussmittel auf die Gesellschaft. Die gesetzlichen Normen ersetzten die staatliche Aufsicht hinsichtlich der Ausgabe von Bezugsrechten.

Von Unterkapitalisierungen wegen Bezugsrechtsbevorrechtigung kann daher zumindest nicht aus den Satzungen geschlossen werden. Auch die Gläubiger konnten aufgrund dessen nicht generell als benachteiligt aus den Bezugsrechtsregelungen angesehen werden. Das Bezugsrecht ermöglichte hauptsächlich den Altaktionären ihren Anteil an der Gesellschaft und damit ihr Stimmrecht auch bei der Ausgabe von neuen Aktien zu erhalten.

Hypothese e):

Der Reservefonds wurde zu verschiedenen Zwecken und Verwendungen gebildet. Bis 1884 war dieser ein freiwilliges Instrument (vgl. Art. 217 ADHGB 1870; Art. 239 b i.V.m. Art. 185 a-c ADHGB 1884). Wenn er im Gesellschafts-

vertrag verankert war, stellte er durch Zurückbehalten von Gewinnen einen zusätzlichen Sicherungsposten neben dem Grundkapital dar. Den Gläubigern kam somit ein höherer Schutz zu als bei Unternehmen, bei denen nur das Grundkapital zur Verfügung stand.

Obwohl alle der hier ausgewerteten Statuten Regelungen zur Bildung einer Reserve enthielten, wurde diese erst im ADHGB 1884 gesetzlich festgelegt. Zuvor war der Reservefonds ein freiwilliges Instrument, das der Gesellschaftsvertrag bestimmte (vgl. Art. 217 I ADHGB 1870).

Grundsätzlich war erkennbar, dass durch die generelle Bildung und Wiederauffüllung einer Reserve der Kapitalerhalt in den Gesellschaften gewährleistet werden sollte. Dies räumte einen gewissen Gläubiger- und Aktionärsschutz ein.

Jedoch war ursprünglich die Bildung einer Reserve nicht dazu gedacht, ein Mindestkapital für Gläubiger zu gewährleisten, sondern um die Verzinsung von Aktien sicher zu stellen.[898] *Ab 1884* verlangte das Gesetz die Bildung einer Reserve allein zur Deckung von Bilanzverlusten nach Art. 185 b I ADHGB. Diese Regelung wurde jedoch weitgehend in den Statuten anders bedungen, so dass zu jeder Zeit die Reserven nicht nur zur Deckung von Verlusten verwendet werden sollten, sondern eine freie Verwendung nach Ermessen des Aufsichtsrats, des Verwaltungsrats oder des Direktoriums stattfinden sollte. Solange die Reserve nicht gesetzlich verlangt war, war dies uneingeschränkt durch die jeweilige Konzession des Statuts erlaubt. Dem gegenüber legten einige Banken bereits in der Zeit *vor 1884* in ihren Statuten fest, dass der Reservefonds zur Tilgung von (außergewöhnlichen) Verlusten verwendet werden sollte. Hier war bereits indirekt ein Gläubigerschutzgedanke, aber vielmehr der Aspekt der Erhaltung der Gesellschaft in schlechten Zeiten, zu erkennen. 1884 änderte sich die rechtliche Situation. Ein Aufbau einer Reserve zum Verlustausgleich war nunmehr vorgeschrieben. Allerdings standen den Anforderungen des Gesetzes nicht genügend Haftungsnormen gegenüber, um die Durchsetzbarkeit des Gesetzes bezüglich der Verwendung der Reserve zu gewährleisten.

Der statutarische Reservefonds variierte sowohl in seiner Höhe, als auch in der Ausgestaltung. Dies bedeutete eine unterschiedliche Sicherheit für Aktionäre und Gläubiger. Die Gesellschaften waren in diesem Punkt nicht vergleichbar. Mindestanforderungen an den Fonds wurden erst 1884 durch das ADHGB aufgestellt und zum Teil in den Satzungen verankert. Insgesamt ergab sich ein sehr uneinheitliches Bild von den Gesellschaften, zumal diese die Reserve verschieden gewichteten. Die Einzahlungen auf den Fonds variierten zwischen 5% bis 20%; die Rangfolge der Bedienung des Reservefonds innerhalb der Gewinnverteilung war ungleich. Manche Gesellschaften maßen dem Aufbau und Erhalt des

898 Bösselmann, S. 133.

Fonds durch Vorwegzahlung aus dem Gewinn eine hohe Priorität zu, andere betrachteten die Reserve als „Anhängsel" und besparten sie lediglich, wenn vom Gewinn nach Abzug von Dividenden, Tantiemen und Sonstigem etwas übrig blieb.

Auffällig war zudem, dass häufig keine getrennte Verwaltung der Reserve vom restlichen Vermögen der Gesellschaften stattfand. Deshalb konnte nicht sicher gestellt werden, dass die Reserve wirklich vorhanden war. Sie konnte unter Umständen mit anderen Mitteln der Gesellschaft vermischt worden sein und wäre damit im Fall des notwendig werdenden Gebrauchs nicht unbedingt vorhanden. Vor allem Außenstehende konnten nicht gewiss sein, dass eine Reserve angespart war und wie hoch diese im konkreten Zeitpunkt ausfiel. Die Satzung gab hier nur einen Sollwert, der nicht zu jeder Zeit existent sein musste. Die Reserve konnte schwanken - zunächst bei der Bildung, die über mehrere Jahre aus dem jeweiligen Gewinn der Gesellschaft erfolgte, später wegen Inanspruchnahmen und noch fehlenden Wiedereinzahlungen.

Im Ganzen, kann nicht davon ausgegangen werden, dass die in der Satzung verankerte Reserve den Gläubigern oder den Aktionären einen zusätzlichen Schutz gewährleistete. Im Ernstfall konnte sie im Unternehmen nicht vorhanden gewesen sein. Die Statuten zeigten nach außen, dass eine Reserve existierte, was eine gewisse Seriosität demonstrierte. Wie hoch das (Reserve-)Kapital einer Gesellschaft tatsächlich war, konnten Außenstehende, insbesondere aufgrund einer nicht getrennten Verwaltung der Reserve, nur sehr schlecht einschätzen. Hinzu kommt, dass auch nach der Einführung einer Mindestreserve 1884 die Durchsetzbarkeit dieser Anforderungen gesetzlich nicht gewährleistet war. Die Statuten wichen von den gesetzlichen Regelungen, hauptsächlich von der Verwendungsmöglichkeit der Reserve, deutlich ab.

Die Gesellschaften bildeten die Reserve hauptsächlich im eigenen Interesse, um ausstehende Aktienzinsen zu bezahlen oder später die gesetzliche Mindestreserve anzusparen, diese aber nach eigenen Bedürfnissen zu verwenden. Mit der Solidität der Gesellschaft hatte die Reserve häufig nichts gemein. Von einem über das Grundkapital hinausgehenden Zusatzkapital konnten Außenstehende daher nicht ausgehen, und das jeweilige Unternehmen war durch die Bildung der Reserve nur ungenügend geschützt.

J. Resümee

In Frage stand ein mögliches Aufsichtsrecht über die Aktienbanken im 19. Jahrhundert. Hierfür wurden Satzungen von Aktienbanken dreier Kategorien untersucht: Aktienbanken mit Gründungsdatum vor der Aktienrechtsnovelle von 1870, Aktienbanken mit Notenausgabeprivileg (ebenfalls hauptsächlich mit Gründungsdatum vor der Aktienrechtsnovelle von 1870) und schließlich Aktienbanken mit Gründungsdatum nach der Aktienrechtsnovelle von 1870.

Die Aktienrechtsnovelle von 1870 änderte das vorherrschende Aktienrecht grundlegend, weg vom Konzessionszwang hin zum Normativrecht. Mit Hilfe des Konzessionserfordernisses vor 1870 ermöglichte sich der Staat ein unterschiedlich ausgestaltetes Oberaufsichts- und Mitspracherecht bei den Banken. Aufgrund dessen kontrollierte der jeweilige Staat die Gründungen und die Geschäftstätigkeit der Banken.[899] Konkrete und allgemein gültige Anforderungen bezüglich der Eigenkapital- und Liquiditätsausstattung der Institute wie heute gab es nicht, wohl aber ein Eingriffs- und Beaufsichtigungsrecht. Diese Rechte waren vor allem hinsichtlich der Notenbanken ausgeprägt; es kamen Eigenkapital- und Liquiditätserfordernisse bezogen auf die Notenausgabe hinzu.

Dass der Staat von seinen durch die Konzession ermöglichten Rechten Gebrauch machte, illustriert das Beispiel des *A. Schaaffhausener Bankvereins*, der in eine Aktiengesellschaft umgewandelt wurde, um eine drohende Insolvenz abzuwenden. Zum Wohle aller Beteiligter wurde diese Bank gerettet, denn es handelte sich um einen gewichtigen Kreditgeber der rheinischen Industrie.

Nach 1870 löste die obligatorische Bildung eines Aufsichtsrates das Mitsprache- und/oder Aufsichtsrecht des Staates im Zusammenhang mit dem Konzessionserfordernis ab. Banken unterlagen generell der Gewerbe- und damit der Gründungsfreiheit. Eine Kontrolle und Aufsicht in Eigenregie sollte stattfinden, barg allerdings die Gefahr der Befangenheit der Akteure. Eine neutrale Aufsichtsinstanz, die Außenstehenden der Gesellschaft wie (potentiellen) Gläubigern oder potentiellen Aktionären ein objektives Bild von der Gesellschaft hätte vermitteln können oder zumindest hätte dafür sorgen können, dass die Gesellschaft solide aufgestellt war und die gesetzlichen Regelungen befolgte, gab es nicht. Haftungsnormen waren entweder schlecht durchsetzbar oder waren nicht anwendbar. Der Staat konnte nunmehr lediglich durch langwierige Gesetzesänderungen auf Verirrungen der Gesellschaften im Wirtschaftssystem reagieren. Eine externe Aufsicht fehlte.

---

899 zu diesem Ergebnis kommt auch Pahlow, Staat als Wächter, S. 24 ff., ders., Bankenregulierung, S. 621 ff.; dagegen übersieht Tilly, in: Bankhistorisches Archiv 34, S. 1 ff. den Gesichtspunkt der laufenden Aufsicht völlig.

Ob der Staat durch ein Aufsichtssystem die Wirtschaftskrise 1873 bis 1879 verhindern oder schmälern hätte können, bleibt fraglich. Diese Krise wurde nicht allein durch Spekulationen und unseriösen Gründungen von Unternehmen ausgelöst, sondern war vielmehr bereits längerfristig durch eine Marktsättigung angelegt. Das Innovationstempo des 19. Jahrhunderts musste auf ein „Normalmaß" gebremst werden. Die Staaten hätten in den Wirtschaftsprozess durch Eingriffs- und Aufsichtsrechte bremsend einwirken können, so dass die Spekulationsblase hätte relativiert werden können. Folglich hätte die Krise möglicherweise weniger Unternehmen in die Insolvenz ziehen können.

Auf der anderen Seite war die Geschwindigkeit der Industrialisierung im 19. Jahrhundert sehr hoch und wurde immer höher. Woher hätten die Staaten wissen sollen, wo der Schlusspunkt dieser Entwicklung sein würde? Es herrschte allgemeiner Optimismus. Die Krise kam für viele überraschend, denn die zuvor gesendeten Krisensignale wurden ignoriert oder nicht verstanden. Ein Eingriffs- und Aufsichtsrecht des Staates hätte an der Krise somit nichts geändert.

Allerdings handelt es sich beim Banksektor um einen sehr sensiblen Wirtschaftsbereich, der nicht ohne Kontrolle agieren sollte. In diesem Bereich gibt und gab es zu viele Möglichkeiten, die Macht über die Wirtschaft auszunutzen und sich auf Kosten anderer zu bereichern - angefangen bei Spekulationsmöglichkeiten über die Ermöglichung von unseriösen Gründungen mit Hilfe von Finanzierungen bis zur Kontrolle über Ersparnisse und Finanzierungen.

Insgesamt spiegeln die ausgewerteten Satzungen die jeweilige Gesetzeslage wider. Lücken der Gesetze wurden ausgenutzt. Ein Mehr an Aufsichts- bzw. Gläubigerschutzmaßnahmen nahmen die Banken in der Regel nicht vor. Der Reservefonds bot hierbei kaum zusätzlichen Schutz, weil er nicht dazu gedacht war, im Falle eines Konkurses Gläubigerforderungen zu begleichen, sondern zunächst um Aktienzinsen oder Dividenden garantieren zu können, dann in die allgemeine Geschäftstätigkeit mit einbezogen zu werden. Ebenfalls ermöglichte das ausgewiesene Kapital in den Banksatzungen keine Gewähr für seine Einzahlung im Unternehmen, zum Teil sogar bei den hier betrachteten Notenbanken. Eine solide Kapitalbasis der Banken war damit gefährdet.

Vor allem private Aktienbanken ohne Notenausgabeprivileg mit Gründungsdatum nach der Aktienrechtsnovelle von 1870 waren von Außenstehenden kaum mehr einschätzbar. Gläubiger und auch potentielle Aktionäre konnten sich ihres Kapitaleinsatzes nicht sicher sein.

www.ingramcontent.com/pod-product-compliance
Ingram Content Group UK Ltd.
Pitfield, Milton Keynes, MK11 3LW, UK
UKHW021905290926
8980IPUK00015B/1062

9 783631 644607